鈴木啓功

Keikou Suzuki

金融暴落から戦争に突入する日本国

SEIKO SHOBO

【はじめに】

日本国民は
「安倍晋三による
日本国ぶち壊し」を
許すのか

近未来の日本国は「地獄」に堕ちる

本書では『金融暴落から戦争に突入する日本国』と題して、「現代日本国＝日本国民が抱える危機」を徹底的に透視、わが国の現状分析と近未来予測を行なう。それは「日本国の近未来予測と日本国民への戦略提言」と言ってもよい。これは「救国の書」である。

タイトルに合わせて掲げるべき期間は「二〇一五年（後半）〜二〇一六年」。近未来の日本国の動きは次のようになるだろう。

- ☀二〇一五年＝金融暴落が始まる
- ☀二〇一六年＝戦争に突入する日本国

金融暴落は、現在の延長線上で推移すれば（ほぼ一〇〇%）「回避することができない」が、戦争突入は（まだ）「回避できる余地がある」。それゆえに本書が書かれていく。

本書の目的は「予測を的中させること」ではない。それは「占い師の本願」だ。本書の目的は（日本国民にとっての）「暗黒の未来」を「まるごとひっくり返すこと」にある。

☀ 本書の目的＝日本国民にとっての「暗黒の未来」を「まるごとひっくり返すこと」

そうでなければ、近未来の日本国がどうなるかは決まっている。「近未来の日本国は『地獄』に堕ちる」→「日本国民は『地獄』を彷徨《さまよ》う」。だが、そんなことは許されない。

☀ 本書の視点＝日本国民は「決戦場」に立っている

本書が焦点を合わせているのは「日本国＝日本国民」だ。だが、近年の日本国では――特に一部の日本国民――娯楽生活（スマホ、ゲーム、ＴＶのバラエティ・スポーツ番組の視聴観戦、その他）に忙しい若者集団を始めとする一部の日本国民――の間では「国家」などという言葉は「死語」になっている。娯楽中心の立場からは「国家」などは「あってもなくても構わない」からだ。だがもはやそんな悠長な姿勢は許されない。

なぜならば「現代という時代」は「近未来＝国家がどうなるか」（近未来＝日本国は存在し得るのか）ということが「緊急の巨大テーマとして大きく浮かび上がっている」からだ。

☀ 現代世界＝「国家がどうなるか」という問題が「巨大テーマ」として浮上してきた

黒人暴動に揺れる米国を見るがよい。市民暴動に揺れた香港を想起するがよい。現代世界では（欧米世界もアジアも中東もアフリカも）「国家」がガタガタになっている。

その根本には「各国支配層の傲慢と苦悩する各国人民の『絶対的対立』が存在する」。（そのような絶対的対立情勢の中で）「現代世界情勢は『破滅の動き』を強めている」。

✹未来世界＝「世界全体」は「歴史的＝大激動の時代」に突入する

そのような大激動の時代に「われ関せず」とぼんやりしているとどうなるか。近未来＝私たちふつうの日本国民の娯楽生活などは「まるごと吹っ飛んでしまう可能性が高い」のだ。

だが、そのような「巨大な危機の時代」に、今、「日本国の情勢」はどうなのか。

昨年（二〇一四年）十二月、衆院選で自民党が勝利、安倍政権の継続が決まった。それでマスコミは「安倍晋三の動き」を様々に論じている。だがその視線は正しいのか。

今、日本国民が根本的に知るべきは、目の前の「安倍政権」の「個別の動き」ではなくて（それは当然知るべきだが）、現代の日本国が「どのように支配されているか」＝「どのように動かされているか」ということだ。そしてさらには「近未来世界＝日本国がどうなるか」。

今、日本国民が徹底的に知るべきは「日本国支配構造」（日本国民支配構造）だ。これについて本書では、「明治・大正・昭和・平成の歴史」を透視しつつ、徹底的に明らかにする。

ここには（日本国民が知らない）「巨大な秘密」が存在する。これが透視できないと、近未来の日本国は「過去（戦争）を繰り返すことになる」のである。

昨年（二〇一四年）七月一日、安倍晋三は「集団的自衛権行使」を閣議決定した。多くの日本国民はそれに「絶対反対の意思表明」をしていたが、愚かな男はそんなものは歯牙にもかけない。愚かな男は「自分が偉い」と信じ込んでいる。そして安倍晋三は「戦争」に向かって驀《ばく》進《しん》していく。

日本国＝日本国民が現下に抱える「危機」はそれだけではない。アベノミクス、TPP、秘密保護法、日本版NSC、原発再稼働、消費税増税、その他。このまま私たちが愚かな男を放置すると「日本国は完全にぶち壊されることになる」だろう。日本国民はそれを「許す」のか。

今こそ、私たちふつうの日本国民は「賢明」にならなければならない。そして「叡智」を結集しなければならない。現代と未来の日本国は「絶対的な危機」である。これをどうするのか。

日本国民は「覚醒」するべし

さて、本書の最終結論は表題の通りである。それをもう少し具体的に言うならば、

☀ 近未来の日本国＝金融暴落のガタガタ情勢の中で↓戦争に突入することになるだろう

ということだ。なぜそうなるかは本書を通して徹底的に述べていく。私は思いつきで右を記しているわけではない。そこには「重大な根拠」（歴史の秘密）が存在するのだ。

結論だけを言うならば、このまま事態が進行すれば、近未来＝日本国は「戦争に突入し」、私たちの頭上には「大量の爆弾が洪水のように降り注ぐことになる」。

真面目な日本国民は「まさか！　そんなことはあり得ない」と言うかもしれないが、それは、戦後七十年、幻想の経済大国神話に洗脳された「平和ボケ＝奴隷思想」なのである。

一九四五年（昭和二十年）、大東亜戦争末期、東京大空襲では「十万人」が死んだ。全国の主要都市は米軍の空襲で徹底的に破壊され、無数の日本国民が死んだ。広島への原子爆弾の投下では「十万人」が死んだ。長崎への原子爆弾の投下でも「十万人」が死んだ。

これを「過去」と思っていたら大間違いだ。日本国でいう「戦後世界」では、「世界中で（常に）『戦争』が発生していた」。戦後世界などは、（この世には）「存在しない」のだ。

近未来＝日本国で「戦争」が勃発するとどうなるか。七十年前、東京大空襲を受けた後には「すべて（家屋、商店、工場、自動車、その他）が徹底的に破壊された市街地に、無数の死体がゴロゴロ転がっていた」。このような地獄絵図が出現したのはなにも東京だけのことではない。当時は日本全国が同じ地獄絵図だった。当時の日本列島は「死体列島」であったのだ。

昨年（二〇一四年）十二月の総選挙＝日本国民は（本当に）「安倍晋三＝自民党政権」を支

2014年12月、衆院選に勝利して喜ぶ安倍晋三

●2014年12月、衆議院選挙で自民党が勝利
●日本国民は「安倍晋三による日本国ぶち壊し」を許すのか

1945年3月、東京大空襲

●大東亜戦争(日米戦争)で「日本国」は徹底的に破壊された
●近未来には再び「悪夢」が再現される

持したのか。ここには秘密が存在する。それについては本文で述べる（第一章）。

二〇一五年＝日本国民が「アベノミクス」に踊らされることは「愚か」である。なぜならば、現代日本国＝日本国民が抱える真実の問題は「そこには存在しない」からである。

新年の「イスラム国＝人質事件」では「二人の日本国民が殺害された」。そして安倍晋三は「卑劣なテロは絶対に許さない」と「大きく拳を振り上げている」。だが、事件の背後情勢はどうなっているのか。最高指導者が怒り狂うことで問題は解決するのか。

日本国民が問うべき大問題は「世界と日本国の真実はなにか」ということだ。本書ではそのすべてを解き明かす。

今、私たちふつうの日本国民は「賢明」にならなければならない。そして「叡智」を結集しなければならない。現代と未来の日本国は「絶対的な危機」である。これをどうするのか。

✹ 戦略提言＝日本国民は（各自の叡智を研ぎ澄ませ）「総力戦」に集うべし

本年（二〇一五年）における「重要な期日」は「三つ」、そして来年（二〇一六年）には「国政選挙」が控えている。

✹ 四月十二日＝統一地方選（道県知事選、道府県議選、政令指定都市の市長選、市議選）

☀四月二十六日＝統一地方選（市区町村長選、市区町村議選）
☀九月三十日＝自民党の安倍晋三総裁、任期満了
☀二〇一六年七月＝参議院議員選挙

これらのスケジュールに対して「日本国民はどう動くべきか」。

安倍晋三の思惑は「参院選に勝利して」→「憲法を改正する」ということだ。そうして日本国を「戦争国家」に作り替える。そして日本国民は「米国の戦争」に動員されることになる。

二〇一六年の参院選。安倍晋三は「十八歳（以上）に選挙権を与えて」、選挙を実施する。彼の意図はなんなのか。安倍晋三は「参院選＝自民党大勝利」を目指している。

私は「十八歳選挙権」（付与）それ自体に異議はない。だが、現時点（二〇一五年二月＝イスラム国の人質事件で二人の日本国民が殺害され日本社会が騒然としている時期）において、安倍晋三が右のように動くことの背後には「悪魔的思想」を看取せざるを得ない。

本書の主張は（近未来の各選挙において）「有権者の『叡智と意志ある投票行動』を通じて」→「自民党を叩き潰し」→「安倍晋三の続投を断固として阻止せよ」ということだ。

そうでなければ「近未来の日本国がどうなるかは決まっている」。私たちふつうの日本国民は各自の叡智を研ぎ澄ませ、「暗黒の未来」を絶対的に覆すのだ。

二〇一五年二月

鈴木《すずき》啓功《けいこう》

【はじめに】日本国民は「安倍晋三による日本国ぶち壊し」を許すのか

【第1章】アベノミクスの断末魔と日本国の暴走
……二〇一五年後半、日本の経済・社会はこう変わる

【第2章】日本国の国家体質と安倍晋三の正体
……私たちは「異常な国家」の中で生きている

【第3章】安倍晋三の動きと小沢一郎の大予言

……日本国は「戦争」に向かって驀進している

【第4章】米国に操縦される日本国

……メディアに報道されない「日米同盟」の裏側

【第5章】日本国民は「明治・大正・昭和・平成」を疑うべし

……日本国の支配構造はいかにして確立されたか

【第6章】大東亜戦争は「負けるための戦争」だった

……誰が背後であの戦争の糸を引いていたか

【第7章】米国のスパイどもが「戦後日本」を建設した

……戦後日本は「奴隷国家」にすぎない

【第8章】幻想大国は「破壊」される

……仕組まれた「高度経済成長」と米国依存症

【第9章】日本国民は「謀略戦争」に引きずり出される

……現代世界情勢全体が「戦争」の危機にある

【第10章】歴史には「大きな周期」が存在する

……日本国民は「超サイクル理論」を理解せよ

【おわりに】

日本国民は「安倍晋三＝自民党政権」を徹底的に打ち倒せ

〔装幀〕フロッグキングスタジオ

【第1章】

アベノミクスの断末魔と日本国の暴走

……二〇一五年後半、日本の経済・社会はこう変わる

アベノミクスは「煙幕」、衆院選は「不正選挙」だ

第一章では「日本国の近未来予測」を提示する。だがその前に一点だけ述べておきたいことがある。それは「現代日本国はどのような体制の中で動いているか」＝「動かされているか」ということだ。なぜ冒頭でそのことを記すのか。その理由はほかでもない。

近未来の日本国がどうなるにしても——結果的には「最悪の地獄的未来」になるのだが——それを作り出す「日本国の体制＝悪魔的体制」を「日本国民は徹底的に透視しておくべき」だからだ。そうでないと（近未来＝地獄的世界の中で）「立ち上がる土台」を持ち得ない。

それはどういうことなのか。その意味は本書を通して完全に明らかになる。私たちは「最悪の国家」の中で生きている。そのことがわからなければ「日本国民」に未来はない。

☀本書の提言＝日本国民は「日本国体制＝悪魔的体制」を徹底的に透視するべし

さて本書の立場から（日本国民が置かれている）「現代日本国の全体情勢」を振り返る。日本国民は「自らが置かれている場所を明確に透視するべき」である。

近年の日本国は「安倍晋三」によって動かされてきた（二〇一三年〜二〇一五年三月現在）。

同時にマスコミは「アベノミクスがどうしたこうした」「衆院選で自民党が勝利してどうなるこうなる」と繰り返してきた。だがそれらすべてに意味はない。なぜならばアベノミクスは「煙幕」（安倍晋三の本心を隠す煙幕）に過ぎないし、衆院選は「不正選挙」だからである。

☀透視①＝アベノミクスは「煙幕」だ
☀透視②＝衆院選は「不正選挙」だ

そのことをまず述べて話を始める。読者諸氏は頭の中を一度「リセット」するべきだ。

安倍晋三は日本国を「戦争国家」に作り替える

二〇一五年＝新年が明けた時点で新聞の社説は「民が拓《ひら》くニッポン」「よい社会へビジネスの知恵生かせ」と題して、次のように書いている。

「高齢化や貧困、災害、病気など世の中には多くの問題があり、そのために支援を必要としている人たちも多い。それらに対応するのはまず行政であるはずだが、財政面の制約は年々厳しくなっているうえ、効率性でも課題が残る。／ここは民間の知恵とお金の出番ではなかろうか。行政では思いもつかなかったような斬新な手法で社会的問題を解決していく道を、今こそ確立していくべきだ」(『日本経済新聞』二〇一五年一月七日付、傍点は引用者)

右のような視点は間違いではないかもしれないが、正しいとも言えない。なぜならば、そこには「現代日本国の真実」に関する透視がない。それはどういうことなのか。

現代＝近未来の日本国の行方を知るためには、どうしても知るべき「二つのポイント」が存在する。それが透視できないと(私たちが日本国を思考する)「焦点」がぼけてしまうのだ。

最初に日本国民が知るべきは「アベノミクスは『煙幕』である」(同時にマスコミは「日本国民に『罠』を仕掛けている」)ということだ。それはどういうことなのか。

昨年(二〇一四年)十二月二日——衆院選が公示された日——右の新聞は(第一面トップで)「アベノミクス是非は」と題して、次のように書いている。

「第四十七回衆院選は(十二月)二日公示され、十四日の投開票日に向けた十二日間の選挙選が始まった。安倍晋三首相の経済政策『アベノミクス』を継続する是非を最大の争点に、外交・安全保障政策や原子力発電所の再稼働などを巡って与野党が論戦を繰り広げる。立候補者は一一八〇人超。二九五小選挙区と全国一一ブロックの比例代表の計四七五議席を争う」(『日本経済新聞』二〇一四年十二月二日付、傍点は引用者)

同日、各党党首の第一声では安倍晋三も「この選挙はアベノミクスが問われる」として、アベノミクスを「最大争点」と位置づけた。衆院選の時点では新聞（日本経済新聞）も安倍晋三も「アベノミクス」を（現代日本国における）「最重要問題」として取り上げる。

だがそれは「現代日本国の真実」なのか。もちろん「アベノミクス」（直接的には「日本経済の行方」）は重要だろう。だが現代日本国が抱える問題を列挙していくとキリがない。

ここでは次の一点を指摘しておく。それは、「アベノミクスは（安倍晋三の本心を隠す）『煙幕』である」ということだ。では「安倍晋三の本心」とはなんなのか。

☀ 安倍晋三の本心＝日本国を「戦争国家」に作り替える

安倍晋三が「争点」とする「アベノミクス」は（彼の本心を隠す）「煙幕」なのだ。ここが透視できないと、日本国＝日本国民の未来は「暗黒の未来」と化すのである。

昨年（二〇一四年）末――衆院選公示の前日――世相を映す「新語・流行語大賞」が発表された。大賞は「集団的自衛権」と「ダメよ～ダメダメ」（ただし集団的自衛権は受賞者が辞退した）。

世相に見える「日本国民の本心」はどのようなものか。ここでは次のように提示しておく。

☀ 日本国民の本心＝「集団的自衛権」は絶対「ダメよ〜ダメダメ」

右は「冗談」に聞こえるかもしれないが、これは「冗談であって冗談ではない」。その意味は「今、日本国民の無意識は『現代日本国の真実』を明確に捉えている」ということだ。

衆院選の結果には「謎」がある

昨年（二〇一四年）十二月十四日、衆院選で「自民党」が勝利した。そして安倍続投が決まった。だがここには「奇妙な流れ」が存在するのだ。

次ページの図表を見てほしい（「与党＝三二六議席には『謎』がある」）。これは本書の立場から当時の「選挙情勢」（マスコミの衆院選報道情勢）を大きくまとめたものである。読者諸氏は図表を一覧した上で、以下をお読みいただきたい。

昨年（二〇一四年）十二月四日——衆院選が公示されてから二日目——先の新聞は（第一面トップで）「自公、三〇〇議席うかがう」と題して、次のように書いている。

与党（自民党＋公明党）＝326議席には「謎」がある

選挙予想 衆院選公示と同時にマスコミは「自公＝300議席」を予測した

2014年12月2日＝衆院選公示日

↓

2014年12月4日＝マスコミは「自民党＝300議席」と予測報道

朝日新聞	「自民、300議席超す勢い」
毎日新聞	「自民300議席超す勢い」
読売新聞	「自公　300超す勢い」
日本経済新聞	「自公、300議席うかがう」

（注1）上記は12月4日朝刊の各紙の見出し（東京本社発行最終版）（注2）朝日新聞は独自調査から
（注3）毎日新聞は共同通信の調査から（注4）読売新聞と日本経済新聞は協力して調査、集計・分析は両社が独自に実施

↓

選挙結果 衆院選結果は「自公＝326議席」だった

2014年12月14日＝開票結果は「自公＝326議席」だった

自民党	291議席	与党 326議席
公明党	35議席	
民主党	73議席	野党 149議席
維新	41議席	
共産党	21議席	
生活	2議席	
次世代	2議席	
社民	2議席	
その他	8議席	

【疑問1】マスコミの選挙予測は「必要」なのか？
【疑問2】開票マシン＝コンピュータ・ソフトが「票数操作」をしている？
【疑問3】衆院選は「不正選挙」ではないのか？

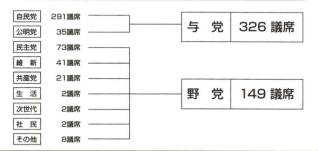

「日本経済新聞社は第四七回衆院選について世論調査を実施し、公示直後の序盤情勢を探った。衆院定数四七五議席のうち、自民党は三〇〇議席をうかがう勢いだ。衆院で否決された法案を衆院で再可決できる三分の二（三一七議席）を与党で維持する可能性がある。民主党は伸び悩み、維新の党は苦戦している」（『日本経済新聞』二〇一四年十二月四日付、傍点は引用者）

衆院選結果について右のような予測を発表しているのは同紙だけではない。同日、別の新聞も（第一面トップで）「自民、三〇〇議席超す勢い」と題して、次のように書いている。

「（十二月）十四日投開票の衆院選について、朝日新聞社は二、三日の両日、約六万人の有権者を対象に電話調査を実施し、全国の取材網の情報も加えて選挙戦序盤の情勢を探った。現時点では①自民は単独で三〇〇議席を超える勢いで、公明とあわせて定数の三分の二（三一七議席）を上回る可能性がある②民主は公示前の六二議席から上積みするものの、伸び悩み、一〇〇議席には届かない公算が大きい③維新は公示前の四二議席から後退、次世代も公示前の一九議席から一ケタになりそう④共産は公示前の八議席から倍近く増える見通し――であることが分かった」（『朝日新聞』二〇一四年十二月四日付、傍点は引用者）

結局、新聞各社は（衆院選開始と同時に）「自民党＝三〇〇議席」を予想していた。そして予測は「的中」した。だがこれは「予測の的中」と言えるのか。これは「誘導」ではないのか。新聞社は選挙予想を「電話調査」によって行なう。だがその結果が「そのまま発表される」わけではない。電話調査の結果に「全国の取材網の情報」が加わる。平たい言葉で言うならば、予想の数字は「どのようにでも作ることができる」ということだ。それだけではない。

そもそも選挙は公正に行なわれているのか。つまり有権者が投票した「一票」が（確実に）「一票」としてカウントされているのか。今、選挙の開票はコンピュータが行なっている。

✹不正選挙＝コンピュータに「与党が有利になるようなソフト」を組み込んでおけば、選挙結果は「選挙が始まる前から明らか」だ。与党が「必ず勝つ」のである

アンダーグラウンドの世界では「衆院選が決まった時点」（解散時）で——つまり「右のような新聞予測が発表される前の段階」で——「自民党＝三〇〇議席」が明確に予想されていた。

なぜそのような「神業的予想」が成立したのか。それは彼らが「コンピュータソフトの設定」（与党が有利になるようなインチキソフト）の存在を明確に透視していたからである。

さて先には次のように述べた。現代＝近未来の日本国の行方を知るためには、どうしても知るべき「二つのポイント」が存在する。それが透視できないと焦点はぼけてしまうのだ。

以下は冒頭でも記したが、ここでは二つのポイントを再度明確に提示しておく。

☀透視①＝アベノミクスは「煙幕」だ↓安倍晋三の本心は「戦争国家」を作ること
☀透視②＝衆院選は「不正選挙」だ↓選挙結果は「どのようにでも操作できる」

右の透視について（現時点では）「十分に得心のいかない読者」もいるだろう。だがここでは予言しておこう。今疑問を感じる読者も「本書を読めば認識を変えることになる」——。

金融暴落の中で「戦争」に突入する日本国

さて近未来の日本国はどうなるか。最初に結論を述べておく。なぜそうなるかは、本書の全体を通して徹底的に論証していく。日本国民は「この世の真実」を知るべきだ。次ページの図表を見てほしい（「近未来の日本国はどうなるか」）——。これは本書の立場から近未来の日本国の動きを大きくまとめたものである。先に結論を示しておく。

☀二〇一五年＝金融暴落が始まる
☀二〇一六年＝戦争に突入する日本国

近未来の日本国はどうなるか
アベノミクスの断末魔と日本国の暴走

近未来予測1＝金融暴落が始まる（2015年後半）

【透視1】アベノミクスは「煙幕」（安倍晋三の本心を隠すデタラメな政策）だった
【透視2】アベノミクスの「断末魔」が始まるのは、まもなくだ

●消費税＝10％の増税延期（その他）で「金融暴落が発生する時期」は多少のタイムラグが生じるかもしれないが、日本経済の行方は「同じ」である
●結局は「暴落」を呼ぶのである
●日本経済がこのまま安穏と推移することはあり得ない

近未来予測2＝戦争に突入する日本国（2016年）

【透視1】安倍晋三の本心は「日本国＝戦争国家」に変えること
【透視2】安倍晋三の本心は「着実にスケジュールを刻んでいる」

●近未来の日本国（日本国民）にとって「最大の脅威」は「戦争突入」である
●日本国の戦争突入は「暗黒の未来」を作り出す
●日本国の戦争突入は「絶対に避けなければならない」
●今ならまだ日本国の戦争突入は「回避できる道」がある

【戦略1】本書の目的は「暗黒の未来」を徹底的に破壊することである！
【戦略2】日本国民は「暗黒の未来」をぶち壊せ！
【戦略3】そのために「日本国の真実」を知らなければならない！

金融暴落は（ほぼ一〇〇％）「回避することができない」が、戦争突入は（まだ）「回避できる余地」がある。それゆえに本書が書かれていく。日本国民は「覚醒」するべし――。消費税＝一〇％の増税延期その他で「金融暴落の時期」は多少のタイムラグが生じるかもしれないが、日本経済の行方は同じである。結局は「暴落」を呼ぶのである。

なぜそうなるか。ここは「明確な論理」を提出しておくべきだろう。同時に読者諸氏の理解を得るためにはどうするべきか。ここは思案のしどころだ。さてどうするか。

以下では「世界経済情勢の読み方」を提示して、その上で「大激動する現代世界情勢」を透視する。そして（それらを土台に）「近未来の日本国の動き」を具体的に予測する。私たちは「三段ロケット方式」で「ターゲット」（近未来の日本国）に向かって突進するのだ。

株価動向や為替相場を追いかけることは「無意味」である

私たちは現代と近未来の経済情勢をどのように考えるべきか。

多くの人は「目の前の経済動向」に目を奪われる。たとえば、株価はどうなるか。あるいは、為替《かわせ》相場はどうなるか。あなたの場合はどうだろう。少し考えてみてほしい。

マスコミは時々刻々、株価や為替の動きを大々的に報道する。それで私たちは否応もなく、そのような情報に接して日々を送っていくことになる。だがそのことに意味はあるのか。

この世の真実を言うならば、そのような視点では、私たちは未来を見ることができない。なぜならば、世界経済（現代世界情勢）の背後には「大謀略」が存在するからだ。

その具体的詳細については本書の全体を通して述べていく。ここでは、読者諸氏に「緊急の理解」を促すために、五つの視点を提示して「世界経済情勢の読み方」を考える。

現代世界情勢の背後で「三つの巨大な車輪」が動いている

第一点。まずは「戦後日本経済を大きなイメージで考えてみること」から始めよう。

一九四五年（昭和二十年）八月、大東亜戦争でわが国は完全に壊滅した。米軍による大空襲と原子爆弾の投下で、日本全国の主要都市は破壊され、日本列島は焼け野原となった。

この悲惨な情勢の中から私たち日本国民は立ち上がってきた。過去七十年における日本国民の努力と辛苦は、どれほど強調しても強調しすぎることはない。それは（歴史的に見ても）まちがいなく「称賛すべき出来事」だ。だがここには「巨大な秘密」が存在する。戦後の日本経済大発展の背後になにがあったかは、後章でじっくりと透視する（第八章）。

ここでは戦後日本経済の動きを次のようにイメージしてみる。

☀ 敗戦直後の時代＝日本経済は「三輪車に乗った子供」である

☀ 高度経済成長期＝日本経済は「自転車に乗り換えた子供」である

読者にはその意味はわかるだろう。敗戦直後の時代は「日本経済が少しばかり動き始めた時代」である。これは「歩き始めた子供が三輪車に乗るようなもの」である。

高度経済成長期（以降）は「成長した子供が自分の足で自転車をこぐようなもの」である。

ただしこの自転車は「補助輪付きの自転車」だ。補助輪とは「日米安保条約」のことである。

戦後の日本国は「米国の軍事力がなければ」→「国家が守れない」ことになっている。世界レベルで見れば、こんな国家は「独立国家」と呼ぶことはできない。それは今も同じである。

☀ 戦後日本国＝日本経済は「補助輪付きの自転車に乗った子供」である

戦後の日本経済は大発展を遂げた。それは（イメージレベルで言うならば）「補助輪付きの自転車に乗った子供が『町内』を走り回っているようなもの」である。

子供は元気であるかもしれないが、補助輪付きの自転車で走り回っている子供には見えていない存在がある。それは「町内を仕切っている男」（世界を牛耳《ぎゅうじ》っている勢力）である。

現代世界情勢の背後には「地球支配階級」が存在する。その詳細は後章で述べる。ここでは「欧州ロスチャイルド家を筆頭とするユダヤ国際金融資本家」と大きく理解してほしい。

ここでは先のイメージ（三輪車→自転車）に絡めて話を続ける。近未来世界を予測するためには、目先の株価の数字を追いかけるよりも「全体的世界像を明確に把握する」ことがまずは先である。

地球支配階級は、現代世界情勢の背後で「二つの大きな車輪」を回している。

☀巨大車輪①＝世界経済を動かす大きな車輪
☀巨大車輪②＝戦争を勃発させる大きな車輪

これは明らかな事実である。だが多くの日本国民には、この二つの大きな車輪がまったく見えない。なぜそういうことになるのか。読者の気に障《さわ》るかもしれないが、あえて述べる。

その理由は（それらの車輪があまりに巨大なので）「補助輪付きの自転車で町内を走り回っている子供には見えない」のである。子供は「目の前」（株価・為替）だけを見ている。

それでは私たちは「彼ら」に操られるままになる。これは「愚か」だ。

だが歴史の真実を言うならば、幕末・明治維新以降の日本国の歴史は、その繰り返しなのである。そのことについては後章で述べる（第五章、第六章、第七章、第八章）。

さて本項では「二つの巨大な車輪の存在」を指摘した。ではそれはどのように動いているのか。私たちはそれを具体的に知るべきだ。次項では現代世界経済の背後情勢を透視するさらなる重要ポイントを指摘する。これは「世界経済情勢の読み方」を考えるための「二点目」だ。

近代経済史は「大恐慌＝金融暴落＝バブル崩壊」の繰り返し

二〇一五年＝現代世界に生きる私たちは「高度資本主義世界」の中で生きている。だがその世界は、ある日突然構築されたわけではない。ここに至るまでには「歴史」がある。

世界の歴史は「古代」→「中世」→「近代」→「現代」と進行してきた。この歴史の推移の中で資本主義が登場したのは「近代」においてのことである。

それを「近代資本主義」と呼ぶことにしよう。ではその「近代資本主義の歴史」は「どのような歴史」であったか。それは「大恐慌＝金融暴落＝バブル崩壊」の繰り返しだった。

ここでは（近代資本主義の歴史における）「主要なバブル崩壊」を提示する。

- ✹一六三七年＝オランダで「チューリップ・バブル」が崩壊した
- ✹一七二〇年＝イギリスで「南海会社バブル」が崩壊した
- ✹一七二〇年＝フランスで「ミシシッピ会社バブル」が崩壊した
- ✹一九二九年＝アメリカで「ニューヨーク株式市場」（ウォール街）が大崩壊した
- ✹一九九〇年＝日本国で「バブル経済」が大崩壊した

右の動きの詳細（背後情勢）については別著を参照してほしい（『地球支配階級が仕掛けた世界大恐慌／悪魔のシナリオ』鈴木啓功、学研パブリッシング）。

結論だけを言うならば、右の動きの背後には（常に）「地球支配階級」が存在した。というより、正確には、彼らが「大恐慌＝金融暴落」を仕掛けていた。

なぜ彼らはそのような謀略行為を仕掛けるのか。それはふつうの地球人民からカネを巻き上げるためである。同時に彼らは大恐慌を起こしてガタガタになった国家を乗っ取る。

右で名称の挙がった国家は全部、「地球支配階級の所有物」なのだ。もちろんその事実は、完全に隠蔽されている。彼らは背後に隠れたままで、表舞台では「政治家」を操る。

二〇一五年＝現代の日本国がどのように動かされているかは本書全体を通して徹底的に述べていく。先に結論だけを言うならば、安倍晋三は「彼らの手先」なのである。

本項に関して一点だけ注意書きを添えておく。右のバブル崩壊の歴史の中で、十七〜十八世紀＝オランダ・イギリス・フランスのバブル崩壊を仕掛けたのは「黒い貴族」だが、二十世紀＝アメリカと日本国でバブル崩壊を仕掛けたのは「欧州ロスチャイルド家」である。

☀黒い貴族＝イエス・キリストを殺したユダヤ人支配階級（サンヘドリン）の血脈
☀欧州ロスチャイルド家＝十八世紀ドイツ・フランクフルトに浮上してきた新勢力

十八〜十九世紀＝欧州ロスチャイルド家は「黒い貴族」と権力闘争を繰り返し、やがて彼らは「金融権力」を奪取した。十九世紀以降の世界は「彼らの世界」なのである。

また黒い貴族は「本当のユダヤ人」だが、欧州ロスチャイルド家は「そうではない」。彼らは、約一千年前にユダヤ教に改宗した「異民族（カザール民族）の血脈」なのだ。

歴史の真実を言うならば、彼らは「仮面をかぶった偽ユダヤ人集団」なのだが、多くの人はそんなことはなにも知らない。日本国民は「補助輪付きの自転車をこいでいる」だけ。

二十世紀を動かしていたのは「誰」なのか

二十世紀は「戦争と革命の時代」と呼ばれる。なぜなのか。

> ✹二十世紀①＝二つの世界戦争を始め、世界では「多くの戦争」が発生した
> ✹二十世紀②＝ロシア革命を始め、世界では「多くの革命」が発生した

これらの動きの背後には（常に）「地球支配階級」が存在する。前項に絡めて言うならば、彼らは（日本国民の目に見えないところで）「巨大な車輪」を回しているのだ。

一九一四年＝世界では「第一次世界大戦」が勃発した（〜一九一八年）。この戦争は過去の歴史にはなかった大戦争だった。そして様々な新兵器が登場した。

それまで世界には戦車や潜水艦などは存在しなかった。ふつうの地球人民は誰もそんなものは見たことがない。だがこの戦争ではそれらの新兵器が登場し、（同時に）発明されたばかりの飛行機も「地球人民皆殺しのための殺戮兵器」として投入された。こうして世界中の陸海空は「戦場」となった。世界戦争では「逃げ場」はない。地上では大砲や機関銃がぶっ放された。恐ろしい新兵器は世界を破壊し続けた。そして多数の地球人民が死んだ。

ところでこれらの新兵器を製造したのは「誰」なのか。それは「地球支配階級」（欧州ロスチャイルド家）だ。

なぜ第一次世界大戦が勃発したか。その発火点はこうだった。

一九一四年六月二十八日、陸軍大演習を統監するためボスニアの首都サラエボに到着したオーストリア・ハンガリー帝国の皇太子夫妻が暗殺された。至近距離から拳銃で撃たれた。事件は一九〇八年のボスニア・ヘルツェゴビナ併合に対する憤懣《ふんまん》が爆発したもので、皇太子夫妻を暗殺した犯人は汎スラブ主義のセルビア人学生プリンツィプということになっている。だが真実はそうではない。彼は利用された人間で、背後には地球支配階級が存在した。

セルビア人学生は銃を撃ったかもしれないが、百発百中で命中するはずがない。もしも銃弾が命中しなかったらどうなるのか。地球支配階級の立場からは、皇太子夫妻が死んでくれなければ困るのだ。それでは第一次世界大戦の導火線に火がつかない。彼らは戦争を欲していた。なぜ彼らは戦争を欲するのか。先に述べたように兵器を製造しているのは「彼ら」である。戦争で破壊された諸都市の復興需要で儲けるのも「彼ら」である。

セルビア人学生の背後には地球支配階級の手先である秘密結社が存在した。暗殺現場では、学生の銃撃と同時に、秘密結社の暗殺者が皇太子夫妻を銃撃していたのである。

この事件を起点に欧州世界はガタガタ情勢の中に叩き込まれた。そして第一次世界大戦が勃発した。全部が「仕組まれていた」のである。

米国中央銀行FRBは「民間銀行」である

ところで、第一次世界大戦が発生した前年にはなにが起こっていたか。

米国では「米国中央銀行FRB」（連邦準備制度理事会と連邦準備銀行）が設立された。

☀一九一三年＝米国で「米国中央銀行FRB」が設立された
●一九一四年＝世界で「第一次世界大戦」が勃発した

右の背後情勢はどうなっていたか。地球支配階級が「米国中央銀行FRB」を設立した。そして彼らが「第一次世界大戦」を勃発させた。ここはもう少しだけ述べておく。米国中央銀行FRBは「米国の国家機関」ではない。それは「欧州ロスチャイルド家を始めとするユダヤ国際金融資本家の所有物」（民間銀行）なのである。十九世紀初め、欧州ロスチャイルド家は「英国中央銀行」（イングランド銀行）を乗っ取った。そして二十世紀初めには「米国中央銀行FRB」を設立した。

昭和の時代、大東亜戦争における日本国のスローガンは「鬼畜米英」だった。当時の米英は「世界の二大強国」だ。その二大強国を相手に日本国は戦争をした。勝つはずがない。上から命令されるがままに「鬼畜米英」を叫ぶ日本国民は知らなかったかもしれないが、鬼畜米英の正体は（米英の中央銀行を所有する）「欧州ロスチャイルド家」だった。

一九一八年、第一次世界大戦が終わったとき、ヨーロッパ全土は焼け野原だった。だが米国は無傷だった（米国は大戦末期に参戦し、「漁父の利」を得た）。

ヨーロッパの戦後復興のためには米国の工業力が必要だった。よって第一次世界大戦後、米国の産業界は増産に増産を繰り返し、ヨーロッパに製品を売りまくった。

このような経緯で一九二〇年代の米国は「黄金の時代」を迎えることになった。そして同時に（このような時代の延長線上に）米国では「バブル」が発生したのだ。

☀ 一九二〇年代＝米国で「バブル経済」が発生した

だが、それから世界はどうなったか。

☀一九二九年＝米国では「ニューヨーク株式市場」（ウォール街）が大崩壊した
☀一九三〇年代＝世界経済は「世界大恐慌の時代」に突入した
☀一九三九年＝大恐慌情勢の中で「第二次世界大戦」が勃発した

結局、第二次世界大戦に至る動きは次のようにまとめることができる。

☀二十世紀＝第一次世界大戦→バブル経済→株価暴落→世界大恐慌→第二次世界大戦

では、「誰」がこの動きを作り出したか。先に述べたことだが繰り返す。世界情勢の背後では地球支配階級が「二つの巨大な車輪」（経済車輪＋戦争車輪）を回している。

世界大恐慌と世界戦争は「計画的」に引き起こされる

一九二〇年代、米国でバブルが始まったのは、ニューヨーク株式市場（ウォール街）ではなくて、当初はフロリダでの大不動産ブームだった。

投資家が不動産を買う頭金は「一〇％」でよかった。そして、その一〇％の頭金を払って買った土地の値段は（投機が本格化した一九二四年から二五年には）数週間で倍になった。

それなら借金をしてでも次々に土地を買った方が「得」である。もちろんそのようなことが永遠に続くはずもないのだが、当時はその勢いに拍車がかかった。それが「バブル」というものだ。そして、このバブルがニューヨークのウォール街に飛び火した。

念のためだが、右の時代に「頭金＝一〇％」を決めていたのは「誰」なのか。それは「地球支配階級」（欧州ロスチャイルド家を始めとするユダヤ国際金融資本家）だ。

さてこのような経緯の中でニューヨーク株式市場は暴騰を開始した。

当時、ゴールドマン・サックスを始めとする米国金融機関は「ユニット型投資信託」を販売した。これは「てこ（レバレッジ）の原理」を利用するもので、理論的にはいくらでも儲けることができるというものだった。だがそんな旨い話がありうるはずがないのである。

念のためだが、米国の巨大金融機関＝ゴールドマン・サックスの所有者は「誰」なのか。それは「欧州ロスチャイルド家」だ。どこにでも「彼ら」は存在するのだ。

そしてゴールドマン・サックスは「ユニット型投資信託」（てこの原理を利用していくらでも儲けることができるというインチキ商品）を「無知な大衆相手」に売りまくった。

このときの彼らの動きの詳細（背後情勢）については別著を参照してほしい（『ゴールドマン・

サックスが解れば世界経済を操る大謀略が見えてくる』鈴木啓功、成甲書房)。

それからどうなったかについて、ここでは結論だけを述べておく。ゴールドマン・サックスは次々に「子会社→孫会社→曾孫会社」を作り出した。そして利益を下から上へと吸い上げた。

この構造の正体はなんなのか。これは「ねずみ講」なのである。つまり「上」が「下」を作って「上」が「下」を搾取する。そして「下」は「さらにその下」を作って、「下」は「さらにその下」を搾取する。だが、この構造は到底、維持できるものではないのである。

なぜならば、この「組織拡大構造」(上→下)と「利益収奪構造」(上←下)は、(順調にカネが回っているときはともかく)カネが回らなくなると「全部が崩壊する」からだ。

破綻することはわかりきっているが、一九二〇年代＝ゴールドマン・サックスは、それを確信犯として実行した。その結末を経済学者ガルブレイスは次のように述べている。

「ここで一つ見落とされていたのは、こうしたプロセスが逆の方向に働くとすればどうなるか、ということだった。この場合には、固定利率で支払わなければならぬ債務があるのに、会社が保有する株の市場価値も、その株からあがる収益も、減少するわけである。この減少は確実に起こった。ゴールドマン・サックス・トレーディング会社の株は一〇四ドルで発行され、その数カ月後には二二二・五ドルまで上がったのであるが、一九三二年の晩春には一・七五ドルとなってしまった」(『バブルの物語』ジョン・K・ガルブレイス、鈴木哲太郎訳、ダイ

ヤモンド社、傍点は引用者）

当時の個人投資家の立場からの「結末」はこうだった。

✹個人投資家の財産消滅＝「二二二・五ドル」→「一・七五ドル」

投資したカネが「二〇〇分の一」に減少する。これではカネが「紙クズになった」のも同じである。投資家はビルから飛び降りたくもなるだろう。

実際、当時の米国では多くの投資家がビルから飛び降りるなどして自殺した。彼らは「地球支配階級の餌食」となったのだ。そして世界は「大恐慌の時代」に突入する。

✹一九三〇年代＝世界大恐慌の時代＝世界経済は徹底的に破壊された

一九三〇年代＝世界大恐慌の時代、日本国でも「金融恐慌」が発生した。そしてその金融恐慌のガタガタ情勢の中で「日中戦争」が勃発する。なぜこのようなことになったのか。

現代世界情勢の背後では、地球支配階級が「二つの巨大な車輪」（経済＋戦争）を回している。誰も言わないかもしれないが、大恐慌と戦争勃発は「一枚のコインの裏表」の関係だ。

同じ時代、世界でも「不穏な動き」が発生した。

☀一九三九年九月一日＝ドイツ軍は宣戦布告もなくポーランドに侵攻した

これは世界中を震撼させる動きだった。これを契機に「第二次世界大戦」が勃発した。第一次世界大戦勃発の発端もそうだが、世界戦争は「ちょっとした事件」が起点となる。

当時のドイツはナチス党のヒトラーが率いていた。なぜヒトラーが登場したか。その経緯を要約しておく。

一九一八年、ドイツは第一次世界大戦で敗北した。それだけでも苦境なのに、そこにさらなる大苦難が襲いかかる。米国発＝世界大恐慌の発生だ。

一九三〇年代――世界大恐慌の時代――ドイツは上から下まで全部ガタガタになっていた。そのような情勢の中からヒトラーが登場してくる。そして彼は第二次世界大戦を勃発させた。

歴史の真実を言うならば、ヒトラーの背後には「地球支配階級」が存在した。彼は「地球支配階級が操る人形」だった。その背後情勢はどうなっていたか。ここでは端的に述べておく。

ドイツは「欧州ロスチャイルド家が発祥した土地」である。十八世紀、彼ら一族の始祖であるアムシェルはドイツ・フランクフルトから登場してきた。ドイツは「彼らの母国」なのだ。

そのような出自の欧州ロスチャイルド家にとって、発祥地のドイツでヒトラーを育成することはじつに容易《たやす》いことだった。世界の歴史を透視して言うならば、歴史の舞台で踊る者たちの背後には（常に）「地球支配階級が存在する」。この世は「悪魔が支配する世界」である。

日本国民は「大激動する現代世界情勢」を透視できるか

さて、「世界経済情勢の読み方」を考えるための土台として「五点」を指摘した。

- ☀視点①＝地球支配階級が「二つの巨大な車輪」（経済車輪＋戦争車輪）を回している
- ☀視点②＝近代資本主義の歴史は「大恐慌＝金融暴落＝バブル崩壊」の繰り返し
- ☀視点③＝二十世紀を動かしていたのは「欧州ロスチャイルド家」だった
- ☀視点④＝米国中央銀行ＦＲＢは「欧州ロスチャイルド家の所有物」である
- ☀視点⑤＝世界大恐慌と世界戦争は「計画的」に引き起こされる

右の五点は読者諸氏に、私たちが近未来の日本国を考える土台として「緊急の理解」を促すことが目的だった。前項までの重要ポイントを「再説」（力説）する。

日本国民のウィークポイントは「経済」（目の前の経済現象）だけを追うことだ。日々「国際情勢」を見ている人はほとんどいない。まして「戦争」（謀略）を考える人はゼロに等しい。

真面目な日本国民は「経済と戦争は別のもの」と考える。だがそれは間違いだ。なぜならば「地球支配階級は（現代世界情勢の背後で）同時に『二つの巨大車輪』（経済＋戦争）をグルグルと回している」からだ。そのことが透視できないと「未来は見えてこない」のだ。

さて右の土台を踏まえた上で（次には）「大激動する現代世界情勢」を透視する。私たちは「目の前の情勢」をぼんやりと眺めていてはダメなのだ。それでは「殺されるだけ」である。

現代世界経済は「世界大恐慌の時代」に向かって驀進している

地球支配階級は「二つの巨大な車輪」（経済車輪＋戦争車輪）を回している。そこで（大激動する現代世界情勢を透視するために）まずは「経済情勢」を透視する。

近代資本主義の歴史は「大恐慌＝金融暴落＝バブル崩壊」の繰り返しだった。その背後には「地球支配階級」が存在した。米国のバブル崩壊に続く歴史から話を始める。

☀ 一九九〇年＝日本国で「バブル経済」が大崩壊した

一九八〇年代の日本国は「バブル経済の時代」だった。この背後にも地球支配階級が存在した。戦後日本経済の真実については後章で述べる（第八章）。しばらくお待ちいただきたい。

ここで指摘したいのは次のことだ。一九八九年十二月、日本国の株価は「約四万円」だった。そして年が明けると東京株式市場は大崩壊を始めた（一九九〇年）。

日経平均株価は、八カ月で「二分の一」まで下落した。まさに「つるべ落とし」と言うしかない。戦後の日本経済には「不動産神話」が存在した。つまり（株価は変動しても）「不動産価格は上がり続ける」。だがバブル崩壊はそんな神話を吹き飛ばした。地価も住宅価格も下落した。

バブル大崩壊の影響は株と不動産だけにとどまらない。翌年末（一九九一年末）からはその悪影響は全産業に波及した。景気は急速に落ち込み、世間では「平成不況」と叫ばれた。そしてどうなったか。一九九〇年代は「失われた十年」となった、二〇〇〇年代も「失われた十年」となった。現在に至るもバブルの傷跡は癒えたわけではないのである。未来のことを言うならば、現在進行中の「二〇一〇年代」も「失われた十年」となることはまちがいない。

その後、株価は上下動を繰り返し、現在の株価は「約一万八〇〇〇円」（二〇一五年二月末）。

✹日本国の株価崩壊＝「約四万円」↓「約一万八〇〇〇円」

なにが言いたいのかと言うと、日本国では「バブル経済が崩壊した」とはいうものの、まだまだそれは「中途半端な崩壊」であるということだ。そのことの意味がわかるだろうか。

米国のバブル崩壊を見るならば、日本国の株価は「四〇〇〇円」になっても不思議はない。

あるいは「四〇〇円」になっても不思議はない。なぜならば株の正体は「紙」だからだ。

✹日本国の株価予測＝株価は「四〇〇〇円〜四〇〇〇円」に下落する

なぜ日本国の株価は壊滅的な大暴落を免れたのか。結論を言うならば、地球支配階級が「日本国の株価の『最終下落』を求めていなかった」からである。その意味はどういうことか。彼らの戦略（目的）を知るためには（一九九〇年＝バブル崩壊以降の）「世界経済の動き」を俯瞰してみればよいのである。読者諸氏には世界経済の「過去二十五年間」を振り返っていただきたい。

- ✹一九九〇年＝日本国で「バブル経済」が崩壊を始めた
- ✹一九九七年＝アジアで「金融危機」が発生した
- ✹二〇〇〇年＝米国で「ＩＴバブル」が崩壊した
- ✹二〇〇七年＝米国で「サブプライム問題」が爆発した
- ✹二〇〇八年＝米国で「リーマンショック」が発生した
- ✹二〇〇九年＝欧州で「ギリシャ経済危機」が勃発した

それからあとはどうなったか。二〇一五年、欧州経済はガタガタだ。米国経済もガタガタだ。日本経済もガタガタだ。中国経済もガタガタだ。ロシア経済もガタガタだ。

結局、一九九〇年代、二〇〇〇年代、二〇一〇年代の世界経済は（全部）「ガタガタ」なのだ。そのことはどなたにも確実にご理解いただけるであろう。さて問題はここからだ。

つまり、ここで私たちが明確に透視するべきは「これらの情勢の背後には『地球支配階級』が存在する」ということだ。彼らが「世界経済のガタガタ情勢を演出している」。

右のガタガタ情勢の中で世界経済が崩壊することがなかったのは、米国中央銀行FRBを始めとする世界の中央銀行が「カネを垂れ流し続けた」からだ。繰り返しになるが述べておく。米国中央銀行FRBを始めとする「世界の中央銀行」（日銀＋欧州中央銀行ECB＋その他）は「欧州ロスチャイルド家の所有物」だ（日銀の正体については後章で略説する）。

二〇一三年＝安倍晋三は「アベノミクス」をぶち上げた。そして日本国の経済マスコミは「アベノミクスで『株高』になった」と称賛する。だがそのような理解でよいのか。

日本国の株高は「日銀の金融緩和政策」（円の垂れ流し）に由来する。日銀は「日本国の通貨＝円を垂れ流し」→「株高と円安を誘導する」――。それが「アベノミクスの正体」だ。

近年の日本経済は「首相＝安倍晋三が動かしている」というよりも、「日銀＝黒田東彦が動かしている」と言ったほうが適切だ。アベノミクスは「クロダノミクス」だ。

アベノミクスの正体は「円を垂れ流しにして」→「バブルを作る」ということなのだ。これは「愚かな政策」だ。だがこれを経済マスコミは絶賛する。彼らも「愚か」なのである。

✺二〇一五年＝世界全体で「世界バブル」が構築されている

二〇一五年＝地球支配階級は「カネを垂れ流し続けている」。ではそれはなぜなのか。結論を言うならば、彼らは「世界中にカネをばら撒いて」→「世界バブルを作っている」のだ。では彼らの目的はなんなのか。今、彼らはなにを計画しているのか。

それは「世界バブルを構築して」→「それを一気に大崩壊させる」。そして「世界大恐慌を発生させる」。同時に「中東大戦争を勃発させる」。次には「第三次世界大戦を勃発させる」。

彼らの戦略については後章で徹底的に透視する（第九章）。しばらくお待ちいただきたい。

二〇一五年＝今、地球支配階級は「歴史的＝最終戦略」を発動している。そのことがわからなければ、世界情勢分析は（全部）「的外れになる」のである。繰り返して述べる。

二〇一五年＝現代世界経済の背後で彼らは「世界市場の大破壊」を計画している。日本国の株価の最終下落局面は「これから発生する」のである。そしてそのときには世界中で株価が大崩壊する。そして近未来世界は「世界大恐慌の時代」に突入する。そう、歴史は繰り返されるのだ。

米国中央銀行FRB議長＝イエレン
欧州中央銀行ECB総裁＝ドラギ
●米国FRBと欧州ECBの背後には「地球支配階級」が存在する
●彼らの戦略＝「世界バブルを構築する」➡「世界バブルを崩壊させる」
日銀総裁＝黒田東彦
日本銀行・本店
●日本銀行と黒田東彦の背後には「地球支配階級」が存在する
●彼らの戦略＝「世界バブルを構築する」➡「世界バブルを崩壊させる」

経済マスコミやエコノミストには「未来」が見えない

二〇一五年一月下旬、新聞は「日本経済の論点」と題する連載コラムの初回で、「真価問われるアベノミクス」と題して、次のように書いている。

「日本経済の復活には潜在成長率引き上げが不可欠だ。構造改革により国内供給率を増やす必要がある。経済の好循環の実現に向けて時間の余裕はない。『第三の矢』成長戦略の迅速な実施が求められる」（『日本経済新聞』二〇一五年一月二十日付、傍点は引用者）

こんな記事は無意味である。なぜならば、これは、幼稚園児に「微分・積分の問題を解け」と要求するようなものだからだ。安倍政権が発足して（この時点で）すでに二年が経過している。その間に「第三の矢（成長戦略）が実施されなかった」ということは、日本国政府と安倍晋三には、ハナから「その気がなかった」ということだ。彼らは「悪魔の手先」である。

二〇一五年二月初旬、経済専門週刊誌は「現代世界経済情勢」に関する「重要な特集記事」を組んでいる。その表紙に刻印された文字群は次のようなものである。

☀ 特集記事＝「世界金融不安」「日米欧緩和が醸成する国債暴落」「株式・為替・債券／止まらない乱高下の構図と今後」

内容がどのようなものかは、読まなくてもわかるだろう。リードの部分だけ引用する。

「日米欧がそろって、歴史的な超低金利の状態にある。中央銀行から溢れるマネーが国債市場に向かっているためだ。さらに、行き場を失ったマネーは規制対象外のファンドを通じて、ハイリスク商品にも流入し始めている。世界マネーの異変の最前線を追った」（『週刊エコノミスト』二〇一五年二月十日号、傍点は引用者）

本書の立場から（右の動きに象徴される）「現代世界経済情勢」を明確に透視するならば、今、「地球支配階級は『世界バブル』を構築している」ということだ。では彼らの目的はなにか。二十世紀の歴史を見れば、それは「明らか」なのである。繰り返しになるが明記しておく。彼らの目的は、近未来世界において「世界バブルを大崩壊させること」→（そして）「世界大恐慌を引き起こすこと」→（同時に）「第三次世界大戦を勃発させること」だ。

これは「彼らの既定戦略」なのだ。だが多くの日本国民には「悪魔の戦略」がわからない。無礼を承知であえて述べる。日本国民は「補助輪付きで自転車をこいでいる」だけだ。

特集記事の冒頭ページは見開きで、そこには「FRB＝イエレン議長」「ECB＝ドラギ総裁」「日銀＝黒田総裁」の顔写真が掲載されている。そして彼らの頭上には「文字」がある。

✹頭上の文字＝「FRBは蛇口を絞り、ECBと日銀はさらに緩める」

これは「二〇一五年＝現代世界の事実」だが、それらの事実には意味はない。日本国民は、その背後に「地球支配階級」（欧州ロスチャイルド家）を明確に透視するべきだ。

なぜならば「FRB・日銀・ECBの正体」は「地球支配階級の所有物」にすぎないからだ。

彼らは「米日欧の中央銀行を動かして」→「世界経済をガタガタにしている」だけなのだ。

右の特集記事の中には「アンケート」（証券会社や銀行系シンクタンクのエコノミストに対するアンケート）のページがあって、その設問は次のようになっている。

✹アンケートの設問＝「どう動く／FRB・日銀・ECB」＝「①FRBの利上げ時期」「②日銀の追加緩和の時期」「③ECBの量的緩和の評価（一〇〇点満点）」

右の設問に各エコノミストは真剣に回答している。だが彼ら全員（三人）の回答は、まったく異なる。専門家の間でも（中央銀行の動きについて）「一致した見解」は存在しない。

さてそのことを述べた上での話だが、本書の立場からは右の設問は「無意味」である。なぜならば「FRB・日銀・ECBの正体」は「地球支配階級の所有物」にすぎないからだ。彼らは「米日欧の中央銀行を動かして」→「世界経済をガタガタにしている」だけなのだ。

近未来＝日本国民は「悪夢」を見せられることになる

さて、地球支配階級は「二つの巨大な車輪」（経済車輪＋戦争車輪）を回している。それゆえ、（大激動する現代世界情勢を透視するために）次には「戦争情勢」を透視する。

二〇一五年一月＝新年が明けると同時に、「世界を震撼させる大事件」が相次いだ。

☀大事件①＝仏新聞社襲撃テロが発生した（犯人はイスラム教徒）
☀大事件②＝「イスラム国」が「日本国民二人を人質にとって」→「日本国政府に『身代金二億ドル』を要求した」→「二人を殺害」（犯人はイスラム教徒）

これらの背後情勢については後章で述べる（第九章）。ここでは次のことを述べておく。

結果的に「イスラム国」は「日本人二人の人質」を殺害した。このとき彼らは、次のメッセージを出していた。

「日本政府よ。／邪悪な有志連合を構成する愚かな同盟諸国のように、お前たちはまだ、我々がアラーの加護により、権威と力を持ったカリフ国家であることを理解していない。軍すべてがお前たちの血に飢えている。

安倍（首相）よ、勝ち目のない戦争に参加するという無謀な決断によって、このナイフは健二だけを殺害するのではなく、お前の国民はどこにいたとしても、殺されることになる。日本にとっての悪夢を始めよう」（『朝日新聞』二〇一五年二月二日付、傍点は引用者）

日本国民は「温和な民族」だ。だが相手はそうは思わない。

✹二〇一五年＝「イスラム国」は「日本国政府」と「安倍晋三」の動きを注視している

そして「イスラム国」は「日本国民を皆殺しにする」と宣言している。彼らのメッセージが実行されるなら「近未来＝日本国民は『悪夢』を見せられることになる」だろう。

同時に重要ポイントを指摘しておく。日本国民が「温和な民族」であろうがなかろうが、彼らにとってはそんなことは関係がない。彼らが見ているのは「日本国政府」と「安倍晋三」だ。

ところで、安倍晋三の動きについては「不思議な挙動」が存在するのだ。

☀安倍晋三①＝安倍は（人質事件発生を知っていながら）「中東でカネをばら撒いた」
☀安倍晋三②＝安倍は（仏新聞社襲撃テロが発生すると）「喜んだ」

二〇一五年一月七日、仏新聞社襲撃テロが発生すると、外務省内から「今回の中東訪問はタイミングが悪い」という声が上がった。だが安倍晋三の反応は逆だった。

官邸関係者は次のように述べている。

「総理は『フランスのテロ事件でイスラム国がクローズアップされている時に、ちょうど中東に行けるのだからオレはツイている』とうれしそうに語っていた。『世界が安倍を頼りにしているということじゃないか』ともいっていた」（『週刊ポスト』二〇一四年二月六日号、傍点は引用者）

周囲はその言葉を聞いて「異様に感じた」と言うが、安倍の異様さはそれだけではない。

「総理は総額二十五億ドル（約三〇〇〇億円）の中東支援についても、『日本にとってはたいしたカネではないが、中東諸国にはたいへんな金額だ。今回の訪問はどの国でもありがたがられるだろう』と自信満々で、常人の感覚とは違うなと感じた」（同右、傍点は引用者）

安倍晋三は「異様」＋「常人ではない」という「ダブル狂気の男」なのだ。

本章の冒頭では「アベノミクスは『煙幕』である」「安倍晋三の本心は『日本国』を『戦争国家』に作り替えること」と透視した。これに右の証言を重ねて考えるとどうなるか。

もしかすると安倍晋三は「日本人人質二人が殺されたことを『ラッキー』（オレはツイている）と思っているかもしれない」のである。「ダブル狂気の男」は「信用できない」。

いずれにしても近未来の日本国は「戦争」（戦争体制構築）に向かって驀進していく。

✵日本国①＝国内で「警察国家化」が進行している＝日本国民は「モノ」が言えなくなる

✵日本国②＝国外で「自衛隊派兵」の潮流が作られる＝日本国は「戦争」に突入する

二〇一五年二月初旬、新聞は「憲法改正／踏み込む首相」「参院選へ機運高める思惑」と題して、次のように書いている。安倍晋三は「日本国」を「戦争国家」を作り替えたい。

「安倍晋三首相は（二月）四日、憲法改正について、来夏（二〇一六年）の参院選後に国民投票を実施目標を初めて示した。改正の是非を参院選の争点に掲げ、機運を盛り上げる狙いがありそうだ。改正を検討するテーマについてはまず政党間での議論に委ね、改正に慎重な公明党からも賛同を得られそうな点に絞り込む戦略を描く」（『朝日新聞』二〇一五年二月五日付、傍点は引用者）

私自身は「憲法改正」には「賛成の立場」である。だが、日本国憲法の背後には「日米安保条約」が存在する。日米関係の真実（日米安保の裏側）については後章で述べる（第四章）。結論だけを言うならば、日米安保を残したまま憲法を改正することは「危険」なのだ。日本国の真の独立のために憲法を改正するというのなら（同時に）日米安保を廃棄すべきだ。右の前日、別の新聞は「米、新兵器開発に重点」「中国台頭を警戒」「要求額は大幅増」と題して、次のように書いている。米国は「戦争国家」なのである。

「米国国防省は（二月）二日、二〇一六年会計年度（一五年一〇月～一六年九月）の国防予算案を発表した。軍事力増強を進める中国に対抗するため、中長期的な観点から新型兵器の調達や開発に重点を置いた。基本予算と国外作戦費用の合計は、一五年会計年度と比べて四・四%増の五八五三億ドル（約六八兆七七〇〇億円）で、大幅な増額要求となった」（『読売新聞』二〇一五年二月四日付、傍点は引用者）

現在の米国が（軍事力増強を進める中国に対抗することに加えて）「イスラム国」に対する「対テロ戦争」を掲げていることは言うまでもない。彼らは中東世界を空爆し続けてきた。そのような国家と「安保条約」を結んでいるとどうなるか。（同時に）そのような情勢の中で「日本国憲法」を改正するとどうなるか。日本国は世界中で戦争を始めることになる。

二〇一五年＝日本国民は「世界」を透視するべきだ。同時に「足元」を固めるべきだ。なにがあっても浮き足立つのは「禁物」だ。安倍晋三に煽動されるなどは「最低」だ。

地球支配階級は「二つの巨大な車輪」（経済車輪＋戦争車輪）を回している。大激動する現代世界情勢を透視するために「経済情勢」と「戦争情勢」を透視した。さらに話を続けよう。

近未来＝日本国の「終着駅」はどこなのか

ここまでは「世界経済情勢の読み方」を提示し、（その上で）「大激動する現代世界情勢」を透視した。ここからは（それらを土台に）「近未来の日本国の動き」を具体的に予測する。

さて本書では近未来の日本国を次のように予測している。

☀ 二〇一五年＝金融暴落が始まる

✹二〇一六年＝戦争に突入する日本国

近未来の情勢を具体的に述べることは難しい。ましてや現在のような不穏な情勢ではなおさらだ（現時点＝二〇一五年二月初旬）。

近未来に至る大きな動きは「右の通り」としても、そこに至る「具体的な経路」は「複数の経路」が予測される。以下では「二つのシナリオ」（二つの経路）を提示する。

> ✹近未来のシナリオ①「準急コース」＝時間を経て「金融暴落」が発生する
> ✹近未来のシナリオ②「特急コース」＝ある日突然「金融暴落」が発生する

どちらのシナリオが現実化するにしても「終着駅」は同じである。

近未来のシナリオ①「準急コース」
時間を経て「金融暴落」が発生する

さて、近未来の日本国はどうなるか。

「近未来のシナリオ①『準急コース』＝時間を経て『金融暴落』が発生する」――。

☀ 二〇一五年（春）＝上場企業の「三月期決算」が報道される

二〇一五年五月、経済マスコミは「上場企業の三月期決算」を発表する。近年の円安でダメージを受けた企業を除いて「大手輸出型企業の三月期決算」は絶好調だ。

マスコミ報道には「今期最高益」の文字も躍る。好調企業の経営者は笑顔でコメントを発表する。前後して、経済マスコミと証券会社は「株式への投資」を煽《あお》りに煽る。

その煽動の土台は「家計の損失（低金利＋消費税増税＋食品・日用品価格の値上げ＋公共料金の値上げ、その他）を挽回するためには」→「株で儲けるしかない」という理屈だ。

同時に、テレビのバラエティ番組には有名タレントや有名スポーツ選手が相次いで登場し、「俺はこうやって株で儲けた」と笑顔と話術で力説する。あれやこれやの要因で、日々の生活に苦しむ真面目な日本国民の中には「株をやるしかない」と洗脳される人が増大する。

☀ 二〇一五年（夏）＝株価は「二万円」を突破する

二〇一五年（夏）、株価は「二万円」を突破して「三万円」を目指す。この株価の上昇に個人投資家は吸い寄せられる。だがそれは「バブル」である。この株高に「実体」はない。

日本国の株高は「日銀の緩和政策」（円の垂れ流し）に起因する。日銀は「日本国の通貨＝円を垂れ流し」→「株高と円安を誘導する」。それが「アベノミクスの正体」だ。

結果的には「作られたバブルは崩壊する」のだが、日本国の愚かな経済マスコミは「三万円突破」を煽る。おかげで個人投資家はさらに株式市場に吸い寄せられる。現役組も定年組も株に預金を注ぎ込む。こうして株価はさらに上昇していく。

歴史を振り返って言うならば、この光景は「一九八九年」にも存在した。あのとき愚かな経済マスコミは「四万円突破」「五万円突破」と個人投資家を煽りに煽った。それで投資家は株式市場に有り金を投げ込んだ。だがそれが「バブルのピーク」（一九八九年十二月）だった。

結果的に日本国の株価は「四万円を突破することなく」→「大崩壊した」。一九九〇年代に入ると株式市場は「死屍累々」、同時に「日本経済も壊滅した」。

付け加えて言うならば、今に至るもその傷跡は「癒えたわけではない」のである。日本経済は「復活したわけではない」のである。

それなのに再びバブルが作られる。日銀がバブルを作っているのだ。日銀のバブル政策は「日本国民のカネを『外国』（外国人投資家）に回すための政策」なのだ。

二〇一三年＝アベノミクス（クロダノミクス）の開始以降、外国人投資家は何度も日本国民のカネを海外に持ち出している（逆に言えば日本人投資家は大損をした）。そのことは彼ら自身がはっきりと口にしている。彼らは日銀と日本国政府の愚かさを嘲笑《あざわら》っているのである。

追加して述べておく。今回のバブルは「二万円は突破しても」→「三万円を突破することはない」だろう。読者の中で株をやっている人は「引き際を考えるべき」である。

✹二〇一五年（夏）＝為替相場は「超円安」（一ドル＝一四〇円〜二〇〇円）となる

二〇一五年（夏）、右の株高と並行して「円安」が加速する。為替相場は「一ドル＝一四〇円〜二〇〇円」の「超円安」となる。輸入原材料費の急騰で中小製造業の経営は苦しくなる。消費者物価も上昇する。

あるいは、右の予測と正反対に「超円高」（一ドル＝五〇円）となるかもしれない。ここは世界経済の情勢次第だ。現在の為替市場は世界で蠢《うごめ》くマネーの「博打場」となっている。

だが愚かな日銀＋日本国政府はそんなことは気にしない。彼らはひたすら「円」を垂れ流す。彼らは「株高と円安」誘導が「正しい政策」と信じている。彼らは「愚者の集団」なのだ。

本書の立場からは「日銀の円安政策」は「絶対的な間違い」だ。「日本国の通貨が安くなるということは」→「日本国の国力が弱くなる」ということだからだ。

日本国通貨＝円を垂れ流し、「株高と円安」を作り出すことが「正しい政策」と考えるなどは「愚か」を通り越して「悪魔の思考方式」と言うしかない。

✹二〇一五年（秋〜冬）＝「株価の乱高下」が始まる

二〇一五年九月一日、日本国政府が保有する「郵政株」が放出される（日本郵政グループの株式上場）。ここで株価は一時的に急上昇を見せる。だがそれは「一過性」のものである。それと前後して「株価の乱高下」が始まる。大きく上がったかと思うと大きく下がる。下がったかと思うと上がる。

こういう局面ではさっさと株から足を洗った方がよいのだが、投資家の中にはそうは思わない人も存在する。彼らは「下がったところで買って」↓「上がったところで売れば儲かる」と考えるのだ。そして「株価が乱高下する中で」↓「彼らはさらにカネを注ぎ込む」↓「おかげで株価の乱高下はさらに一層激しくなる」↓「誰にも株価の動きは読めなくなる」。

✹二〇一五年（秋〜冬）＝日本経済は「死」への動きを開始する

本項では「近未来＝日本経済の動き」を予測している。だがその背後には「大激動する世界経済」が存在する。ここではそれについても触れておかなければならない。

なぜならば（地球レベルの視点で「近未来の経済情勢」を見るならば）、「現代世界経済情勢の大変動が」↓「近未来＝日本経済を直撃する」と言えるからだ。

先には繰り返し、「現代世界では『世界バブル』が構築されている」と述べた。地球支配階級が「世界バブルを構築し」→「それを崩壊させる」のだ。そのために日米欧の中央銀行は「カネ」を垂れ流している。そして地球支配階級に従わない国家は経済的に締め上げる。

日本国は「奴隷」だが、世界には「彼らに逆らう国家」も存在する。それはギリシャだ。二〇〇九年に発生したギリシャ経済危機は「地球支配階級によって仕掛けられたもの」だった。そしてギリシャは欧州中央銀行ＥＣＢ（欧州ロスチャイルド家の所有物）から「カネ」（融資）を得た。だがギリシャ国民は「なにかおかしい」と気づき始めた。そして今や彼らは、「ＥＵ（欧州連合）から離脱しても構わない」と考え始めた。近未来＝欧州世界は「大分裂」に向かって動いていく。

また、昨年（二〇一四年）からは「原油価格の下落」が続いている。おかげで日本国の商社の利益は吹っ飛んだ。ではこの背後にはなにがあるのか。ここでは結論だけを述べておく。原油価格の下落は「ロシア」（プーチン大統領）を「標的」にしたものだ。ロシアは世界有数の石油大国で、原油価格の下落は「ロシアの国家収入」を直撃する。つまり地球支配階級は「ロシアを絞め殺しにかかっている」。これについては後章で述べる（第九章）。

右のような情報を開示しつつ、「なにが言いたいか」というと、「現代世界経済（日本経済）の背後では（日本国民の目には見えない）『悪魔の経済戦争』が戦われている」ということだ。

そしてどうなるのか。ここでは結論だけを提示する。

二〇一五年（秋〜冬）＝日本経済は「死」への動きを開始する。その背後では「世界バブルの大崩壊」が始まっている。世界経済も日本経済も徹底的にぶち壊される。

アンダーグラウンドの世界では、

「外資系国際投資ファンドは、二〇一五年（秋〜冬）＝日本国債の投げ売りを開始する」

と盛んに言われている。彼ら投資ファンドの目的は「日本経済をガタガタにする」ことだ。彼らの立場からは、国家の経済がガタガタになったときこそが「大儲けのビッグチャンス」なのである。

だが、こうした水面下の動きにもとづく推測を証明することはできない。地球レベルの視点から事実だけを記しておく。先には「ギリシャ経済危機の謀略」と「現在のギリシャの動き」を述べた。それに関わる動きである。

二〇一五年二月初旬、新聞は「金融市場七〜八月を警戒」「国債七〇億ユーロの償還期限」と題して、次のように書いている。これは「近未来における事実」である。

「ギリシャのツィプラス政権発足に対し、金融市場は『売り』で反応している。／ギリシャ株の代表的な指数である『アテネ総合指数』は、選挙前の一月二十三日終値と比べ一時、約一〇％下落して推移。十年物国債の利回りは、選挙前の八％台から一一％台に上昇（価格は下落）し、二〇一三年七月以来の高水準となった。ただ現段階では『ギリシャとEUが最終的に妥協を見いだす』との楽観的な見方が強く、二〇一二年の水準（三〇～四〇％）までには至っていない」（『読売新聞』二〇一五年二月四日付、傍点は引用者）

読者諸氏はこの動きの背後に「大謀略」（悪魔の経済戦争）を透視することができるだろうか。ギリシャの新政権（ツィプラス政権）は「地球支配階級と戦っている」のである。

「ギリシャとEUは二月末の支援プログラム期限を前に、落としどころを探って話し合いを重ねると見られる。市場が警戒する最大のヤマ場は、七～八月に控えている国債の大量償還（約七〇億ユーロ）期限だ。七月末までに妥協点を見いだせなければ、ギリシャが債務不履行に陥って借金を踏み倒し、『ユーロ圏から離脱』するという最悪のシナリオが現実味を帯びてくる」（同右、傍点は引用者）

繰り返しになるが述べておく。ギリシャの新政権は「地球支配階級と戦っている」のである。

読者諸氏はそれを「透視」するべし。そしてギリシャは「勝利」することができるのか。

二〇一五年七月～八月＝ギリシャが借金を踏み倒すという「最悪のシナリオ」が現実化するならば、それは「世界バブル崩壊」の引き金を引くことにもなりかねない。

そして、もしも「世界バブル崩壊」が本当に現実化するならば、外資系国際投資ファンドが日本国債の投げ売りを開始しようがしまいが、「日本経済は『死』に向かう」ことになる。

✹ 二〇一五年（秋～冬）＝アベノミクスの「断末魔」が始まる

二〇一五年（秋から冬にかけて）＝東京株式市場の大崩壊が始まる。

日経平均株価は「四〇〇〇円」に向かって下落していく。

ここまでくれば愚かな経済マスコミもそれを誤魔化すことはできない。

マスコミ論調は「一気に悲観論に転換する」。

だがこのときマスコミ論調を転換させることになる「根本的理由」は、「アベバブル崩壊」ではない。その背後では「世界経済情勢全体」が「異常な動き」を見せている。世界経済情勢全体の「急下降の動き」（大崩壊の動き）が誰の目にも明々白々となっている。

本書の立場から言うならば、近年の世界経済は「バブル経済」だったのだ。だがそんなものは崩壊するのに決まっている。アベバブル崩壊と前後して「世界バブル」も崩壊している。

先に述べたことだが繰り返す。一九八九年十二月が「バブル経済のピーク」だった。そしてバブル経済が大崩壊した。一九九〇年代以降の日本国は上から下までどうにもならない。

一九九〇年代には多くの企業が倒産した。生保も銀行も倒産した。巷には多くの失業者が投げ出された。日本経済は「大不況の時代」に突入した。日本全国各地では「シャッター通り商店街」（店のシャッターが降りたままのさびれた商店街）が誕生した。この情勢は過去であって過去ではない。近未来＝この情勢は「さらに徹底した形で再現される」ことになる。

☀二〇一六年＝日本経済は（上から下まで）「ガタガタ」になる

二〇一六年＝日本国には「超インフレ」が到来する。日本国民は生活必需品を買うのにも苦労するような情勢となる。なぜそのようなことになるのか。

日銀と日本国政府は――アベノミクスの名の下に「円」を垂れ流し――「円安政策」を進めてきた。愚かな彼らはそれを「正しい政策」と信じ込んできたが、愚かな集団の愚かな政策は機能不全に陥るしかない。機能不全となった超円安は「超インフレ」を呼ぶのである。

二〇一六年＝超円安で中小企業は苦しみつつも、彼らは必死になって生きてきた。だがアベバブル崩壊と超インフレはさらに彼らを直撃する。そしてどうなるか。

彼らの持久力も「切れてしまう」わけである。中小企業が次々に倒産する。これにともない失業者の数も激増する。この国内情勢をなにかにたとえて言うならば「堤防の決壊が始まるとあとは洪水のごとし」である。どうにもならない情勢が誰の目にも明々白々となってくる。

二〇一六年＝アベバブル崩壊と超インフレで苦しむのは中小企業だけではない。大企業もその内実はガタガタだ。これをどうするのか。

大企業は生き残りを懸けて猛然とリストラを開始する。日本国の失業者の数は激増する。この国内情勢をなにかにたとえて言うならば「大津波が上陸するとすべてを押し流していく」である。どうにもならない情勢がさらに誰の目にも明々白々となってくる。

☀二〇一六年＝日本国は「沈没」の動きを開始する

二〇一六年＝世界で経済情勢がおかしくなっているのは日本国だけではない。このときには「世界バブル」も崩壊している。世界経済情勢全体が「ガタガタになっている」のである。

このように世界経済情勢全体がガタガタの中、日本列島周辺で「不穏な動き」が開始される。とにかくこのときには中国経済も崩壊している。北朝鮮経済も崩壊している。韓国経済も崩壊している。このような情勢の中ではなにが起こっても不思議はない。

中国軍が尖閣諸島を狙うかもしれない。北朝鮮はミサイルを発射するかもしれない。韓国は竹島の占拠を強めるかもしれない。なにが起こっても不思議はない――。

ましてや「イスラム国」が本気で「日本国＝日本国民」を狙うなら（彼らは「日本国民を皆殺しにする」と宣言している）近未来の日本国は「予測を超える大悪夢」となるだろう。

近未来のシナリオ②「特急コース」

ある日突然「金融暴落」が発生する

さて近未来の日本国はどうなるか。

「近未来のシナリオ②『特急コース』＝ある日突然『金融暴落』が発生する」——。

読者の多くは「そんな惨事が起きるはずがない」と思うかもしれない。だがそれは間違いだ。この世の中では「なんでもあり得る」。この世は「悪魔が支配する世界」である。

二〇一五年二月初旬、週刊誌は次のような「特集記事」を組んでいる。

> ☀特集記事＝「気をつけろ！『三月十六日、月曜日、ブラックマンデー』説」

内容はタイトルを読めば自明だが、読者のために重要部分を引用する。

「ブラックマンデーとは、一九八九年十月十九日から始まった米国発の世界的株価暴落劇のこと。史上最大かつ最悪の金融事変で、この日が月曜日だったことから『暗黒の月曜日』としていまなお語り継がれる。／この日、ダウ平均は一日で二〇％以上も下落。パニックは瞬く間に世界中に伝播し、日本でも翌二十日に日経平均株価が一五％も急落する大惨事に発展した。／実は一部の市場関係者の間では、『次のブラックマンデー』の日付が具体的に指摘されている。いま再びのブラックマンデーがあるとすれば、今年（二〇一五年）三月十六日の月曜日が危ないというのだ。あとわずかひと月余り先のことである」（『週刊現代』二〇一五年二月十四日号、傍点は引用者）

右の予測が「的中するか否か」はわからない。本書の発刊時には、その結論は出ているだろう。ここでは、（ふつうの日本国民としての期待を込めて）「予測は外れる」と祈念する。

だが仮に「右の予測が外れた」としても、それから先はわからない。本書における「近未来のシナリオ②特急コース」は、「ある日突然『金融暴落』が発生する」ということだ。

このシナリオについては（前項のようには）「具体的な動き」は書き得ない。なぜならば、これは「ある日突然の出来事」だからだ。その代わりにここでは次のことを述べておく。

右の記事にもあるように、ブラックマンデーは「一九八九年十月十九日」に発生した。それから世界経済はどう動いたか。これについては先に述べた（52ページ）。

結局、一九九〇年代、二〇〇〇年代、二〇一〇年代の世界経済は全部、「ガタガタ」なのだ。右のガタガタ情勢でも世界経済が完全に崩壊することがなかったのは、米国中央銀行ＦＲＢを始めとする世界の中央銀行が「カネを垂れ流し続けた」からだ。繰り返しになるが述べておく。

米国中央銀行ＦＲＢを始めとする「世界の中央銀行」は全部、「欧州ロスチャイルド家の所有物」だ。彼らは「カネを垂れ流し続けた」。

では、それはなぜなのか。結論を言うならば、彼らは「世界中にカネをばら撒いて」→「世界バブルを作っている」のだ。

彼らの「歴史的＝最終戦略」は「世界バブルを一気に崩壊させて」→「第三次世界大戦を勃発させること」である。現代世界の大激動は「世界破壊に向かう起点」にすぎない。

近未来＝日本国は「金融暴落のガタガタ情勢の中で」→「戦争に突入することになる」

日本国民が考えるべき問題は「それからどうなるか」ということだ。前項ではこれについては少し端折《はしょ》った。だがそれでは読者諸氏に「未来を誤魔化す」ことになる。以下で述べることは「近未来のシナリオ①準急コース」でも（結局は）「確実に発生すること」だ。

著者の立場からの問題は「それをどう書くか」（読者にどう伝えるか）ということだ。

ここで私が未来像をいくら詳述しても、目の前しか見ていない読者には「それは空想だ」と一蹴されて終わりである。それならば過去の事実を未来に投影してみせるしかない。

大警告＝東京大空襲を「過去」と思っていたら大間違いだ

一九四五年（昭和二十年）三月十日午前零時、大日本帝国＝帝都（東京）の市民は眠っていた。そこに米軍＝爆撃機B29の大編隊が襲来した。そして彼らは大空襲を開始した。

彼らは帝都の超低空を飛行、地面を嘗めるように飛来して、「雨あられの如く焼夷弾を投下した」。それは「洪水の如し」と言うべきか。それは「徹底的な破壊」だった。

当時、日本の家屋は木と紙で出来ていた。そこに「焼夷弾が降ってくる」ということは「木と紙の山に石油をばら撒き」、そこに「火のついたマッチを投げ込む」ようなものである。

しかも当日、帝都の上空には「強風」が吹いていた。この天候は「日本国民＝皆殺し」を目的とする米軍の立場からは、まさに「最高の空襲日和」だ。

東京の下町はあっと言う間に「火の海」となった。市民は米軍の大空襲に驚愕して家を飛び出たが、防空壕などまるで役に立たない。人々は次々に焼き殺された。

翌朝、下町一帯には「死体の山」が出来ていた。帝都は「死体の都」となったのだ。

大警告＝近未来の東京は「死体の都」となるだろう

現代世界に生きる日本国民の大半は「死体」などは見たことがない。私たちが見る死体は、（映画『おくりびと』にあるように）「綺麗に化粧を施された美しい遺体」である。

だが大空襲における死体はそのような感傷（追憶）を誘うものではない。戦場で銃撃を受けて倒れた被射撃死体も悲惨だが、焼夷弾で焼き殺された死体はさらに悲惨だ。

市街地で「丸太のように転がる屍」は炭化している。しかもそれは「一体」だけではない。市街地の各所に「丸太の山」（炭化した屍の山）がいくつもできた。米軍の大空襲による悲惨な現実にはキリがない。当時を知る人の話では、そのようにして炭化した屍の山の中には「焼夷弾炸裂と火災の高熱で腹が裂け、胎児が露出した妊婦の屍もあった」ということだ。

この東京大空襲では（一晩で）「十万人」が死んだ。だがこのような空襲を受けたのは東京だけではない。全国の主要都市はすべて空襲を受けた。どこにも死体の山が存在した。

☀大警告＝近未来の日本列島は「死体列島」となるだろう

なぜそのようなことになったのか。それは「米軍の目的」が「日本国民＝皆殺し」であったからだ。戦争が始まれば「敵を皆殺し」にすることは格別、特殊なことではない。

戦後世界に生きる日本国民は戦争などは「どこか別の世界の出来事」と信じている。だが、そのような「別枠思考」で近未来世界を本当に生き抜くことができるのか。

もちろん日本国民全員は（知識のレベルでは）「世界の各地で戦争が発生していること」は知っている。だがそれを「別の宇宙の話」のように考えてしまう。そして「戦争」については夢想だにしない。それこそが、戦後の米国による「日本国支配戦略」に洗脳された「奴隷思考」なのである。

✷大警告＝近未来＝奴隷思考の日本国民は「虫ケラのように殺されるだけである」

大空襲を計画（実行・指揮）したのは「カーチス・ルメイ」という男である。この男は（殺された日本国民の立場からは）八つ裂きにしても足りないほどの「悪魔」である。

だがここに不思議な事実が存在する。戦後、日本国政府はそのルメイに「勲章」を授与している（池田内閣が勲章授与を決定し、佐藤内閣が授与した）。これはどういうことなのか。

日本国政府は「悪魔＝ふつうの日本国民を皆殺しにした悪魔」に「感謝」を捧げる。ルメイへの授章理由は「航空自衛隊の発展に貢献した」ということだ。だが日本国民はその背後情勢を明確に透視するべきだ。つまり「航空自衛隊（大きくは日本国の自衛隊）は『米国の下請け軍隊』である」ということなのだ。これについては後章で述べる（第四章）。

結論だけを言うならば、近未来＝「日本列島は外国から爆撃を受けると同時に」→「日本国の航空自衛隊は（米国の下請け軍隊として）世界各地に爆撃に向かうことになるだろう」。

そのとき日本列島が「戦場」になっていることは言うまでもない。そしてどうなるか。近未来＝日本列島は（再び）「死体列島」と化すのである。それは「確実なこと」である。

昨今の家庭では、子供に「ケイタイ（スマホ）を与えるか否か」が大問題となっている。子供の未来を思うなら、確かにそれは「重要な問題」だろう。だが本書の立場から言うならば、そんなことよりも差し迫った大問題が存在する。私がなにを言いたいかはわかっていただけるだろう。

☀大警告＝近未来＝奴隷思考の日本国民は「大切な子供を取り上げられて殺される」

本項では「このまま事態が進行すれば」→「近未来の日本国はこうなる」と論理的に予測しているだけである。本書の目的は「これを覆すこと」である。そのことはご理解いただきたい。

近未来＝日本国民の生活は「徹底的にぶち壊される」

さて、近未来の日本国はどうなるか。右では「二つのシナリオ」を提示した。どちらのシナリオが現実となるかは確言することはできない。だが二〇一五年〜二〇一六年の日本経済（日本国）が「危機」であることはまちがいない。

だが問題はそれだけではない。

二〇一五年＝現代世界における大問題は、日本国の背後では「地球レベルで『大激動』が始まっている」ということだ。東アジアでは中国・北朝鮮・韓国がどのような動きに出ても不思議ではない。さらに「イスラム国」の動きも不気味である。

✹懸念事項①＝日本列島周辺で「有事」が発生したらどうなるか
✹懸念事項②＝日本列島内部で「テロ」が発生したらどうなるか
✹懸念事項③＝海外に出た自衛隊が攻撃されたらどうなるか
✹懸念事項④＝海外に出た観光客が攻撃されたらどうなるか

二〇一五年＝現代世界の中では「なにが起こっても不思議はない」というのが実情だ。それらの背後には「地球支配階級」が存在する。これについては本書で述べる。

近未来の日本国（近未来の悲惨な情勢）については先に述べたとおりである。読者諸氏はそれを「著者の被害妄想」（お前は頭がおかしい）として笑い飛ばすことができるだろうか。とにかく、日本国がらみで一度「火の手」が上がってしまえば、誰にもそれをどうすることもできない。あとは「戦争」に突き進んでいくだけだ。それは避けなければならない。

だが（このまま事態が推移するならば）近未来の日本国は「金融暴落のガタガタ情勢の中で」→「戦争に突入することになるだろう」――。だがそんなことは絶対に許されない。

二〇一五年二月＝安倍晋三は「悪魔の動き」を開始した

別の角度から「近未来の日本国の動き」を透視しておく。

☀二〇一六年七月＝参議院議員選挙が実施される

現代の日本国では右の参院選に向かって「悪魔の動き」が進行している。読者にはそれが透視できるか。日本国民は「透視の視線」を深めるべきだ。先に述べたところから話を続ける。

二〇一五年二月四日、「安倍晋三は『憲法改正』を目標に」→「参院選後に『国民投票』を実施する目標」を打ち出した（62〜63ページ）。これは「危険な動き」である。

だが、それから日本国（永田町）はどう動いたか。

新聞は「十八歳選挙権／今国会成立へ」「六党一致／来夏参院選にも」と題して、次のように報じている。読者諸氏はこの二つの動きの背後情勢を明確に透視するべきだ。

「選挙権を持つ年齢を十八歳以上にする公職選挙法改正案について、与野党六党は（二月）

六日、今国会に再提出する方針で一致した。今国会中の成立は確実な情勢で、早ければ来年（二〇一六年）夏の参院選から『十八歳以上』が実現する。選挙権年齢の引き下げは、一九四五年に男性が二十五歳以上から二十歳以上に引き下げられて以来、七十年ぶり」（『朝日新聞』二〇一五年二月七日付、傍点は引用者）

二〇一五年二月における「安倍晋三の動き」をまとめておく。

☀二月四日＝参院選後「憲法改正を目標に」→「国民投票を実施する」
☀二月六日＝参院選は「十八歳以上の選挙」とする

読者諸氏はこれらの動き（悪魔の動き）の背後情勢が透視できるか。

☀悪魔の計画①＝来年（二〇一六年）の参院選。安倍晋三は「十八歳（以上）に選挙権を与えて」→「選挙を実施する」。その心は「参院選＝自民党大勝利を獲得する」ということ
☀悪魔の計画②＝（右を土台に）安倍晋三は「国民投票を実施する」→「憲法を改正する」→「日本国を『戦争国家』に作り替える」→「日本国を『米国の戦争』に参加させる」

私は「十八歳選挙権」（付与）それ自体に異議はない。だが、現時点（二〇一五年二月＝イスラム国の人質事件で二人の日本国民が殺害され日本社会が騒然としている時点）において、安倍晋三が右のように動くことの背後には「悪魔的思想」を看取せざるを得ない。

「（二月）六日に国会内で開かれた『選挙権年齢に関するプロジェクトチーム』の会合では、自民党、公明党、民主党、維新の党、次世代の党、新党改革の六党の関係者が法案の扱いを改めて協議し、今月中にも改正案を再提出することで合意した。（中略）生活の党と山本太郎となかまたち、日本を元気にする会、無所属クラブは検討したいとして持ち帰った。共産党と社民党は協議メンバーに入っていない」（同右、傍点は引用者）

結論だけを言うならば「自民党、公明党、民主党、維新の党、次世代の党、新党改革の六党」の議員は全員、「安倍晋三の手先」にすぎない。今、日本国はどこに向かって進んでいるか。

✸ 近未来予測＝日本国は「翼賛体制＝全体主義の時代」に突入する

二〇一五年、日本国民は心底、「本気」になるべきだ。このままでは、近未来＝日本国は「金融暴落のガタガタ情勢の中で」→「戦争に突入することになる」。あるいは（それより前の段階で）「日本国は『イスラム国』との間で『戦闘』を開始することになりかねない」。

これをどうするのか。これを覆す道はないのか。先に述べたことだが繰り返す。日本国民は「温和な民族」だ。だが相手はそうは思わない。

●二〇一五年＝「イスラム国」は「日本国政府」と「安倍晋三」の動きを注視している

そして「イスラム国」は「日本国民を皆殺しにする」と宣言している。彼らのメッセージが実行されるなら「近未来＝日本国民は『悪夢』を見せられることになる」だろう。

同時に重要なポイントを指摘しておく。日本国民が「温和な民族」であろうがなかろうが、彼らにとってはそんなことは一切関係がない。彼らが注視しているのは「日本国政府」と「安倍晋三」だ。

近未来＝日本国民にとっての「悪夢」を覆すためには、私たちは徹底的に「現代日本国の国家体質」と「安倍晋三の正体」を透視しなければならない。

すべてはそこから始まるのである。

【第2章】

日本国の国家体質と安倍晋三の正体

……私たちは「異常な国家」の中で生きている

日本国の「国家体質」と「消費税」の因果関係

第二章では「安倍晋三の正体」を透視する。だが本論を始める前にどうしても述べておきたいことがある。それは（私たちが生きている国家の）「国家体質」についてである。

現代の日本国が「まともな国家」であれば、私たちは日々誠実に生きていけばよい。だが日本国が「デタラメな国家」であれば、私たちは「反撃体制」を構築しなければならないはずだ。

今日本国民が知るべきは——「日本経済の行方はどうなるか」を問う前に知るべきは——次の二点だ。これについては日本国民全員が深く思念してほしい。

> ✹問題①＝「今私たちはどのような『国家』の中で生きているのか」
> ✹問題②＝「今私たちの『立場』はどのようなものであるのか」

本書の立場から結論を言うならば、私たちふつうの日本国民は「まともではない国家の中で『奴隷生活』を強いられている」→（今後は）「金融暴落と戦争突入という『地獄的世界』の中に叩き込まれる」——。だが多くの日本国民はその事実に気づいていない。

✹ 二〇一四年四月＝安倍晋三は「消費税増税」（五％→八％）を実施した

消費税増税は「国家財政を健全化するため」ということになっている。今、日本国は「一〇〇〇兆円を超える赤字」を抱えている。これをどうにかしなければならないのは当然だ。

だが、日本国の財政はどうなっているのか。まずは「単純な事実」を押さえておく。

✹ 事実①＝日本国の収入（税収）の「七割」は「役人の給料」に消えている
✹ 事実②＝残りの「三割」では「国家」を運営するのに足りない
✹ 事実③＝それで彼らは「赤字」を作り出す

これが企業経営だったらどうなるか。収入（売上）の「七割」が「社員の給料」に消える会社など存在するだろうか。そして毎年、「借金」を積み重ねる。そんな会社は存続できない。

それだけではない。今、日本国の税収は年間「五〇兆円」で、借金も「五〇兆円」である。そして毎年、「借金」（五〇兆円）を積み重ね続ける。ということはどうなるか。

日本国の現在の借金が「一〇〇〇兆円」であるとしたら、十年後には「一五〇〇兆円」、二十年後には「二〇〇〇兆円」ということになる。これは「確実な未来」である。

パラサイト役人集団が「日本国」を食い潰す

なぜ消費税を増税するのか。繰り返しになるが、それは「国家財政を健全化するため」だ。直接的には「一〇〇〇兆円を超える財政赤字をなんとかするため」だ。

だが、消費税を増税しても赤字は減らない。過去の推移を見ておこう。

- 一九八九年＝消費税を導入した↓税率三％
- 一九九八年＝消費税増税を実施した↓税率五％
- 二〇一四年＝消費税増税を実施した↓税率八％

消費税を導入して以降の過去二十五年、日本国の赤字は「増え続けている」のである。つまり、消費税は「国家財政の健全化に全然役立っていない」ということだ。なぜそうなるか。

- 理由①＝役人の数が多すぎる↓税収の「七割」が「役人の給料」に消えている
- 理由②＝役人が金を搾取する↓税金の無駄遣い（横領・着服を含む）

こんなことで「国家財政が健全化する」はずがない。借金は毎年「五〇兆円」ずつ増えていく。借金が「減ることはない」のである。

そのような中で今後はどうなるかというと、安倍晋三は「二〇一七年四月には（景気がどうであろうと）消費税率一〇％を実施する」と明言している。

☀二〇一七年＝消費税増税を実施する→税率一〇％

そしてどうなるかというと、結局「借金は減らない」→「借金は積み重なる」のである。そのことは決まっているのだ。消費税増税で「国家財政が健全化することはあり得ない」。

それならばなぜ、彼らは消費税を増税するのか。それは役人集団が「日本国民からカネを取り上げて」→「自分たちがカネを使うため」である。これは「明々白々の事実」である。

私は「役人集団」のことを「パラサイト役人集団」と呼んでいる。過去の著作でもそのように表記してきた。これは「悪意」からではない。これは「事実」であるからだ。

日本国は（教科書的知識では）「三権分立の議会制民主主義国家」ということになっている。

だがそれはウソである。日本国には「ウソ」「デタラメ」「インチキ」が蔓延している。

日本国は「パラサイト役人集団が国民からカネを吸い上げて」→「やりたい放題のデタラメを繰り返すだけの国家」である。日本国に「まともな政治」（民主政治）などは存在しない。

選挙における「一票の価値」はデタラメで、国民は選挙に「動員」されるだけである。政治家は「選挙」で落ちたら消えていく。それはそれでかまわない。だが、（その一方で）パラサイト役人集団は「不滅」である。彼らの世界には「誰も手が出せない」ことになっている。

現代日本国の「実体」を具体的に提示しておく。読者は「事実」を知るべきだ。

☀事実①＝日本国家は「パラサイト役人集団」（パラサイト役人政府）が支配する
☀事実②＝日本国家に「民主主義」は存在しない
☀事実③＝日本国民は「労働奴隷」「税金奴隷」にすぎない

先に述べたことだが重要ポイントなので、ここで再度繰り返す。

☀現在＝日本国民は「パラサイト役人国家の中で『奴隷生活』を強いられている」
☀未来＝日本国民は「金融暴落と戦争突入という『地獄的世界』に叩き込まれる」

二〇一五年＝現代の日本国は「国家」（まともな国家）ではない。現代の日本国は（ハナから）「ぶち壊れている」と言うべきだ。日本国民は「この現実」を直視せよ。

安倍晋三は「戦車に乗って喜ぶ馬鹿男」

さてここからは「安倍晋三の正体」を徹底的に暴いていく。日本国民は「彼の正体」＝「彼の本心」を知るべきだ。そうでなければ私たちの未来は「暗黒の未来」となるからだ。

✹安倍晋三の正体①＝彼の本心は「日本国を『戦争国家』に変えること」

重要ポイントを指摘しておく。安倍晋三には二〇一三年四月、イベント会場において、「迷彩服を着て戦車にまたがり『喜色満面』で撮られた写真」が存在する（97ページ参照）。

読者の中にはこの写真を見たことがある人もいるだろう。そしてマスコミはこの写真の異常性（この写真が意味する狂気性）について伝えない。それゆえここではっきりと指摘しておく。

本書の立場から言うならば、これは「まともな国家の指導者なら『絶対に撮らせない写真』である」。

日本国では、北朝鮮は「ロクでもない独裁国家」「金王朝が支配する独裁国家」「日本人を拉致した独裁国家」とみられている。その評価は正しいだろう。

ところで読者に問いたいが、北朝鮮の指導者＝金正恩が「戦車にまたがり『喜色満面』で撮られた写真」などが存在するだろうか。そんなものはあり得ない。

ここは読者によく思念してほしいのだ。これは北朝鮮の金正恩だけではない。中国の指導者＝習近平でも「同じ」である。そんな写真はあり得ない。米国のオバマ大統領、ロシアのプーチン大統領でも「同じ」である。絶対にそんな写真はあり得ない。なぜそうなるか。

国家の指導者は「そのような写真」は「絶対に撮らせない」からである。なぜなのか。

☀世界の常識＝「迷彩服を着て『戦車』にまたがり『喜色満面』で撮られた写真」＝その人物が「国家の指導者として完全に失格である」ことを明確に物語っている

日本国民はその単純な事実を知るべきだ。

私は安倍晋三の正体を昔から透視していたが（それについては次項から述べる）、この写真を見た瞬間に「こいつは絶対にダメだ」→「日本国は『危機』だ」と認識したのだ。

一九九〇年にバブル経済が崩壊して日本経済はガタガタになった。全国各地に「シャッター通り商店街」が生まれた。

日本経済が復活するためにはシャッター通り商店街は「ゼロ」にならなければならない。だが誰がそれをやるのか。少なくとも「戦車に乗って喜んでいる男」ではあり得ない。

2013年4月、戦車に乗って喜ぶ安倍晋三

●イベント会場で迷彩服を着て戦車に乗って「喜色満面」の安倍晋三
●世界の常識では「こんな男」は「指導者失格」の烙印を捺されて終わりである

シャッター通り商店街

●バブル経済が崩壊して全国各地には「シャッター通り商店街」が存在する
●日本経済を再建するのは「戦車に乗って喜ぶ馬鹿男」ではあり得ない

安倍晋三は「地球支配階級の掌の上」に存在する

安倍晋三は三度にわたって「権力」を握っている。

- 第一次安倍政権＝二〇〇六年九月〜二〇〇七年九月
- 第二次安倍政権＝二〇一二年十二月〜二〇一四年十二月
- 第三次安倍政権＝二〇一四年十二月〜

第二次安倍政権が誕生したとき、私は当時発刊した著書の中で、「地獄に堕ちる日本国」と題して次のように書いた。当時の情勢を想起しつつ、どうぞお読みいただきたい。

「二〇一三年に突入した日本国では『アベノミクス』（安倍晋三の経済政策）が持て囃されている。だがそれは機能するのか。結果的にはどうにもならない。それは明らかなのである。

総選挙翌日、新聞夕刊は『円安・株高が加速』と題して次のように書いている。

『（十二月）十六日投開票の衆院選で自民党と公明党の圧勝したのを受け、十七日の東京市場では円安・株高が加速した。日経平均株価は大幅高となり、上げ幅は一時一六〇円を超え、取引期間中としては四月四日以来、約八カ月ぶりに九〇〇〇円台を回復した。自民党の政権公約である強力な金融緩和策が実行されるとの期待が一段と高まった』（『日本経済新聞』二〇一二年十二月十七日夕刊、傍点は引用者）

金融緩和策はかまわない。だがここで日本国民が知るべきは（金融世界の背後には）『地球支配階級が存在する』ということだ。現代世界は『カネが支配する世界』である。

『選挙前は短期の値上がり益を狙う海外のヘッジファンドが株式市場の上昇をけん引したが、この日は「選挙結果が出たため、これまで様子見姿勢を保っていた国内の機関投資家も買い始めた」（大和住銀投信投資顧問の門司総一郎チーフ・ストラテジスト）という。

日経平均は、買い一巡後は利益確定売りも出て九八〇〇円台後半で売買が交錯した』（同右、傍点は引用者）

海外のヘッジファンドは自民党大勝を知っていた。それで彼らは安値で株を仕込んで、高値になったところで売り抜ける。彼らにとっては『金儲けのゲーム』である。

最終的にどうなるかというと、日本の株は適当なところまで上がって（日本人投資家が買いまくった段階で）『落とされる』。得をするのは『彼ら』で、損をするのは『日本人』だ。

世界中の中央銀行を所有してカネの世界を支配する地球支配階級の立場からは、日本国を動かすことなどは簡単だ。そのような中で日本国の経営者の動きはどうなのか。右の翌日、新聞は『強力な金融緩和策を／首都圏の経営者期待』と題して次のように書いている。

『（十二月）十六日投開票の衆院選で自民党と公明党が大勝したのを受け、首都圏の企業経営者からは自民党が掲げる金融緩和策などに期待する声が相次いだ。ただ金融政策だけで日本経済が好転するわけではない。ものづくり企業を支える施策や環太平洋経済連携協定（ＴＰＰ）参加を求める声も大きい』（『日本経済新聞』二〇一二年十二月十八日、傍点は引用者）

現在、日本国内では『ＴＰＰに反対する声』が大きい。なぜならばＴＰＰに参加すると日本経済は（グローバル化の名目の下で）根こそぎにされる可能性があるからだ。

だが不況に苦しむ中で金融緩和を求める経営者の立場からはそんなことは関係がない。彼らはＴＰＰ参加を求める。日本国は地球支配階級の掌の上で自由に動かされていくのである」（『地球支配階級が仕掛けた世界統一政府　悪魔のシナリオ』鈴木啓功、学研パブリッシング、二〇一三年三月刊）

右を述べた上で、私は「日本国の近未来」を次のように予測した。

☀日本国の近未来予測①＝金融緩和が進む↓日本国に「ペーパーマネー」があふれる

☀日本国の近未来予測②＝ＴＰＰに参加する↓日本経済は根こそぎにされる

それから日本国（二〇一三年～二〇一四年）がどうなったかについては改めて述べるまでも

ないだろう。現代の日本国は私の「予測の通り」に動いている。

二年前（第二次安倍政権の発足時）の原稿を引用したのはほかでもない。それは「今回の総選挙おいても『過去』が繰り返されている」からだ。そのことの意味はわかるだろう。

結論を言うならば、日本国は「なにも変わっていない」のだ。

右の文中、「地球支配階級」とあるのは「著者＝鈴木啓功によるオリジナルの用語」である。ここでは（ユダヤ国際金融資本家を筆頭とする）「悪魔的＝謀略集団」と大きく理解しておいてほしい。これについては後章でじっくりと論述する。ここでは次の透視的事実を提示する。

☀ 安倍晋三の正体②＝安倍晋三は「地球支配階級の掌の上」に存在する

右を指摘した上で、さらに「安倍晋三の正体」を透視する。

安倍晋三は「祖父＝岸信介」の「二番煎じ」だ

安倍晋三が最初に「権力の座」に就いたのは「二〇〇六年九月」（第一次安倍政権）のことだった。その直前、安倍晋三は『美しい国へ』と題する著書を上梓している。これは「彼の人生」を書いたもので、それはまた、「彼の所信表明」と言えるものだ。

安倍晋三の父は「安倍晋太郎」（衆院議員）、祖父は「岸信介」（首相）である。この著書を読むと、彼の視線は「祖父＝岸信介」に集中していることがわかる。

祖父＝岸信介は（満州帝国官僚で）「戦前の『大日本帝国』を造り上げた人物」だ。戦後は「A級戦犯」（容疑者）として巣鴨拘置所にぶち込まれるが、なぜか出てくる。そして政治家に転身すると「首相」となり「新日米安保条約」を締結する（一九六〇年）。

一九六〇年、当時は「左右が激突していた時代」である。日本国の大混乱情勢の中で、岸信介は「新日米安保条約」を締結した。それゆえに岸信介には「毀誉褒貶」が存在する。本書の立場からは、彼の正体は「米国のスパイ」なのだが、これについては後章で述べる。

安倍晋三は「岸信介」を目指している。岸信介は「英雄」なのだ。それはかまわない。問題なのは次のことだ。本書の立場から「彼の人生」を透視すると、次のことがわかる。

それは安倍晋三は「岸信介の孫」として（幼少時から）「徹底的に特別扱いされて生きてきた」ということだ。端的に言うならば、彼は「この世の現実もこの世の苦労もなにも知らずに育った男」→「徹底的に甘やかされて育った男」→「愚かな甘チャン男」なのだ。

✹安倍晋三の正体③＝彼は（甘やかされて育った）「愚かな甘チャン男」である

本書では安倍晋三の著作『美しい国へ』を逐一解読する余裕はないが、読者諸氏の思考を促すために、以下では同書の記述の中から「ポイントとなる数カ所」だけを引用する。
安倍晋三は政治家を「闘う政治家」と「闘わない政治家」に分類する。

「『闘う政治家』とは、ここ一番、国家のため、国民のためとあれば、批判を恐れず行動する政治家のことである。『闘わない政治家』とは、『あなたのいうことは正しい』と同調はするものの、けっして批判の矢面に立とうとしない政治家だ。（中略）
初当選して以来、わたしは、つねに『闘う政治家』でありたいと願っている。それは闇雲《やみくも》に闘うことではない。『スピーク・フォー・ジャパン』（引用者注：日本国の利益のために語れ）という国民の声に耳を澄ますことなのである」（『美しい国へ』安倍晋三、文春新書、傍点は引用者）

繰り返す。彼は政治家を「闘う政治家」と「闘わない政治家」に分類する。そして彼は「闘う政治家の特徴」を次のように記述する。

☀ 闘う政治家①＝「批判の声」を恐れない
☀ 闘う政治家②＝「国民の声」に耳を澄ます

だが現実の安倍晋三はどうなのか。「過去の動き」を見る限り、彼は右の二点をまったく実行していない。彼は「批判の声」を封じる。同時に「国民の声」に耳を澄ますことはない。

これはどういうことなのか。端的に言うならば、右の書物に盛られた「安倍晋三の記述」（カッコいい記述）は全部、「ウソ」なのである。本書の立場から言うならば、「美しい国」という表現を含め、安倍晋三は「ムードだけの男」→「本質のない男」→「実《じつ》のない男」なのである。

☀安倍晋三の正体④＝彼は「ムードだけの男」「本質のない男」「実のない男」である

右を透視した上で、さらに話を続けていく。

安倍晋三は「マスコミにしがみついて生きる男」

安倍晋三の「ウソ本」（『美しい国へ』）には、次のようにも書かれている。先には、安倍晋三は「岸信介を目指している」と指摘した。これはその土台となるような記述である。

「安保条約が自然成立する前の日の一九六〇年六月十八日、国会と官邸は、いく重にもつらなった三十三万人にもおよぶデモ隊に囲まれた。（中略）当時は、わたしはまだ六歳、小学校に入る前である。わたしには、二歳ちがいの兄がいるが、二人とも祖父にはとても可愛がられていた。祖父の家は、東京・渋谷の南平台にあって、わたしたちはしょっちゅう遊びにいっていた。／しかしそこも、しばしばデモ隊の取り囲まれることがあった。（中略）外に出ることができない祖父は、退屈すると、わたしたちを呼び寄せた。／母とわたしたち二人は、社旗を立てた新聞社の車にそうっと乗せてもらって、祖父の家にいった」（同右、傍点は引用者）

祖父が孫を可愛がるのはかまわない。右で注目するべきは、小学校に入る前の安倍晋三が「社旗を立てた新聞社の車で祖父の家に通っていた」ことである。

ふつうの日本国民の世界では「小学校に入る前の子供」が「社旗を立てた新聞社の車」に乗ることはない。大人になってもそんなものには乗ったことがない人が大半だろう。

もちろん、右における彼の場合は、祖父＝岸信介が「首相」であり、特に右の場合は「特殊ケース＝日本国全体が騒乱情勢だった」ということもある。だから彼が「社旗を立てた新聞社の車」に乗ってもかまわない。だがここで本書が透視するのは次のことだ。

☀ 安倍晋三の正体⑤＝彼は「マスコミが『敵』に回ることには耐えられない」

安倍晋三は（新聞社を始めとする）「マスコミの動き」に敏感である。衆院選前にはマスコミ報道に「注文」をつけた。彼は（甘やかされて育った）「愚かな甘チャン男」なのである。私のように「独立自尊の精神」で生きてきた者から見れば、彼は「マスコミにしがみついて生きている男」としか見えない。こんな男は「信用できない男」である。

安倍晋三は「スポイルされた男」である

安倍晋三の「ウソ本」には次のことも書かれている。先には彼は「岸信介の孫」として「特別扱いされて生きてきた」と指摘した。これはその事例となるような記述である。

一九七〇年、安倍晋三は高校生になった。当時はベトナム戦争を背景に学生運動が高揚期を迎えていた。前年には全共闘が東大安田講堂に立てこもり、これを排除しようとする機動隊との間で激しい攻防戦を繰り返した。以下はそのような時代における逸話である。

「高校の授業のときだった。担任の先生は、七〇年を境に安保条約を廃棄すべきであるという立場にたって話をした。クラスの雰囲気も似たようなものだった。名指しこそしないが、批判の矛先はどうもこちらに向いているようだった。

わたしは、安保については詳しくは知らなかったが、この場で反論できるのは、わたししかいない。いや、むしろ反論すべきではないか、と思って、こう質問した。『新条約には経済条項があります。そこには日米間の経済協力がうたわれていますが、どう思いますか』」（同右、傍点は引用者）

高校生となった安倍晋三は、新日米安保を締結した「岸信介」の孫でありながら、「安保について詳しくは知らない」と告白している。それはそれでよいとしよう。問題は次である。本来であるならば彼の質問などは、「経済条項＝日米間の経済協力」の実体は「日本が米国に貢がされるだけのものである」と一蹴してしまえば終わりである。だが彼の場合はそうはならなかった。担任の教師が「バカ」を相手に深読みをしてしまったのである。安倍晋三の文章を引用する。

「すると、先生の顔色がサッと変わった。《岸信介の孫だから、安保の条文をきっと読んでいるに違いない。へたなことはいえないな》――そう思ったのか、不愉快な顔をして、話題をほかに変えてしまった。／本当をいうと、そのときわたしは、条文がどんなことになっているのか、ほとんど知らなかった。でも、祖父からは、安保条約には、日本とアメリカの間で経済協力を促進させるという条項があって、これは日本の発展にとって大きな意味がある、と聞かされていたので、そっちのほうはどうなんだ、と突っかかってみたまでだった」（同右、

傍点は引用者）

結局、教師の頭の中には――広くは「安倍晋三を相手にする人間」の頭の中には――彼は「岸信介の孫だから」という思いがいつもあるのだ。それで「バカ」が増長するのだ。

右の引用文を通しては「特別扱いされて生きてきた愚かな甘チャン男」と透視できるが、それでは繰り返しになるので、ここでは次のように透視する。

つまり、周囲の人間の頭の中に「岸信介の孫だから」という思いがあるとすれば、彼の頭の中にも「岸信介の孫だから」が存在する。それで適当に突っかかってみても許される。

☀ 安倍晋三の正体⑥＝彼は「岸信介の孫」であることが「唯一のプライド」だ

安倍晋三は「ふつうではない成長」をしたのである。本書の立場からは、彼は「スポイルされた男」（潰された男）と言っても過言ではない。

☀ 安倍晋三の正体⑦＝彼は「スポイルされた男」である

さて、安倍晋三の正体はいかなるものか。まだまだ私の透視はあるが、本書ではすべてを列挙する余裕はない。ここまでの話をまとめておく。どうぞお読みいただきたい。

☀安倍晋三の正体①＝彼の本心は「日本国を『戦争国家』に変えること」
☀安倍晋三の正体②＝安倍晋三は「地球支配階級の掌の上」に存在する
☀安倍晋三の正体③＝彼は（甘やかされて育った）「愚かな甘チャン男」である
☀安倍晋三の正体④＝彼は「ムードだけの男」「本質のない男」「実のない男」である
☀安倍晋三の正体⑤＝彼は「マスコミが『敵』に回ることには耐えられない」
☀安倍晋三の正体⑥＝彼は「岸信介の孫」であることが「唯一のプライド」だ
☀安倍晋三の正体⑦＝彼は「スポイルされた男」である

私は「感情」で述べているわけではない。私は「根拠」があって述べている。右を一覧した上で読者諸氏にはその「根拠」（バックデータ）を想起してほしいものである。

【第3章】

安倍晋三の動きと小沢一郎の大予言

……日本国は「戦争」に向かって驀進している

オバマ大統領「来日」の真の目的

昨年（二〇一四年）四月、米国のオバマ大統領が日本国を訪問した。そして「日米首脳会談」が行なわれた。その背後情勢はすぐあとで述べる。ここでは結論を明確に述べておく。

オバマ大統領は「なんのために」日本国を訪問したのか。彼の目的は「日本国を『戦争体制』に向けて押しやること」だ。米国の戦略は「単純明快」なのである。だが日本国（政官財＋マスコミ）はこの「単純な事実」が透視できない。そして「無意味な情報」を垂れ流す。

二〇一四年四月、日米首脳会談の成果は（日米共同文書に）「尖閣問題に日米安保が適用される」（尖閣諸島で日中が激突したら米国は日本国を支援する）と明記したことだという。

☀日米共同宣言＝尖閣問題に「日米安保」が適用される

だが、こんなものは「口先三寸」の約束だ。実際に有事が発生した場合に「米国がどう動くか」は、そのときになってみなければわからない。現実を言うならば「米国が動くはずがない」のである。彼らの戦略は「黄色人種同士で『戦争』をさせること」なのだ。なぜそう言えるかは本書を通してじっくりと述べる。ここでは右を指摘して話を進める。

そもそも米国は、（日米安保があろうとも）「日本国の絶対的味方」などではない。その証拠に、日本から韓国に向かったオバマは「慰安婦問題」を首脳会談の議題として取り上げている。これはどういうことなのか。

新聞は「慰安婦は『人権侵害』」「オバマ大統領／日本に対応を求める／米韓首脳会談」と題して、次のように書いている。読者諸氏は「オバマの心」（悪魔の心）を透視すべきだ。

「韓国訪問中のオバマ大統領は（四月）二十五日、ソウルで朴槿恵（パク・クネ）大統領と会談した。その後の共同記者会見で旧日本軍の従軍慰安婦問題について『甚だしい人権侵害だ。衝撃を受けた』と述べ、日本政府に異例の対応を求めた」（『日本経済新聞』二〇一四年四月二十六日付、傍点は引用者）

読者諸氏もご存知のように、「従軍慰安婦問題」は「ありもしない問題」である。確かに戦地に慰安婦は存在した。だがそれは、日本国政府が手配した存在ではない。それは明白な史実である。

だがそんなことはオバマの立場からは関係がない。彼の目的は「訪問先（韓国）を適当に気持ちよくさせること」、そして「訪問国を米国（米軍）に従属させること」だからだ。

安倍晋三は「尖閣問題」（日米安保の適用）で無邪気に喜んだ。朴槿恵は「従軍慰安婦問題」

（オバマは人権侵害を認めた）で喜んだ。そして日韓両国は「米軍指揮下」に取り込まれる。

さて安倍晋三は「尖閣問題」（日米安保の適用）で諸手を挙げて喜んだ。だがこれは「中国を押し込む」ことになったのか。結論を言うならば、中国政府はそれをなんとも思っていない。なぜならば、中国政府は「オバマの本心」（近未来＝尖閣諸島を巡って日中両軍の戦闘が発生しても米軍は絶対に動かさない）を透視しているからである。

「中国メディアからは、尖閣諸島に関連して反発する論調が目立った。国営新華社は論評記事で『アジア太平洋地域の安定にマイナスの影響を与える』とし、『米国は尖閣問題に口出しすべきではない』と指摘した。ただし尖閣問題以外では、共産党機関紙、人民日報系の環球時報が一面で『オバマ氏は日本を支持するとともに、中国にも少なからず配慮を示した』とするなど、批判のトーンは控えめだ」（同右、傍点は引用者）

オバマの真意はどこにあるのか。安倍晋三（単細胞＝軍国政治家）よりも「中国」（中国共産党政府）のほうが「現実」を冷静に観察している。彼らは「オバマのハラ」を透視している。

✹オバマ①＝尖閣問題に関しては「日本の味方」をしてあげる
✹オバマ②＝それ以外については「中国の味方」をしてあげる

念のためだが述べておく。前者（オバマ①＝尖閣問題に関しては「日本の味方」をしてあげる）は、あくまでも「形式的な話」である。これを「本心」と思う人は「死ぬ」だけだ。

オバマの「本心」は先に記した通りである。彼の「本心」は「近未来＝尖閣諸島を巡って日中両軍の戦闘が発生しても米軍は絶対に動かさない」――。これは明々白々なのである。

黄色人種同士で「殺し合い」をさせられるアジア情勢

二〇一四年四月、オバマの「アジア歴訪」は（日本・韓国・マレーシア・フィリピンの）「六泊七日の旅」だった。そして左記の「米軍支配体制」が整った。

- 日本＝尖閣諸島への「日米安保適用」を再確認した
- 韓国＝有事の指揮権を「米軍」が保持する
- マレーシア＝米国は「包括的パートナーシップ」を樹立した
- フィリピン＝米国は「米軍再拠点化」の道筋を作りだした
- シンガポール＝米国は「米海軍新型艦」を配備する
- オーストラリア＝米国は「米海兵隊」を駐留させる

これらは「中国」を標的にしたものだ。だがオバマの本心は「中国は敵ではない」。そのことは中国政府も熟知している。それゆえ彼らは「右」をなんとも思っていない。

そのことは先に記した通りである。彼らはオバマが日米首脳会談を終えて「日米共同宣言」（尖閣問題に「日米安保」が適用される）を発しても、じつに「悠々たる姿勢」だった。

なぜそうなるか。じつは（米中両国の間には）「見えない地下水脈」が流れている。その地下水脈の世界では「米中＝戦略的パートナー」となっている。そして米中は（アジア世界を共同戦略で）「戦争の世界に叩き込む」ことになっている。すべては「芝居」なのである。

✹ 近未来予測＝米中両国は（アジア世界を共同戦略で）「戦争世界」に叩き込む

二〇一四年四月、オバマの戦略は「アジア世界を『戦争』に向けて押しやること」だ。その証拠にフィリピンを訪問したオバマは「次の約束」をしている。

新聞は「米、アジアで同盟強化」「比と新軍事協定」と題して、次のように書いている。

「米国のオバマ大統領は（四月）二十八日、『同盟国を守る』と訴えた旅を、フィリピンとの新たな軍事協定の締結で締めくくった。台頭する中国を意識し、日本やフィリピンといった同盟国の軍事的後ろ楯となる姿勢を強調。一方で、『軍事的行使は最後の手段だ』と述べ、対

話によってアジアの対立を平和的に解決していく重要性を訴えた」(『朝日新聞』二〇一四年四月二十九日付、傍点は引用者)

右を読めば、オバマの「アジア歴訪の意味」は明らかだ。彼は「台頭する中国」に「日本やフィリピン」をぶつけたい。米国は「黄色人種同士で『戦争』をさせること」を計画する。

☀ 米国の戦略＝黄色人種同士で「戦争」(殺し合い)をさせること

記事の末尾には「軍事力行使は最後の手段」「対話によってアジアの対立を平和的に解決していく重要性を訴えた」などの文字がある。だがこれは「オマケ」のようなものである。その証拠に「それからフィリピンはどうなったか」。同国は「戦争体制に向かう」のだ。

二〇一四年五月上旬、オバマの「アジア歴訪」から数日後、新聞は「米比が軍事演習開始／南シナ海監視」と題して、次のように書いている。

「フィリピン、米両国の合同軍事演習の開幕式が(五月)五日、マニラ首都圏の比国防省であった。オバマ大統領が先週マニラを訪れ、米軍の『再拠点化』に道を開く協定を結んだ直後の大規模演習。十六日まで続く演習には南シナ海での監視実習もある。両国は中国の海洋

進出を見据え、より実戦的な連携強化に入った」（『朝日新聞』二〇一四年五月六日付、傍点は引用者）

フィリピン国防省は、米国と大規模軍事演習を実施して「得意」（強気）になっているかもしれないが、それは「米国の戦略に乗せられている」ということなのだ。

次には「中国の動き」を確認する。右の「米比軍事演習」を伝える記事の脇には、次の記事も存在する。これらの米中両国の動きは「同時進行の出来事」なのだ。

新聞は「中国が掘削通告／ベトナム『違法』」と題して、次のように書いている。

「ベトナム外務省は（五月）四日、中国が南シナ海での掘削開始を通告してきたとして、『ベトナム海域内で外国が許可なく実施する行為は違法である。無効だ。強く反対する』との声明を発表した」（同右、傍点は引用者）

それから中国とベトナムの関係がどうなったかは読者もご存じの通りである。一時両国の関係は「一触即発」という局面まで追い込まれた。なにが起こっても不思議はない。

中国の立場からは「アジアは全部、自分の領土」だ。それゆえ中国はベトナム海域で資源掘削を平気で行なう。これに対してベトナム政府が反発するのは当然だ。

中国というのは「そのような国家」である。それゆえに周辺国家が「中国の動き」(中国の軍事活動拡大)に備えるのは当然だ。だが、その背後には「米中の共同戦略」が存在する。

日本国は必ずや「戦争」に向かう

二〇一四年五月、米国と中国はアジア世界で「共同戦略」を進めていた。そのとき日本国はどのように動いていたか。すべてはつながっているのである。同じとき(二〇一四年五月)、安倍晋三と石破茂は「悪魔の動き」を進めていた。まずは安倍晋三の動きから見てみよう。

二〇一四年五月二日、オバマ大統領の訪日から数日後、新聞は「集団的自衛権、『政府方針』に」「首相意向／内閣の了解経ず」と題して、次のように書いている。

「安倍晋三首相は(五月一日)、他国を守るために武力を使う集団的自衛権の行使容認を、憲法解釈変更の見解をまとめる『政府方針』に明記する方針を固めた。実態は内閣全体の了解を得ない『首相見解』だ。首相がこのタイミングで『政府方針』と銘打って自らの見解を出すのは、閣議決定で『集団的自衛権』の明記は譲らない、という考えをはっきり示す狙いがある」(『朝日新聞』二〇一四年五月二日付、傍点は引用者)

安倍晋三の動きは、オバマの訪日からわずか数日で「右の通り」だ。同じ日、石破茂はどのように動いていたか。彼は米国に飛んでいた。そしてなにをしていたか。新聞は「行使可能には『一、二年』」「集団的自衛権／石破氏、米副大統領に」と題して、次のように書いている。安倍と石破は（日米で、同時に）「悪魔の動き」を進めていた。

「米国を訪れている自民党の石破茂幹事長は（五月）一日（日本時間二日未明）、ホワイトハウスでバイデン副大統領と会談した。石破氏は、安倍政権が集団的自衛権の行使容認について『行使を可能にすることで日米同盟が強化され、アジア太平洋の抑止力が高まる』と説明し、バイデン氏も『歓迎する』と応じた。／石破氏は会議で、集団的自衛権の行使に向けたスケジュールについて『行使が可能になるには一、二年かかる』と伝えた」（『朝日新聞』二〇一四年五月二日夕刊、傍点は引用者）

集団的自衛権行使まで「一、二年」ということは、日本国は「二〇一五年、二〇一六年には『戦争』を開始する」（体制を整える）ということだ。だがそんなことが許されるのか。真面目な日本国民は「日本国は（国会で＋国会議員の討論を経て）『日本国の未来』が決まっていく」と信じている。だが現実はそうではない。日本国は「悪魔」が動かしている。真面目な日本国民はその事実を明確に透視しなければならない。そうでなければ私たちは無意味に殺されるだけである。読者の便宜を考えて、ここでは（二〇一四年五月における）「安倍と石破の動き」をまとめておく。本書の立場から言うならば、これは「悪魔の動き」である。

✹二〇一四年五月一日＝安倍晋三は「集団的自衛権」を「政府方針」とする
✹二〇一四年五月二日＝石破茂は（米国で）「集団的自衛権行使までは一、二年」

そして繰り返して述べる。このまま事態が進行すれば、日本国は「二〇一五年、二〇一六年には『戦争』を開始する」（体制を整える）。だがそんなことが許されるのか。

右の翌日（五月三日＝憲法記念日）、新聞は「改憲に執念／首相の源流」「挫折経て再挑戦／背押す保守人脈」と題して、次のように書いている。

「安倍政権の支持率が安定するなか、改憲派の期待は膨らむ。とはいえ、国会の発議要件の『三分の二』を獲得できなければ、国民投票に持ち込むことはできない。安倍周辺のブレーンや議員が模索するのは、野党も含め衆参各院で三分の二を確保できる項目に絞り、改正を先行させる方法だ。／安倍周辺からは『災害時など緊急時の対応も憲法に規定されていない。国民の誰もが賛成するようなテーマがいい。九条改正は後回しでいい』との声が上がる。自民党憲法改正推進本部事務局長で首相補佐官の礒崎陽輔はこう話す。／『国民に憲法改正の手続きを一度示せば、改正は怖いことではないと理解してもらえるはずだ』」（『朝日新聞』二〇一四年五月三日付、傍点は引用者）

安倍政権（安倍周辺）の考え方は、平たく言えば、「とにかく憲法を改正してしまえ」→「憲法九条の改正などはあとでどのようにでもできる」ということだ。

さて（オバマ来日以降の）アジアと日本国の動きを見た。安倍と石破の動きは奇妙だ。ここから安倍晋三の動きは加速する。日本国民はぼんやりとしている場合ではない。

安倍晋三は「悪魔の動き」を開始している

次ページの図表を見てほしい（「日本国は『戦争』に向かって驀進している」）。

これは本書の立場から「安倍晋三の動き」（安倍政権の動き）を大きくまとめたものである。読者諸氏は図表を一覧した上で、以下をお読みいただきたい。

二〇一三年七月、麻生太郎は「憲法改正は『ナチス』に学べ」（改憲はどさくさにまぎれてやってしまえ）と明言していた。これにイスラエル高官は激怒した。

二〇一四年一月、安倍晋三は「ダボス会議」で、百年前の「英独関係」と「第一次世界大戦」に絡めて、「日中関係」と「日中戦争」を口にした。これに欧米世界は激怒した。

日本国は「戦争」に向かって驀進している

2014年7月＝安倍晋三が「集団的自衛権行使」を閣議決定した理由

岸信介の孫＝安倍晋三は「日本国」を「戦争国家」に作り替えたい

↓

2016年＝戦争に突入する日本国

安倍政権の本心　改憲は「ナチス方式」で実行する

2013年 7月	麻生太郎は「改憲問題」について「ナチスに学べ」と提言する ➡ イスラエル高官は激怒する
2014年 1月	安倍晋三はダボス会議で―百年前の「英独関係」と「第1次世界大戦」を土台に――「日中関係」と「日中戦争」を論じる ➡ 欧米世界は激怒する

安倍政権の計画　2015年～2016年には「戦争を開始する」（体制を整える）

2013年 6月	安倍晋三は「日本版NSC」を創設する
2013年12月	安倍晋三は「秘密保護法」を制定する
2014年 5月	安倍晋三は「集団的自衛権」を「政府方針」とする
2014年 5月	石破茂は（米国で）「集団的自衛権行使までには1～2年」
2014年 7月	安倍晋三は「集団的自衛権行使」を閣議決定

【警告1】安倍晋三の動きは「危険」である！
【警告2】日本国は「戦争」に向かって驀進している！

現代の日本国は「バカが支配する国家」（首相＝安倍晋三、副総理＝麻生太郎）である。ふつうの日本国民の立場からは、これは「ぶち壊すべき国家」（国家体制）である。

☀二〇一四年七月一日＝安倍晋三は「集団的自衛権行使」を「閣議決定」した

これについては多くの日本国民が「絶対反対の拒絶意志」を表明していた。だが安倍晋三は「そんなもの」（国民の意志）は歯牙にもかけない。彼の目的はなんなのか。

翌朝の新聞は「九条壊す解釈改憲」「集団的自衛権／閣議決定」「海外武力行使容認」と題して、次のように書いている。読者諸氏は「原点」を大きく踏まえるべきだ。

「安倍内閣は（七月）一日夕の臨時閣議で、他国への攻撃に自衛隊が反撃する集団的自衛権の行使を認めるために、憲法解釈を変える閣議決定をした。歴代内閣は長年、憲法九条の解釈で集団的自衛権の行使を禁じてきた。安倍晋三首相は、その積み重ねを崩し、憲法の柱である平和主義を根本から覆す解釈改憲を行った。一日は自衛隊発足から六十年。第二次世界大戦での多くの犠牲と反省の上に立ち、平和国家の歩みを続け、『専守防衛』に徹してきた日本が、直接攻撃されていなくても他国の戦争に加わることができる国に大きく転換した日となった」（『朝日新聞』二〇一四年七月二日付、傍点は引用者）

本書では「国家を動かす原理・原則」と「作動の原点」を踏まえつつ、(論理的かつ徹底的に)「過去・現在・未来の日本国を徹底的に透視する」。曖昧な論考は許されない。

今は「時代の大分水嶺」である。読者諸氏は(現在進行中の)「日本国の中枢で蠢《うごめ》く悪魔の動き」を明確に透視するべきだ。そうでなければ日本国民は「悪魔の動き」に流される。

先には(集団的自衛権には)「多くの日本国民が『絶対反対の拒絶意志』を表明していた」ことを述べた。同時に、(右の記事にもあるように)「歴代内閣も憲法九条の解釈で集団的自衛権の行使を禁じてきた」。だが安倍晋三は「それを覆す」。ということはどうなるか。

> ☀ 事実①=安倍晋三は「日本国民の意志」をコケにする
> ☀ 事実②=安倍晋三は「歴代内閣の意志」をコケにする

右の記事にある(日本が直接攻撃されていなくても)「他国の戦争に加わることができる国に大きく転換した」の「他国」が「米国」を指すことは言うまでもない。

> ☀ 事実③=安倍晋三は「日本国」を「米国の戦争」に参加させる

さてここまでの話を要約するとどうなるか。ここでは結論を提示しておく。これは現代日本国における「端的な事実」である。私たちはこのような「愚劣な国家」の中に生きている。

☀ 事実④＝思い上がった愚かな男＝安倍晋三は、「日本国民の意志」も「歴代内閣の意志」もコケにして、日本国（日本国民）を「米国の戦争」に参加させる

二〇一四年七月一日、安倍晋三は「集団的自衛権」を閣議決定した。当日の情勢を新聞は、「『戦争あり得ぬ』／首相会見、何度も強調」と題して、次のように書いている。

「『国民の命と平和を守り抜いていく』――。集団的自衛権をめぐる閣議決定後、（七月）一日午後六時すぎから首相官邸で記者会見に臨んだ安倍晋三首相。『平和』という言葉を何度も繰り返し、『戦争に巻き込まれることはない』と強調した」（『日本経済新聞』二〇一四年七月二日付、傍点は引用者）

なぜ安倍晋三は「戦争に巻き込まれることはない」と断言することができるのか。現代世界では「何でもあり得る」と想定するのが、日本国首相の「務め」である。

☀二〇〇一年九月十一日（米国）＝「同時多発テロ」が発生
☀二〇一一年三月十一日（日本）＝「東日本巨大地震」＋「原発メルトダウン」が発生

いずれの出来事も（その前日までは）「絶対にあり得ない」はずのことだった。だが事件は発生した。そういうことであるならば「戦争はあり得ない」という「安倍晋三の想定」は「愚者の想定」と言うしかない。そのことは多くの日本国民が知っている。

「首相官邸では、同日午後から夜にかけて憲法解釈変更に反対する多くの市民らのデモが繰り広げられた。集まった人々は近くの歩道を埋め尽くすほど。安倍首相の会見が終わった後も、『戦争反対』『集団自衛権反対』などのプラカードやのぼりを掲げ、太鼓や手拍子に合わせ抗議のシュプレヒコールを上げ続けた」（同右、傍点は引用者）

安倍晋三の「想定」（戦争はあり得ない）が正しいか。市民の「想定」（集団的自衛権行使を強行すると戦争はあり得る）が正しいか。読者諸氏は一体どのように判断するか。

☀結論①＝このままでは「日本国は戦争に突入する」ことになるだろう
☀結論②＝このままでは「私たちふつうの日本国民」は殺される

☀結論③＝このままでは「暗黒の未来」が「現実」となる

近未来の日本国が「戦争」に突入するとどうなるか。それは「昭和の時代」（昭和元年～昭和二十年）に「日本国民全員が深く経験した」ことだ。念のために提示しておく。

☀近未来予測＝大都市は「大空襲」に見舞われ、日本列島には「原子爆弾」が投下される

真面目な日本国民は「まさか」と思うかもしれないが、右は「インチキな予測」ではないのである。これは「確実な未来」である。なぜそうなるかは本書を通して徹底的に証明していく。

小沢一郎の大予言①＝安倍晋三の動きは「危険」だ

昨年（二〇一四年）四月のオバマ来日以降、「安倍晋三の動き」はこうだった。

☀二〇一四年四月＝オバマ来日
☀二〇一四年五月＝安倍晋三は「集団的自衛権行使」を「政府方針」とする
☀二〇一四年七月＝安倍晋三は「集団的自衛権行使」を「閣議決定」した

安倍晋三の動きは「危険」である。先に述べたことだが繰り返す。米国の戦略は「黄色人種同士で『戦争』をさせること」である。アジアは「戦争」に向かっている。

右のような安倍晋三の動きの中で、生活の党代表（当時）の小沢一郎は「国民が真剣に怒らないと昭和史の繰り返しになります」として、次のように述べていた。

当時の永田町では公明党が（集団的自衛権に関する）「自公協議に合意するか否か」が、大きな注目点となっていた。だが小沢一郎は結果を先読みする。彼の予測は正しかった。

「公明党は離れられないだろうな。それにしても、この間の党首討論を聞いていても、安倍首相は相変わらずだな。国民の生命、生活を守るという。そんなことは当たり前なんだよ。なぜ、無理やり集団的自衛権を行使できるようにしなくちゃいけないのか。それに対する説明に、全然説得力がないんだよ。ただ情緒的に訴える。言葉のゴマカシです」（『日刊ゲンダイ』二〇一四年六月二十七日号、傍点は引用者）

なぜ、安倍晋三は「無理やり集団的自衛権を行使できるようにしたいのか」。それは日本国民を「米国の戦争」に参加させるためである。そのことは明々白々なのである。これについては繰り返して述べてきた。問題はここからだ。このふざけた情勢に私たちふつうの日本国民はどのように立ち向かうべきか。私たちはそのことを真剣に考えなければならないのである。

「国民はもっと怒らなくてはいけない。そりゃあ、選挙で選ばれた政権は任期中、ある程度のことは任されている。ただし、法律や民主主義の原則を無視してはいけないのが大前提。今回はその前提さえ省略しようというのですから論外の話です。国会とは、野党が国民の不安や不満、意見や危惧の念を代弁して政府と議論する場でしょう？　ここをネグっちゃうと、議会制民主主義の否定につながる」（同右、傍点は引用者）

右の指摘は「日本国民全員が是認できる」はずである。本書の立場から言うならば、「安倍晋三の手口」（閣議決定で日本国民を戦争に送り込む）は「悪魔の手口」なのである。小沢一郎は「安倍晋三の真意」をどのように透視しているのか。これは重要な指摘である。

「奥に秘めている発想が非常に危険だと思います。集団的自衛権の行使はアメリカも望んでいる。実際、歓迎している。そういう理屈でやっていますが、アメリカは腹の中で安倍政権に対して大きな危惧の念を抱いていると思います。そりゃあ政治的スタンスとしては一緒にやってくれ、ショー・ザ・フラッグと言いますよ。しかし、自衛隊が来たって来なくたって、米国が戦争するときには関係ないんだから。自衛隊の軍事力をあてにしているわけじゃない。

それよりも安倍さんの思想の中には戦後体制の否定があるわけです。極東軍事裁判はおかしいという話でしょ」（同右、傍点は引用者）

じつはアメリカは「安倍晋三に大きな危惧の念を抱いている」。なぜそうなるか。これについては本書の中で謎解きを行なう。ここでは小沢一郎の指摘を続ける。

「アメリカのリーダーたちはどう思っているのか。大使が安倍首相の靖国参拝に対して、『失望した』と言うのはよっぽどです。安倍首相が『自分の国は自分で守らなきゃいけない』と言うとき、その延長線上に何があるのか。中国に対抗する軍備を持つのであれば、アメリカにも対抗する軍事力を持つことになる」（同右、傍点は引用者）

もしかすると安倍晋三は「米国と戦争をすること」も計画しているのか。これについても本書の中で謎解きを行なう。ここには奥深い秘密が存在するのだ。

前章では安倍晋三が岸信介を目指していることを述べた。岸信介は「米国のスパイ」だが、じつはその一方で米国は岸信介を「危険視」していた。この謎解きは第七章で行なう。しばらくお待ちいただきたい。

小沢一郎の大予言②＝このままでは「昭和」が繰り返される

安倍晋三は集団的自衛権の行使について、「限定的」とか「新三要件」とか条件を付けて「歯止めになる」と言っている。だが実際のところはどうなのか。

「日本は独立国だから、当然、国連憲章五十一条にもあるように自衛権が認められている。ただ、日本国憲法九条で自衛権の発動は日本が攻撃された時のみ、とされている。個別的であれ、集団的であれ、その他の直接関係のないところの紛争に自衛権の名をもとにした武力行使はできない。そうでなければ、世界中に日本人はいるわけですから、どこでも行かなきゃいけなくなる。つまり、限定というのは、日本が直接攻撃を受けた場合という、憲法九条の限定以外にないのです。安倍さんが一般的な集団的自衛権を行使したいというのであれば、正面から堂々と九条の改正をやればいいのです。そうすりゃ、おじいさん、おばあさんを船に乗せてどうこうという話よりもわかりやすいでしょう」（同右、傍点は引用者）

小沢一郎は（安倍晋三が一般的な集団的自衛権を行使したいのであれば）「正面から堂々と九条の改正をやればいい」と言う。これは「論理的な正論」だ。だが彼らはそうしない。

先には麻生太郎が「改憲はナチスに学べ」と主張していたことを指摘した。悪魔＝安倍政権は（ナチス方式で）「どさくさにまぎれて」→「憲法第九条を改憲する」のだ。だがそんなことになると、日本国は「戦前」（昭和の前半期）に逆戻りしてしまうのではないか。

「基本的には国民がもっと強い意思表示をしないといけないと思います。日本人というのはお上の言うことに従順というか、しょうがないと、すぐあきらめてしまう。大きなメディアも真っ向から批判しない。このままでは本当に戦前の昭和の状況に似てきてしまう。戦前の歴史は、ここまでこうやっちゃったからしょうがない。そういう繰り返しなんですよ。国民が怒らないと、また繰り返しになってしまう」（同右、傍点は引用者）

小沢一郎は「日本国は『戦前』に逆戻りする」と指摘する。彼の予測は「本書の予測」と完全に同じだ。そしてどうなるかについては本書を通して述べていく。

【第４章】

米国に操縦される日本国

……メディアに報道されない「日米同盟」の裏側

平成日本は「昭和史の再現」に向かって驀進している

本書では独自の視点から「日本国の近未来」（金融暴落＋戦争突入）を大きく提示した上で、現代日本国の「異常な国家体質」（パラサイト役人集団＋安倍晋三の正体）を暴露した。

近未来の日本国はどうなるか——。それを考えるためには「現代日本国の国家体質」というものを徹底的に透視しておく必要がある。そうでなければ「戦う土台」を持ち得ない。

別の観点から述べておく。アベノミクスはどうなるか。日本経済はどうなるか。マスコミはそのような話題で持ちきりだ。だが、現代日本国の現下の情勢は「そんなものを問うている場合ではない」のである。なぜならば「この国はすでに壊れている」からだ。そのことは認識するべきだ。

安倍晋三の「危険な動き」は着々と進行している。前章の小沢一郎の言葉を借りれば「平成日本は『昭和史の再現』に向かって驀進している」と言っても過言ではない。

では、「昭和史の再現」（昭和史が繰り返される）とはどういうことか。日本国民は「昭和史の真実」をなにも知らない。ここには秘密が存在するのだ。よって次には「昭和史の真実」を徹底的に暴くべきだが、その前にどうしても述べておくべきことがある。それは「日米同盟の真実」とはなにか。同時に「集団的自衛権の行使はなにを招来するか」ということだ。

多くの日本国民は、集団的自衛権は「東アジア」を対象にしたものと信じている。だが米国は世界中に軍事力を展開している。その米国と（集団的自衛権の名目で）「集団的自衛体制を組む」ということは、日本国は「世界中に軍事力を展開することになる」のである。

✺集団的自衛権の未来＝日本国は「世界中に軍事力を展開することになる」

しかも問題はそれだけではない。現代の日米関係（日米同盟）の背後には「米国の命令」が存在する。それを日本国民は知るべきだ。

日米同盟の真実を透視する

１３９ページの図表を見てほしい（「近未来には『第二次＝大東亜戦争』が勃発する」）。これは本書の立場から（現代世界における）「日米同盟の背後情勢」（日米同盟の真実）を大きくまとめたものである。読者諸氏は図表を一覧した上で、以下をお読みいただきたい。

先に結論を言うならば、現代の日本国は「米国の命令」によって動いているのだ。日米関係（日米同盟）は「危険な関係」なのである。だがマスコミはその事実を伝えない。

☀日米同盟の真実＝現代の日本国は「米国の命令」によって動いている

マスコミは知っていて伝えないのか、それとも知らないから伝えないのか。ふつうに考えて彼らが「知らない」などということはあり得ない。彼らは「知っていて伝えない」のだ。なぜならば、これは「秘密情報」ではないからだ。これは「明々白々の命令」なのだ。それならばなぜ、マスコミは「米国の命令」を伝えないのか。彼らは「米国の奴隷」である。

そのような愚鈍な情勢の中で、安倍晋三は「日米同盟強化」を「日本国の土台」（日本国の絶対命題）と位置づける。そして集団的自衛権行使に取り組む。これは「危険な行動」だ。

二〇〇〇年代に入っては（繰り返し）米国から「命令」が発せられている。主要な命令だけでも「三度」ある。それをここでは次のように提示しておく。

☀第一段階（二〇〇〇年十月）＝第一次アーミテージ・レポート
☀第二段階（二〇〇七年七月）＝第二次アーミテージ・レポート
☀第三段階（二〇一二年八月）＝第三次アーミテージ・レポート

米国の動きはこれだけではない。以下では「日米同盟の真実」を徹底的に透視する。

近未来には「第2次＝大東亜戦争」が勃発する

日米同盟の真実1

日本国は「米国の命令」に従って「戦争」に向かって驀進している

米国の命令＝第1段階	2000年10月	第1次アーミテージ・レポート

●米国超党派で作成した「対日戦略書」（対日命令書）●日本国は有事法制を整備せよ

米国の命令＝第2段階	2007年 7月	第2次アーミテージ・レポート

●日米同盟を米英同盟のような緊密な同盟関係とする
●日米同盟を東アジアの中で拡大する

米国の命令＝第3段階	2012年 8月	第3次アーミテージ・レポート

●日本国は1流国家であり続けるか2流国家に甘んじるかと選択を迫る
●日米同盟における役割拡大を求める

↓

日米同盟の真実2

米国の戦略は「日中」を激突させること

2008年4月	ジョセフ・ナイは「対日超党派報告書」をまとめた

●米国の戦略は「日中」を激突させて「アジアの支配権」を奪うこと
●日本の自衛隊が自由に海外で軍事活動ができる状況を形成しておくことが必要
●集団的自衛権はそのための状況を作りだすのだ

2012年 3月	航空自衛隊航空総司令部は「横田」（米軍基地）に移動
2013年11月	ケネディ新大使は着任と同時に「航空自衛隊航空総司令部」を視察
2013年11月	ライス補佐官は「米中G2論＝容認」を示唆

【透視1】米国の戦略は「黄色人種同士で『戦争』をさせること」！
【透視2】米国の戦略は「中国と共同で『日本列島』を支配すること」！

戦争に誘導されていく日本国

米国が「戦争国家」であることは誰もが知っているはずだ。近年だけを見ても、米国は（繰り返し）「アラブ＝イスラム世界を空爆している」。そして「人民を殺しまくる」。ふつうの地球人民（ふつうの日本国民）の立場からは、米国は「悪魔国家」（ふつうの地球人民を殺しまくる悪魔国家）と言うしかない。これは「事実」だ。

私たち日本国民にとっての問題はそれだけではない。その米国（戦争国家＝悪魔国家）は、「日本国（日本国民）を『戦争』に引きずり込もうとしている」のである。

☀米国（悪魔国家）＝日本国（日本国民）を「戦争」に引きずり込む

今、日本国はどのような情勢にあるのか。近年における「米国の命令」を透視する。

☀第一段階（二〇〇〇年）＝第一次アーミテージ・レポート

二〇〇〇年十月、米国で「第一次アーミテージ・レポート」が作成された。首謀者は米国の戦略家＝アーミテージだ。彼は米国支配階級に属している。ベトナム戦争従軍を経て、国防省情報部員としてサイゴンやテヘランなどで勤務した。一九八〇年代＝レーガン政権の時代には国防次官補を務め、二〇〇〇年代＝子ブッシュ政権の時代には国務副長官を務めた。

日本国のマスコミの世界では「知日派」として有名だ。だが彼ら知日派の正体は「日本国の操縦者」（日本国を操縦するために日本を知悉している）ということだ。

さて、日本国民は「レポート」というと、単なる「メモ書き」や「報告書」の類を連想するかもしれない。だがこれはそのような軽い類のものではない。これは米国政治家が超党派で作成した「対日戦略書」（対日命令書）なのである。そこにはなにが書かれてあったか。端的には「日本国は『有事法制』を整備せよ」ということだ。その意味は「日本国は『戦争ができる体制』を整えよ」ということだ。そしてどうなったか。

翌年（二〇〇一年）九月、米国で「同時多発テロ」が発生した。米国は「対テロ戦争」に「日本国の参加」を求めた。これは第一次アーミテージ・レポートの「当然の帰結」である。日本国では誰も言わないかもしれないが、「第一次アーミテージ・レポートの作成」（二〇〇〇年）と「同時多発テロの発生」（二〇〇一年）は「一直線につながっている」のだ。

そのことの意味はわかるだろう。彼らは日本国を「戦争に引きずり出したい」のである。このことは何度繰り返し述べてもよいだろう。同時に次の事実を追加しておく。

テロ事件の真実を言うならば、同時多発テロは「米国の自作自演」なのだ。彼らは（常に）

「戦争を作り出す」のだ。これについては後章で述べる。そして日本国はどう動いたか。

首相＝小泉純一郎は（即座に）「米国の戦争を支持する」と表明した。当時の日本国は（直接的には）「戦争」に参加することはなかった。だが自衛隊は「米国の戦争の後始末」をするために出て行った。日本国は（着々と）「彼らの戦略」に乗せられて動いているのだ。

☀第二段階（二〇〇七年）＝第二次アーミテージ・レポート

二〇〇七年七月、米国で「第二次アーミテージ・レポート」が作成された。これも米国が超党派で作成した「対日戦略書」（対日命令書）である。ここにはなにが書かれてあったか。

一点目は「日米同盟を米英同盟のような緊密な同盟関係とする」。

二点目は「日米同盟を東アジアの中で拡大する」。

彼らの戦略は「米英同盟＝アングロサクソン同盟の中に『日本国』を取り込む」ということだ。そして日本国を「東アジア」（東アジアでの戦争）に引きずり出す。

昨年（二〇一四年）四月、オバマ大統領が来日した。その目的は「安倍晋三に『戦争体制』を作らせること」だった。同時に彼は東アジアで「米国軍事体制」を構築した（第三章）。

東アジア世界における「米国軍事体制構築」は、（近未来世界における）「東アジアでの戦争勃発」を「仕掛けるための準備」である（米国が戦争を作り出すのだ）。そしてそのとき米国は日本国を「東アジアでの戦争」（米国が仕掛けた戦争）に引きずり出す。

第二次アーミテージ・レポートに書かれた「日米同盟を東アジアの中で拡大する」の真の意味は「日本国を『東アジアでの戦争』に引きずり出す」ということなのだ。

☀第三段階（二〇一二年）＝第三次アーミテージ・レポート

二〇一二年八月には「第三次アーミテージ・レポート」が作成された。これも同じく超党派で米国が作成した「対日戦略書」（対日命令書）である。ここにはなにが書かれてあったか。

米国は、日本国に「『一流国家』であり続けるか、（それとも）『二流国家』に甘んじるか」との選択を迫った。彼らの本心はなんなのか。右の選択肢を提示した米国の意図は「日本国に『日米同盟』における役割拡大を求める」ことだった。そして日本国はどう動いたか。

その前年（二〇一一年）三月、日本列島で東日本巨大地震が発生し、原発がメルトダウンした。これは自然現象ではない。東日本巨大地震は「米国が仕掛けた謀略」だった。彼らは地震兵器で巨大地震を引き起こし、原発をメルトダウンさせたのだ。これについては後章で述べる。

当時の日本国は「民主党政権の時代」である。だが彼らは「原発メルトダウン」にまともな対応ができなかった。本書の立場から言うならば、そんなものに（米国が仕掛けた東日本巨大地震と原発メルトダウンに）「誰もまともな対応がとれるはずがない」のである。だが日本国は動いていく。あれやこれやで（つまり原発問題に続く日本国のゴタゴタ情勢の中で）、二〇一二年十二月——第三次アーミテージ・レポートの作成から四カ月後——「自民党＝安倍政権」が誕生した。それから日本国がどう動いているかは詳論するまでもないことだ。

安倍晋三は「米国の命令」に完全に従って動いている。彼が叫ぶ「日米同盟がどうしたこうした」の真の意味は、「私は『米国の命令』に従います」ということでしかない。

米国の戦略は「日中」を激突させること

二〇一五年＝現代日本国が置かれている情勢はどのようなものか。そして近未来はどうなるのか。楽観は絶対に許されない。本項では（さらに重要な）次の一点を追加しておく。

前項では「米国の命令」（アーミテージ・レポート）を透視した。だが「彼らの動き」（悪魔の動き）はこれだけにとどまらない。彼らは「日中戦争」を画策している。

> **☀ 警告＝米国は「悪魔の動き」を強めている。日本国民は「謀略」を透視するべきだ**

二〇〇八年四月——第二次アーミテージ・レポートが作成された九カ月後、米国ではジョセフ・ナイが『対日超党派報告書』をまとめている。そこにはなにが書かれているか。

最初に首謀者＝ジョセフ・ナイについて紹介する。一九九〇年代＝クリントン政権の時代、ナイは「国家安全保障会議NSC」（米国大統領直属の最上位の情報機関。CIAも統括する）の議長で（同時に）東アジア担当者。後には安全保障担当の国防次官補も務めた。

そのジョセフ・ナイは二〇〇八年四月、米国上下院の二百名以上の国会議員を集めて『対日超党派報告書』を作成した。これは（日本国をターゲットにした）「戦略会議の報告書」である。さてそこにはなにが書かれているか。読者は「彼らの戦略」を知るべきだ。

☀戦略①＝東シナ海・日本海周辺には「未開発の石油・天然ガス」が眠っている。その総量は世界最大の産油国サウジアラビアを凌駕する。米国はなんとしてもそのエネルギー資源を入手しなければならない。ではどうやってそれを入手するか

☀戦略②＝そのチャンスは「台湾と中国が軍事衝突を起こしたとき」である。当初、米軍は台湾側に立って中国と戦闘を開始する。同時に日米安保条約に基づいて、米軍は日本の自衛隊もその戦闘に参加させる。中国軍は（米日軍の補給基地である）日本の米軍基地、自衛隊基地を攻撃する。本土を攻撃された日本人は逆上する。こうして本格的な日中戦争が開始される

☀戦略③＝米軍は戦争が進行するに従って（徐々に）戦争から手を引き、「日本の自衛隊と中国軍の戦争」（日中戦争）が中心となるように誘導する

✹戦略④＝日中戦争が激化したところで米国が「和平交渉」に介入する。東シナ海、日本海でのＰＫＯ（平和維持活動）を米軍が中心になって行なう

✹戦略⑤＝東シナ海と日本海での「軍事的主導権」（政治的主導権）を米国が入手することで、同地域での資源開発は米国エネルギー産業が開発の優位権を入手することができる

✹戦略⑥＝この戦略の前提として「日本の自衛隊が自由に海外で軍事活動ができるような状況」を形成しておくことが必要である

この戦略のポイントは、「戦略②」（台湾と中国が軍事衝突を起こす）である。だがそのような事態が現実に起きるのか。もうすでに中国はその動きを始めている。中国の軍事拡大路線については詳論するまでもないだろう。ここでは（右に絡む）「重要な二つの動き」を提示する。

✹二〇一三年九月＝中台友好ムードの中で人民解放軍が台湾侵攻作戦を実施（四万人）

✹二〇一三年十月＝中台友好ムードの中で人民解放軍が台湾侵攻作戦を実施（二万人）

中国は、米国の戦略と歩調を合わせるようにして、「台湾侵攻作戦」を繰り返している。これはどういうことなのか。米国の背後にも中国の背後にも「同じ悪魔」が存在するのだ。

右のような情勢を透視するならば「日本国は『危機』に直面している」と言うしかない。そ

の背後には「米国の戦略」(地球支配階級の戦略)が存在する。

本項のまとめとして次の四点を提示しておく。

> ☀ 要点①＝二〇〇八年四月＝ジョセフ・ナイは「対日超党派報告書」をまとめた
> ☀ 要点②＝米国の戦略は「日中」を激突させて「アジアの支配権」を奪うこと
> ☀ 要点③＝自衛隊が自由に海外で軍事活動ができるような状況を形成しておくことが必要
> ☀ 要点④＝集団的自衛権はそのための状況を作りだすのだ

ここで読者諸氏には「要点③」と「④」に注目していただきたい。

安倍晋三の進める「集団的自衛権」は「米国の戦略」の中にある。集団的自衛権は「米国が日本国を『中国』にぶつけるための道具」なのだ。これは「危険な罠」である。

さて右のような「米国の命令体制」(アーミテージ＋ジョセフ・ナイ)の中で日本国の動きはどうだったか。米国は日本国内でも(着々と)「悪魔の動き」を進めている。

ケネディ米国大使は「日本国を監視する」

二〇一三年十一月十九日、米国のキャロライン・ケネディ新駐日大使は(天皇陛下にオバマ大統領からの信認状を届ける）「信認状奉呈式」に臨んだ。

東京・丸の内の明治生命館から皇居に向かう儀装馬車列の沿道（往復二・七キロ）はカメラを持った数千人に埋めつくされた。彼女も笑顔で手を振った。

読者諸氏もその模様をテレビで眺めたことだろう。だがケネディ新駐日大使はそんなことのためにやってきたわけではない。米国大使の役目は日本国を「現地で監視する」ことだ。

着任の翌日、彼女は首相官邸で安倍晋三と会談した。その模様を新聞は「『日米関係さらに強化』／首相、ケネディ米大使と会談」と題して、次のように書いている。


「安倍晋三首相は（十一月）二十日昼、首相官邸で就任したばかりのキャロライン・ケネディ駐日大使と会談した。首相は『来日を機にさらに日米関係を強めたい』と強調した。ケネディ氏は『日米は戦略、経済、人道的取り組みなど多くの分野で連携している。地域の安定と繁栄の礎になっている』と応じた。（中略）首相が『昨日の模様はテレビで見た。あれだけ多くの人が詰めかけたのは初めてではないか。期待が高い』と話すと、ケネディ氏は『日米関係の深さを示している』と答えた」（『日本経済新聞』二〇一三年十一月二十日夕刊、傍点は引用者）

安倍晋三が言う「日米関係を強めたい」の真意は、「今後とも日本国は『米国の奴隷』でいることを誓います」→「それゆえ私を支持してください」ということだ。

アーミテージ（米国の戦略家）

●アーミテージは（超党派で）「アーミテージ・レポート」をまとめている
●これは「米国の命令」なのだ

ジョセフ・ナイ（米国の戦略家）

●ジョセフ・ナイは（超党派で）「対日戦略報告書」をまとめている
●これは「米国の命令」なのだ

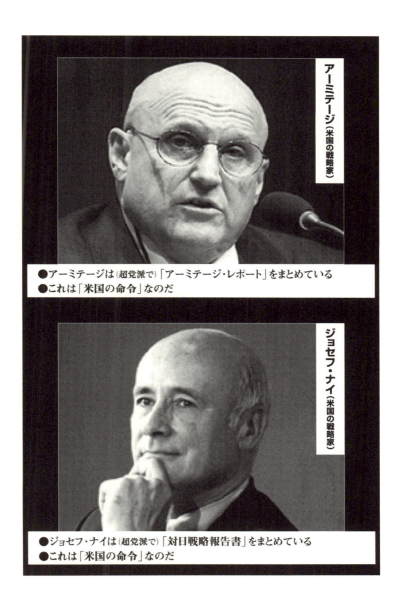

✹安倍晋三の懇願①＝日本国は「米国の奴隷」でいることを誓います
✹安倍晋三の懇願②＝それゆえ「私」を支持してください

なぜそう言えるかについては当日の「米国の動き」を見なければならないが、それを述べる前にもう少しだけ「キャロライン・ケネディ大使の動き」を追跡する。安倍はなにもわかっていないのだ。

自衛隊は「米軍」の組織体制に完全に組み込まれている

会談の翌日、キャロライン・ケネディはどこを訪ねたか。そして彼女はなにをしたか。新駐日大使としての彼女の本格的始動は（本当は）「ここから」なのである。安倍会談はどうでもよいのだ。新聞は「ケネディ米大使／横田基地を訪問」と題して、次のように書いている。

「キャロライン・ケネディ駐日大使は（十一月）二十一日、米軍横田基地（東京都）を訪れた。午前九時二十五分ごろＵＨＩヘリコプターから降り立ったケネディ氏は紺色のパンツにカーディガン姿。夫のエドウィン・シュロスバーグ氏も同行した。二〇一二年に横田に移転した航空自衛隊航空総司令部を視察。午後には米軍将兵やその家族二〇〇人と交流し握手を交わした。ケネディ氏は『あなた方の献身に感謝します』と述べた」（『日本経済新聞』二〇一三年十一月二十一日夕刊、傍点は引用者）

彼女にとって安倍との会談は「儀礼的なもの」だが、横田基地訪問は「そうではない」。なぜならば米国にとっては横田基地こそが「日本国支配のための最大拠点」であるからだ。

「横田基地には在日米軍の司令部がある。自衛隊との統合運用の拠点でもある。（十一月）十九日に皇居での信任状奉呈式を終え、正式に大使としての仕事を開始したケネディ氏にとって、早期の横田訪問は在日米軍の士気向上に加え、日米同盟の維持・強化を内外に発信する狙いもありそうだ」（同右、傍点は引用者）

先には「彼女にとって安倍との会談は儀礼的なもの」と述べた。読者の中にはヘンな感じがした人がいるかもしれないが、これは事実だ。そのことは右の記事を見ても明らかだ。記事は「皇居での信任状奉呈式」に続けて「横田訪問」を記述する。つまり、安倍との会談などは（新大使としての彼女の動きの中では）「オマケ」のようなものなのだ。

さて右を指摘したうえで、ここでは日本国民全員が知っておくべきことがある。それは横田基地には「在日米軍の司令部」（日本国支配の最大拠点）があるだけでなく、同基地は「自衛隊との統合運用の拠点」でもあるということだ。先の引用記事の中では「二〇一二年に横田に移転した航空自衛隊航空総司令部を視察」との記述もある。この意味はいったいなんなのか。

日本国民は自衛隊を「日本国（日本国民）のための組織（軍隊）」と信じている。だが本当にそうなのか。二〇一二年三月、航空自衛隊航空総司令部は「横田」（米軍基地）に移転している。そしてそれを米国の新駐日大使が着任と同時に視察する。これはどういうことなのか。

☀二〇一二年三月＝航空自衛隊航空総司令部は「横田」（米軍基地）に移転
☀二〇一三年十一月＝ケネディ新大使は着任と同時に「航空自衛隊航空総司令部」を視察

本書の立場から言うならば、「二〇一二年三月」の時点で、日本国の自衛隊は（米軍の組織体制の中に）「完全に組み込まれている」ということだ。

米国はパートナーとして「中国」を選択する

さて、安倍晋三は（新大使＝キャロライン・ケネディと会談して）「日米関係を強めたい」と述べていた。その意味は「今後とも日本国は『米国の奴隷』でいることを誓います」↓「それゆえ私を支持してください」ということだった。だが米国政府の考え方はどうなのか。

二〇一三年十一月二十日、安倍晋三がキャロライン・ケネディと会談した日、米国ではライス大統領補佐官がワシントンで講演した。その内容はどのようなものだったか。

新聞は「ライス大統領補佐官／米中『G2論』容認を示唆」と題して次のように書いている。ここには「米国の本音」が明確に示されているのである。

「ライス大統領補佐官（国家安全保障担当）は（十一月）二十日のワシントンでの講演で、米中両国の『新大国関係』構築への意欲を明らかにした。米中の二大大国で世界を仕切るG2論を容認する考えをも示唆した」（『日本経済新聞』二〇一三年十一月二十一日夕刊、傍点は引用者）

近未来の米国は「中国」と組んで世界支配を目指していく。それは米国の勝手とするとしても（本当はそうではないのだが）、では日中間の懸案である「尖閣問題」はどうなるのか。

記事は「尖閣主権『立場取らず』／日本の施政権に触れず」として次のように報道する。

「ライス氏は沖縄県・尖閣諸島を巡る日中の緊張については『米国は主権の問題には立場を取らない』と表明。そのうえで『日中が対立を先鋭化しないよう平和的で、外向的な方法を両国に促している』と語り、尖閣が日本の施政権下にある点には触れなかった」（同右、傍点

は引用者）

米国は（日中が抱える）「尖閣問題」については触れたくない。米国が「尖閣諸島は『日本国の領土』である」と明確に宣言すれば「問題は解決する」のである。

だが彼らは絶対にそうはしないのだ。それはなぜなのか。彼らの本心は（日中間に）「時限爆弾を仕込んでおきたい」ということだ。そして（時期を見て）それを確実に爆発させる。

彼らの本心は「黄色人種同士で『戦争』をやらせる」ということなのだ。これについては前章でも述べた（第三章）。彼らの戦略は「明々白々」なのである。

中国が「日本列島」を核攻撃したらどうなるか

多くの日本国民は「日本国は『日米安全保障条約』を締結しているので『敵国の攻撃』からは守られる」（米国が守ってくれる）と信じているかもしれない。だがそれは間違いだ。

一九六一年二月——当時は「東西冷戦が開始されたばかりの時代」である——米国のケネディ大統領はフランスのド・ゴール大統領と会談した。

このときケネディ大統領は（西側世界＝資本主義陣営の盟主として）次のように述べた。

ケネディ「ソ連がフランスに攻め込んで来た場合、そしてソ連がフランスに対し核兵器を使い脅迫・攻撃を行なってきた場合、アメリカは断固としてフランスを守る。アメリカとフランスは同盟関係にあり、フランスはアメリカの核の傘の下にある。何の心配も不要である」

これに対してド・ゴール大統領は次のように詰問した。

ド・ゴール「それではソ連がフランスに対し核ミサイル攻撃を行なった場合、アメリカは報復のためにソ連に対し核ミサイル攻撃を行なうのか。アメリカがそれに対し核ミサイル攻撃を行なえば、ソ連のミサイルはニューヨーク、ロサンゼルス、ワシントンに向かって発射されることになる。フランスを守るため、アメリカは大量のアメリカ市民が死ぬことになる核戦争を行なうつもりなのか。そうであれば、その確約を行なってもらいたい」

核を持たないフランス（当時）としては、これは当然の要求だ。だがこの詰問にケネディは絶句しただけで、何も答えることができなかった。読者には「両者の戦い」がわかるだろうか。米国大統領であるケネディの立場からは（フランスを守るために）「大量のアメリカ市民が死ぬことになる核戦争」を約束することはできない。それは当然のことである。

結局どうなったか。これ以降、フランスのド・ゴール大統領は、「ケネディの絶句」（ケネディの無回答）を理由に「核武装」を開始した。これは当然の動きである。米国がフランスの核武装に抗議すると、彼らは（常に）「ド・ゴールとケネディの首脳会談」を持ち出した。つまり、「米国はフランスのために核戦争をやってくれるのか」ということだ。米国はこの要求に回答することができない。それは当たり前の話である。この要求に米国政府が確約を与えるならば、米国市民は「ふざけるな」と反乱を起こすだろう。なにが言いたいかというと、米国は（同盟国を守るために）「大量のアメリカ市民が死ぬことになる核戦争を約束することはできない」ということだ。これは論理的な結論だ。

この結論がなにを意味しているかというと「中国が日本列島を核攻撃しても」→「米国は中国に報復しない」ということだ。右の事実を踏まえた上で「近未来予測」を提示する。

☀近未来予測＝中国が日本列島を核攻撃しても「米国はなにもしない」のだ

そもそも米国は「日中戦争」を計画している。それについては先に述べた。そういうことであるならば「中国の核攻撃は『米国にとって願ったり』のことであるかもしれない」のである。

【第5章】

日本国民は「明治・大正・昭和・平成」を疑うべし

……日本国の支配構造はいかにして確立されたか

日本国民は「世界と歴史の秘密」を徹底的に透視するべし

本書では独自の視点から「日本国の近未来」（金融暴落＋戦争突入）を大きく提示した上で現代日本国の「異常な国家体質」（パラサイト役人集団＋安倍晋三の正体）を暴露した。

今日本国のマスコミは「アベノミクスがどうなるか」「日本経済はどうなるか」「株価と為替はどうなるか」、そのような話題で持ちきりだ。だが現代日本国の現実は「そんなものを問うている場合ではない」のである。なぜならば「この国は壊れている」からだ。

しかもその「壊れた国家」の背後には「米国」が存在する。現代日本国は「米国に操縦されて動いている」のだ。米国の戦略は「日本国を『戦争』に向けて誘導すること」。

今、私たちふつうの日本国民は「米国に操縦される『壊れた国家』の中で生きている」。そのことを完全に理解するべきだ。そうでないと「未来はロクなことにならない」のである。

同盟国である米国からは――特に二十一世紀に入ってからは――繰り返し、「命令」が発せられているのである。だがマスコミをその事実を伝えない。彼らは「米国の奴隷」である。

今、米国はなにを考えているか。米国の戦略は「日中を激突させる」ということだった。彼らは「悪魔」なのである。しかも米国の背後には「地球支配階級」が存在する。

現代世界情勢の背後に「地球支配階級」が存在する

私は過去の著作の中で「地球支配階級」という「悪魔的存在」を明確に打ち出している。この「地球支配階級」というのは、鈴木啓功によるオリジナルの造語である。

本書でもすでに何度もこの言葉を使用してきた。それはどのようなものであるのか。ここでは要点だけを述べる。地球支配階級の存在と動きの全貌については別著を見てほしい。「鈴木啓功の地球支配階級シリーズ」（既刊五巻、学研パブリッシング）では（過去一万二千年の世界歴史を徹底的に透視して）「地球支配階級の大謀略」を徹底的に暴露している。

161ページの図表を見てほしい（「地球支配階級による世界支配構造の全貌」）。これは私が世界情勢の過去・現在・未来を透視して得た結論だ。これも鈴木啓功オリジナルの図式である。私は独自の視点に基づいてすべての謎を論理的に解き明かす。

一九四五年（昭和二十年）八月、わが国は「日米戦争」（大東亜戦争）に敗北した。それ以来、日本国民は米国だけを見ているが、そのような視点は間違いだ。図表を見てほしい。

ここでは「要点」（地球支配階級による世界支配構造）を次のように提示する。読者諸氏は図表を再確認した上で、以下をお読みいただきたい。

✵ 要点①＝現代世界の最上階には「ヨーロッパ世界」が存在する
✵ 要点②＝アメリカ合衆国は「その下位」に位置する
✵ 要点③＝そのことがわからなければ、世界情勢分析は「全部間違いになる」

一九九一年十二月、東西冷戦時代における敵国ソ連が崩壊した。現代の米国は「世界唯一の超大国」と威張っているが、その実体は「ヨーロッパ株式会社の下請け企業」にすぎない。

そもそもを言えば、米国は「ヨーロッパ世界のあぶれ者が作った国」だ。建国以来二百年以上が過ぎたといえども、その上下関係は変わらない。再度図表を見てほしい。

ヨーロッパ世界と（その下位に位置する）アメリカ合衆国の周囲には、さまざまな集団（謀略集団）が存在する。この全体が「地球支配階級の全貌」なのだ。そして、この地球支配階級による世界支配構造の中では、世界中の国家と国民は「彼らの奴隷」のような存在だ。

そのことを指摘した上で、次には（もう少し具体的なところから）「地球支配階級による世界支配構造」を透視する。日本国民は「現代世界情勢を動かす悪魔の闘争」を知るべきだ。

ここでは、現代世界における大問題の「謎解き」をする重要ポイントとして、「欧州ロスチャイルド家」と「米国ロックフェラー家」を見てほしい。

彼らは現代世界を代表する「超財閥」であることは言うまでもない。本書の立場からは「彼らが世界を動かしている」と言っても過言ではない。どこにでも彼らは「存在する」のだ。

地球支配階級による世界支配構造の全貌

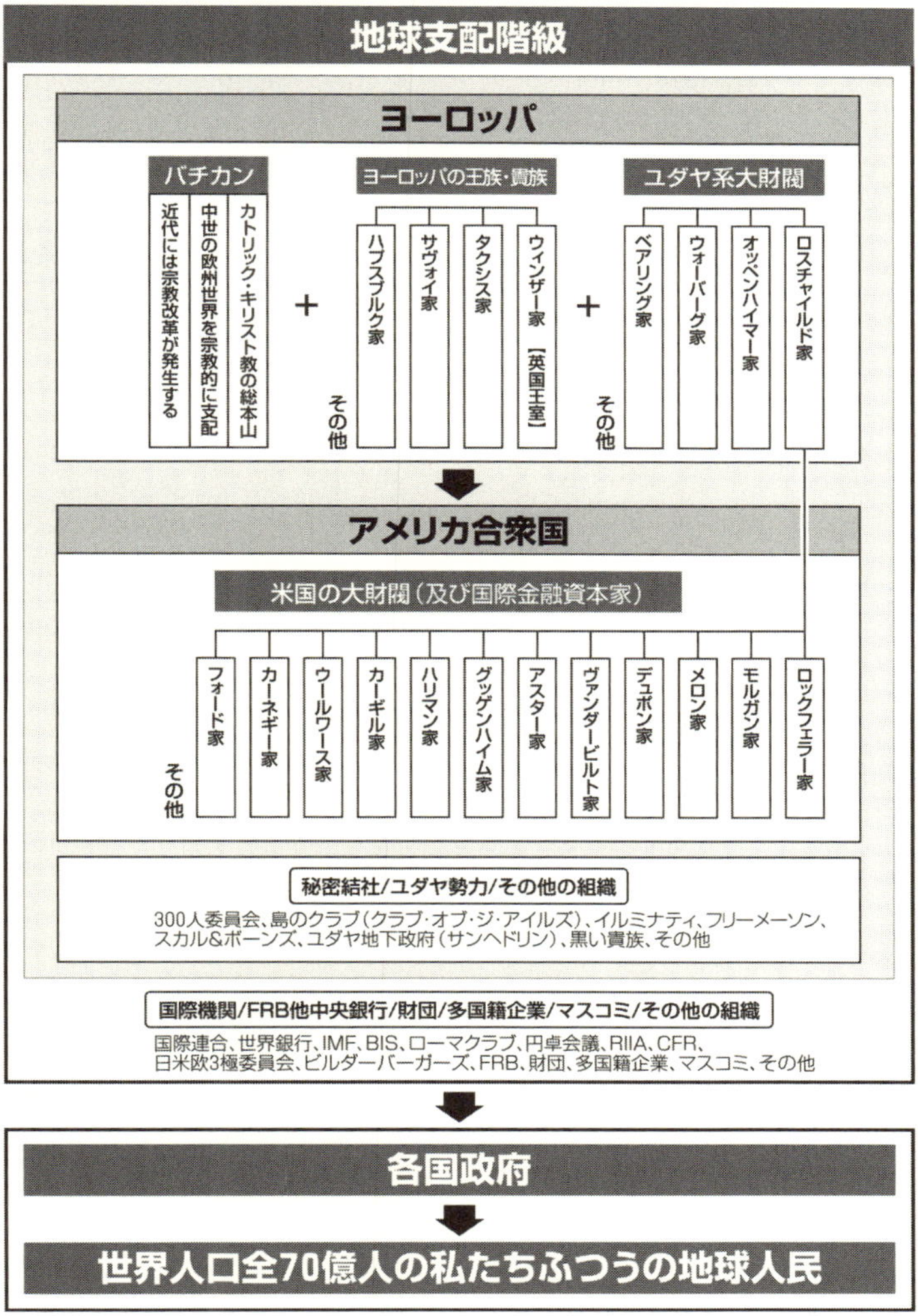

欧米両家の力関係は、もちろん欧州ロスチャイルド家が「上」で、米国ロックフェラー家は「下」である。米国ロックフェラー家がどのようにして成り上がったかと言えば、それは「欧州ロスチャイルド家からまわしてもらったカネ」が原因だった。

一八七〇年代、米国ロックフェラー家は石油を握って成り上がった。そして現代では欧州ロスチャイルド家と並ぶ世界的超財閥となっている。だがそこには熾烈な権力闘争が存在する。

欧州ロスチャイルド家VS.米国ロックフェラー家の権力闘争

欧州ロスチャイルド家と米国ロックフェラー家の違いはなにか。それは「原発屋」と「石油屋」の違いである。また両家の主要戦略にも相違がある。結論だけを述べておく。

欧州ロスチャイルド家は「経済戦略」（金融コントロール）を主要戦略に据えるのに対して、米国ロックフェラー家は「戦争戦略」（戦争＋テロ＋暴力＋流血）をメインに据える。

これは重要ポイントなので完全に記憶していただきたい。

☀ 欧州ロスチャイルド家＝「原発ビジネス」＋「経済戦略」（金融コントロール）
☀ 米国ロックフェラー家＝「石油ビジネス」＋「戦争戦略」（戦争＋テロ＋暴力＋流血）

もちろん欧州ロスチャイルド家は「石油ビジネス」も所有している。彼らが握っていない資源はない。原発の資源となるウランを支配しているのも欧州ロスチャイルド家だ。その意味で、世界中で原発建設が推進されて儲かるのは欧州ロスチャイルド家なのだ。

また両家の主要戦略について「欧州ロスチャイルド家は『経済戦略』（金融コントロール）を主要戦略に据える」と述べた。だがこれは両家を比較しての話で、彼らが「戦争戦略」を駆使することは言うまでもない。いずれにしても両家は「悪魔のような存在」だ。

さてそのような戦略の相違を持ちつつも、彼らは（現代世界情勢の背後で）「熾烈な権力闘争」を繰り返している。当然彼らは米国大統領選挙の背後でも権力闘争を繰り返している。米国大統領の背後には（常に）「彼ら」が存在する。そして背後勢力は入れ代わる。その背後存在が透視できなければ、米国情勢の分析は全部間違いになるのである。

二〇一一年三月十一日、日本列島では東日本巨大地震が発生し、原発がメルトダウンした。あれは自然現象ではない。あれは「米国ロックフェラー家（石油屋）が欧州ロスチャイルド家（原発屋）に仕掛けた攻撃」だった。日本列島は彼らの権力闘争で潰される。

米国オバマ政権の正体は「オバマ＝ロスチャイルド政権」

近年の米国情勢を透視して、ここでは結論だけを提示しておく。

✹二〇〇〇年代＝ブッシュ＝ロックフェラー政権の正体は「ブッシュ＝ロックフェラー政権」だった
✹二〇一〇年代＝オバマ政権の正体は「オバマ＝ロスチャイルド政権」だ

米国大統領選挙でオバマは「チェンジ」と叫んでいた（二〇〇八年＝第一期目の大統領選挙の時期）。読者にも記憶があるだろう。ではあの言葉の意味はなんだったのか。

ふつうの地球人民はオバマの「チェンジ発言」を（漠然と）「政治を変えること」と考える。だが彼の立場からはそうではない。彼の真意は「二〇〇〇年代の『ブッシュ＝ロックフェラー政権』を、二〇一〇年代には『オバマ＝ロスチャイルド政権』に変える」ということだった。

そしてそれは実現された——。

一期目＝二〇〇九年一月以降（同じく二期目＝二〇一三年一月以降）の「米国オバマ政権」の正体は「オバマ＝ロスチャイルド政権」なのだ。

近未来世界はいったい「誰」が動かすのか——。

結論だけを言うならば、二〇一七年一月（オバマの任期の終了日）までの世界は「オバマ＝ロスチャイルド政権」が動かすのである。そのことは決まっているのである。

もちろん彼らに対しては「米国ロックフェラー家からの攻撃」もある。それゆえ世界情勢を分析するためには、それらの動きも透視していかなければならない。

現代世界情勢の深層海流を透視するためには（右のような知識を土台に）すべてを「透視」していかなければならない。そうでなければ情勢分析は（全部）「的外れ」になるのである。本書の立場から言うならば、新聞やテレビなどマスコミの情勢分析は「全部間違っている」と言っても過言ではない。彼らは日本国民を「罠」にかけているだけの存在だ。

世界情勢を分析するときに「右の知識」を土台にすることがなければ「霧の中で霧を論じているようなもの」である。つまりすべては「曖昧模糊とした妄想の議論」となるだけだ。

マスコミの情勢分析＝彼らは「霧の中で霧を論じている」だけだ

さて以上を述べて話を続ける。ここまでは「現代世界の構造分析」（世界支配構造）だった。ここから先は「日本国の歴史分析」に取りかかる。本章は「二部構成」で進むのだ。

幕末・明治維新の歴史に「謎」がある

昨年（二〇一四年）六月、小沢一郎は「安倍晋三の動きは『危険』だ」「このままでは『昭和』が繰り返される」と警告していた。だが多くの日本国民は「昭和の秘密」を知らない。それゆえ次には「昭和の秘密」を暴露しなければならないが、じつはそれをするためには、

「さらなる秘密の暴露」が不可欠なのだ。日本国には「歴史の秘密」が存在する。

小沢一郎が「昭和が繰り返される」と言うのは「戦争が繰り返される」ということだが、戦争は「昭和」になって初めて起こったことではない。歴史の復習をかねて述べておく。

日本国での戦争は「幕末・明治維新の時代」から繰り返されているのである。近年におけるNHKの大河ドラマ『八重の桜』は「幕末の戦争」（戊辰戦争）を描いたものだ。

☀大河ドラマ『八重の桜』＝「幕末の戦争」（戊辰戦争）が主題である

明治時代には「日清戦争」「日露戦争」が存在する。大正時代には「第一次世界大戦」が存在する。そして昭和には「日中戦争」「日米戦争」（大東亜戦争）が存在する。

☀歴史の事実＝幕末・明治・大正・昭和の歴史は「戦争の歴史」である

それは何を意味しているのか。結論だけを言うならば、昭和の戦争（日中戦争＋日米戦争）は「幕末・明治維新の時代」から「日本国の中に埋め込まれていた」ということだ。

☀透視＝昭和の戦争は「幕末・明治維新の時代」から「日本国の中に埋め込まれていた」

多くの日本国民は「幕末・明治維新は『幕末の志士』たちが活躍した時代」と信じている。なぜならば『竜馬がゆく』などの司馬遼太郎の小説は、そのような視点で書かれている。だが、あれは「小説」（作り話）であって、「歴史の真実」でも「歴史の真相」でもなんでもない。そのことの意味はわかるだろう。ここはあえて述べておく。

歴史の秘密を透視する本書の立場から言うならば、司馬遼太郎の「小説」（作り話）を読んで「日本国の歴史」を勝手にイメージしていると、私たちは「日本国の針路」を間違える。司馬遼太郎の小説を「小説」（作り話）として読むのは構わない。問題はそれを「事実」として受け取る読者が多いことだ。そして幕末・明治維新の「日本国の歴史」に熱狂する。

二〇一五年＝日本国が「危機」に直面するなかで、日本国民が「打開の道」を探るためには、司馬遼太郎の作り話を真に受けていてはダメなのだ。それでは「未来」を間違える。

そのことを指摘した上で、私たちは「幕末・明治維新の時代」に潜入する。読者諸氏は、時空を超えて、自らの思念を「一六〇年前の日本列島」にタイムスリップさせてほしい。

幕末・明治維新の背後に「地球支配階級」が存在した

169ページの図表を見てほしい（『日本国民は『明治・大正・昭和・平成』を疑うべし』）。

これは本書の立場から「幕末・明治維新の歴史」を大きくまとめたものである。読者諸氏は図表を一覧した上で、以下をお読みいただきたい。

先に結論を言うならば、幕末・明治維新の背後には「地球支配階級」が存在する。坂本龍馬を始めとする幕末の志士たちは「彼らに使われた存在」だった。

幕末の志士たちは（言葉は悪いが）「田舎の貧乏侍集団」だ。そんな貧乏人集団が、どうして幕府に立ち向かうことができたのか。第一にそのカネ（武器）はどこから出てきたのか。幕府を倒すためには「カネ」（武器）が必要なのだ。空手（素手）では「倒幕」はできない。

結論を言うならば、カネ（武器）は全部「地球支配階級が用立てた」――。繰り返しになるが述べておく。坂本龍馬を始めとする幕末の志士たちは「彼らに使われた存在」だった。

✹幕末＝坂本龍馬を始めとする志士たちは「地球支配階級に使われた存在」だった

では彼らは誰に使われたのか。それは英国の「ジャーディン・マセソン」という会社である。その所有者は「欧州ロスチャイルド家」だ。結局、幕末のカネの流れはこうなっている。

✹カネ＝「欧州ロスチャイルド家」↓「ジャーディン・マセソン」↓「幕末の志士」

日本国民は「明治・大正・昭和・平成」を疑うべし

幕末・明治維新の背後に「地球支配階級」が存在する	
1853年（嘉永 6年）	黒船（米国＝東インド艦隊司令長官ペリー）が浦賀に来航
1860年（万延元年）	大老・井伊直弼が桜田門外で刺殺される（桜田門外の変）
1862年（文久 2年）	薩摩藩士が英国人3名を刺殺した（生麦事件）
1863年（文久 3年）	生麦事件を契機に「薩英戦争」が勃発する
1866年（慶応 2年）	京都の薩摩藩邸で「薩長同盟」が成立する
1867年（慶応 3年）	坂本龍馬は「暗殺」される
1867年（慶応 3年）	孝明天皇が「死去」する
1868年（明治元年）	明治天皇が「即位」する

大日本帝国の歴史は「戦争の歴史」である	
1875年（明治 8年）	江華島事件が起きる
1889年（明治22年）	大日本帝国憲法（明治憲法）が発布される
1894年（明治27年）	日清戦争が勃発する（〜1895年）
1904年（明治37年）	日露戦争が勃発する（〜1905年）
1914年（大正 3年）	第1次世界大戦が勃発する（〜1918年）
1918年（大正 7年）	シベリア出兵（第1次世界大戦中）
1928年（昭和 3年）	張作霖爆殺事件（関東軍は謀略で張作霖を爆殺する）
1931年（昭和 6年）	満州事変（関東軍は謀略で柳条湖の満鉄線路を爆破した）
1937年（昭和12年）	支那事変（日中戦争）が勃発する（〜1945年）
1939年（昭和14年）	第2次世界大戦が勃発する（〜1945年）
1941年（昭和16年）	大東亜戦争（日米戦争）が勃発する（〜1945年）
1945年（昭和20年）	広島・長崎に「原子爆弾」が投下される
1945年（昭和20年）	大日本帝国は壊滅する

右を予備知識として、以下ではさらに「歴史の深み」に潜入する。

坂本龍馬が暗殺された理由

さてもう一度、先の図表を見てほしい。幕末の時代の動きを具体的に追いかける。同時にここでは「十九世紀の世界情勢＝地球支配階級の動き」をも透視する。幕末・明治維新以降、日本国の歴史は（常に）「彼らの掌の上」で動いている。

☀ 一八五三年（嘉永六年）＝黒船（米国＝東インド艦隊司令長官ペリー）が浦賀に来航

地球支配階級の主要基地は「欧州」だが、その下位基地として「米国」が存在する。ペリーは彼らの手先として来航した。ここから江戸幕末のゴタゴタが幕を開ける。

その後の米国では「南北戦争」（一八六一年～六五年）が勃発する。この背後にも地球支配階級の謀略が存在する。この時代、彼らは日米の双方で「謀略」を仕掛けていたのである。

南北戦争直後における「リンカーン大統領の暗殺」（一八六五年）は「彼らが仕掛けた謀略」だ。このとき彼らの心は「役目の終わった男には『この世』から消えてもらう」ということだ。

まして当時リンカーンは彼らに「牙」を剥きつつあった。彼は「地球支配階級の悪魔性」に気がつき、彼らを米国から排除しようとしていた。これでは彼が暗殺されるのは当然だ。地球支配階級は「自分らに歯向かう者」は許さない。彼らは（何度も）「戦争」と「暗殺」を繰り返す。合わせて彼らは（何度も）「金融大恐慌」も仕掛けていく。日本国民は「彼らの謀略」を認識するべし。本書では（各所で）「彼らの謀略」を透視する。

いずれにしてもそのせいで――つまり米国における「南北戦争＝勃発」のおかげで――幕末・明治維新の日本国を操縦するのは（米国ではなく）「欧州」となった。

このとき彼らはどう動いたか。幕末の時代、英国は「倒幕側」を支援した。フランスは「幕府側」を支援した。英仏の背後には「地球支配階級」が存在する。

✵幕府側＝フランス（背後は欧州ロスチャイルド家）
✵倒幕側＝イギリス（背後は欧州ロスチャイルド家）

幕末の時代には幕府側も倒幕側も互いに必死になって殺し合った。だが結局、彼らは（全員）「地球支配階級の掌の上で動いていた」だけなのである。これは阿呆らしい話である。

✵一八六〇年（万延元年）＝大老・井伊直弼が桜田門外で刺殺される（桜田門外の変）

幕府の要人が刺殺されるなどは「前代未聞の話」である。ここから時代は音を立てて急転していく。徳川幕府は「滅亡」に向かって坂道を転げ落ちていくのである。

☀一八六三年(文久三年)＝生麦事件を契機に「薩英戦争」が勃発する

前年、英国商人リチャードソンらが武蔵国生麦村で江戸から帰国中の薩摩藩主＝島津久光の行列を乱したため、藩士＝奈良原喜左衛門が英国人三名を刺殺した(生麦事件)。

このため翌年(一八六三年)には英国艦隊七隻が鹿児島湾に襲来、薩摩藩との間で戦争となった。この戦争で薩摩藩は「英国軍の強さ」を認知。その心は「こんなやつらと戦うことは無理である」。結局どうなったかと言うと、これ以降、薩摩藩は「英国の手先」となった。

☀一八六六年(慶応二年)＝京都の薩摩藩邸で「薩長同盟」が成立する

多くの日本国民は「坂本龍馬が『薩長同盟』を仲介した」ことを知っている。だが坂本龍馬の背後には「英国勢力」(地球支配階級)が存在した。彼は「地球支配階級の手先」だった。

☀一八六七年(慶応三年)＝坂本龍馬は「暗殺」される

なぜこのようなことになったのか――。その理由は、先に述べたリンカーン大統領の場合と同じである。つまり地球支配階級の心は「役目の終わった男には『この世』から消えてもらう」ということだ。ましてこのとき坂本龍馬は「地球支配階級の悪魔性」に気づいていた。これでは彼が暗殺されるのは当然だ。地球支配階級に絡むと人生はロクなことにならない。

さて、薩長同盟の成立と坂本龍馬の暗殺に続いて、日本列島では「さらなる大事件」が発生していた。それは「孝明天皇の死去」である。彼は「江戸時代・最後の天皇」で、次には「明治天皇」が登場してくる。だがここには「巨大な秘密」が存在する。

孝明天皇の暗殺と明治天皇のすり替え

さてもう一度、先の図表を見てほしい。時代情勢を具体的に確認する。

> ☀一八六七年（慶応三年）＝孝明天皇が「死去」する

では「孝明天皇の死去」に関する「巨大な秘密」とはなにか。それは彼は（単に）「死んだ」のではなく――一般的には「病死」とされている――彼は「暗殺された」ということだ。

孝明天皇の死去（暗殺）の真実を執念深く追究した鹿島曻（弁護士・歴史家）は、次のように書いている。読者諸氏は思念を回転させつつ読んでほしい。本書では結論部分しか引用することはできないが、彼は、先人の証言と議論を踏まえた上で、確信を持って論理的に記述している。これは「個人的な妄想」ではないのである。

ついでに言えば、孝明天皇暗殺は当時から各方面で囁かれていた。その後にも繰り返して議論はあった。だが歴史家はそれを全部握り潰した。彼らは「地球支配階級の手先」なのだ。日本国民は「最低の国家」で生きている。

孝明天皇暗殺の手段については「毒殺説」と「刺殺説」が存在する。どちらも有意な説だが、鹿島曻は「刺殺説」を持論とする（その検証経緯は省略する）。では「誰」がやったのか。

「刃物で刺したといえば長州の山県有朋や広沢真臣は槍の達人であったが、のちの状況から考えると、犯行を指揮したと思われるのは、当時京都周辺に潜んでいたという木戸（引用者注：木戸孝允）と、この頃感冒にかかって三ヶ月もの間世に出なかったという伊藤（引用者注：伊藤博文）であろう。表面では、逃亡して隠遁生活を送っていた木戸がのちに元老となり、奇兵隊の小隊長クラスの伊藤が元勲になったのは、この功績以外には考えられない」（『裏切られた三人の天皇』鹿島曻、新国民社、傍点は引用者）

鹿島昇の透視では、孝明天皇暗殺の犯人は「長州藩の木戸孝允と伊藤博文」だ。明治時代、彼らは「日本国の最上階」に君臨した。明治大日本帝国は「暗殺者が支配する国家」である。だがなぜ彼らは「天皇を暗殺する技術」を持っていたのか。鹿島昇は「戦国時代からの忍者の歴史」を略述した上で、次のように書いている。話は「長州藩」についてである。

「そしてこのような忍者によって、長州では江戸時代に邪魔になった権力のトップを毒殺するという技術がほぼ完成していた。天保七年（一八三六年）に長州では斉熙《なりひろ》、斉元、斉広と、三人の藩主、前藩主らが相次いで不思議な死に方をするという事件があった。／まず斉熙は五月に葛飾の別荘で急死し、幕府には疫痢として届けられたのだが、そのまわりには感染源とおぼしきものはなかったという。犯人は江戸家老の梨羽頼母の関係者らしく、頼母は噂になった暗殺説を必死になってもみけしている。／次いで斉元は九月八日に萩城で急死した。幕府には『喉つかえのやまい』による窒息死であると報告したが、斉元にそのような持病のあることは誰も知らない。／また斉広は一二月二九日の夜、江戸桜田の藩邸で突然苦しみはじめ、高熱と激しい下痢がつづいて絶命した。斉熙と同じ症状であった。頼母はかねてから『放伐論』を信じて、忍者に命じて斉熙と斉広を毒殺させたという。／いずれにせよ、長州藩は下関を中心とする支藩の長府藩と清末藩においてひそかに養成した忍者に藩主を毒殺させ、その事実を闇に葬るという奇怪な能力があったのである。こういう藩の藩主になってうっかり実力者に逆らえば命がもたないであろう。長州の藩主は『そうせい侯』（引用者注：藩政に関しては私見を挟まず、なにごとにも部下の言いなりになる藩主）が多かったという」（同右、傍点は引用者）

長州藩は「恐ろしい藩」なのだ。権力者を殺すことなどは「屁」とも思わない。長州藩出身の木戸孝允や伊藤博文にとって、孝明天皇を暗殺することなどは「朝飯前の仕事」である。

「暗殺と替え玉というのは戦国以来忍法の初歩であったが、天皇暗殺の直接の下手人はプロの忍者であるとすべきだから、長府藩と清末藩に世襲の忍者をかかえていた長州藩が暗殺を実行したものであろう。そして、実際にこれを指揮したのは長州から出奔して薩摩藩邸に潜伏した木戸と、風邪をひいて三ヶ月も人前に出なかったという伊藤であろう」（同右、傍点は引用者）

鹿島曻は次のような推測も述べている。

☀上忍＝木戸孝允
☀下忍＝伊藤博文

つまり、「上忍（上司の忍者）の木戸孝允が」→「下忍（現場担当の忍者）の伊藤博文を使って」→「孝明天皇暗殺を実行した」。彼らは「忍者」だったのだ。

そして彼らの背後には「公卿＝岩倉具視」が存在した。関係を図式化しておく。

☀孝明天皇暗殺＝岩倉具視（公卿）↓木戸孝允（長州藩）↓伊藤博文（長州藩）

ついでに言えば、岩倉具視は将軍家茂《いえもち》も自分の義妹も暗殺している。彼は「悪魔」と言うしかない。その岩倉は（明治時代が始まると）日本国の代表として「岩倉使節団」を組織して欧米世界を歴訪している。そして明治の日本国を「欧米流＝帝国主義国家」（戦争国家）に作り替えた。なぜそのようなことになったのか。彼の背後には「地球支配階級」が存在した。

さて孝明天皇は暗殺された。次には「睦仁《むつひと》親王」（孝明天皇の息子）が「天皇」（明治天皇）となる。だがここにも「巨大な秘密」が存在する。

☀巨大な秘密＝明治天皇は「すり替えられている」

つまり孝明天皇に続いては、睦仁親王も「暗殺」（毒殺）された。そして「別の男」が「明治天皇」として即位した。では明治天皇の正体は「誰」なのか。

明治天皇の正体は「誰」なのか

話は少し遡る。鎌倉時代と室町時代の境目に「南北朝時代」(一三三六年~一三九二年)というのが存在する。朝廷が南北に分裂し、南北の朝廷が交互に「天皇」に即位した。だが時代のゴタゴタの中で北朝系が「天皇位」を独占し、南朝系は消滅した(天皇位からは遠ざけられた)。だが南朝系は死滅したわけではない。幕末には三人の南朝系が存在した。

- ☀南朝系①＝熊澤天皇
- ☀南朝系②＝三浦天皇
- ☀南朝系③＝大室天皇

北朝系が「天皇位」を独占するなかで、南朝系は「南朝再興」を狙っていた。そんな情勢の中で孝明天皇(北朝系)が暗殺された。睦仁親王も暗殺された。そしてどうなったのか。ここから長州藩の「悪魔の動き」が開始される。日本国民はなにも知らないままである。

「勤皇の声が高かった幕末の時代に天皇を刺殺する以上、その大義名分は南朝の再興以外にはないし、南朝再興といえば、擁立されるべき人物としてはこの時代には熊澤天皇、三浦天皇、大室天皇の三者しかいない。／維新ののち、長州の木戸や伊藤が権勢を誇ったことを考えると、この三者のうち明治天皇として擁立されたのは、徳川家のテリトリーにいた熊澤天皇や三浦天皇ではなく、伊藤の生家から約二里位離れた麻郷の地で、伊藤が力士隊の隊長当時肉親のように接したという南朝の末裔を自称した大室寅之祐以外にはあるまい」（同右、傍点は引用者）

明治天皇として即位したのは「大室寅之祐」（南朝の末裔）だった。

☀巨大な秘密＝明治天皇の正体は「大室寅之祐」という男

明治天皇がすり替えられていたという証拠はあるのか。十分な証拠が存在する。だがここではそれを全部網羅する余裕はない。重要ないくつかだけを提示する。

「元治元年（一八六四）七月長州軍は京都の幕府と戦って御所を戦火に巻き込んだ。これを禁門の変というのだが、砲声と宮女たちの悲鳴に驚いた睦仁は驚きの余り一時失神したという。一三歳といえば物心もついた年齢であるが、この親王のエピソードからは、とうてい乱世の国家を自ら支配する天皇になることは期待できない。のちに近衛兵に自ら大声で号令をかけ、相撲も強い、巧みに乗馬を馳せて、落馬した土方宮内大臣に『土方、大丈夫か』と声をかけた明治天皇とはまったく一致しない」(同右、傍点は引用者)

明治天皇になったとされる「睦仁親王」と「明治天皇」は、完全に「別の存在」なのだ。

✹✹睦仁親王=砲声と宮女たちの悲鳴で失神する
✹明治天皇=近衛兵に大声で号令をかける、相撲も強い、乗馬も巧み

両者が「同一人物」であるはずがない。明治天皇は「大室寅之祐」なのである。彼は長州藩で育ち、少年時代には伊藤博文と「相撲」をとって遊んでいた。彼は「強健な人物」だった。

「睦仁は幼少の時は虚弱児であった。毎年かぜをこじらせるなど病気の問屋であったし、一六歳になっても書が金釘流で政務もとらず、宮中で遊戯にいそしんでいたという。しかし、鳥羽伏見の戦いのちに自ら乗馬して官軍を閲兵した明治天皇は達筆であり、また驚くほどの体格で体重は二四貫もあった。慶応三年六月頃を境にして、嗜好も体系も性格もがらりと

変わったのであるが、そのいきさつは不思議にも一切『明治天皇紀』に記されていない」（同右、傍点は引用者）

両者が「同一人物」であるはずがない。明治天皇は「大室寅之祐」なのである。付け加えて次のことを述べておく。幕末・明治維新で「日本国」は「軍国国家」に変質した——。

✹透視＝幕末・明治維新で「日本国」は「軍国国家」に変貌した

現代世界に生きる日本国民は「天皇」を「戦後の天皇」でイメージすることは間違いだ。明治・大正・昭和（戦前・戦中）の天皇は「軍国国家」の「軍国天皇」であったのだ。

読者諸氏は白馬に乗った明治天皇の写真を見たことがあるだろう。あるいは軍服を着て多数の勲章を付けた明治天皇の写真。明治天皇は「軍国天皇」であった。大正天皇は病弱であったので「軍国天皇」のイメージはない。だが昭和天皇（戦前・戦中）は「軍国天皇」であった。

大室寅之祐が生まれた「田布施」の秘密

明治天皇＝大室寅之祐は、長州藩（山口県）の「田布施《たぶせ》」（周防国熊毛郡麻郷村田布施町）

という地で生まれた。ここは暗殺者である木戸孝允や伊藤博文が生まれた場所でもある。

正確には木戸孝允は「隣国」(長門国萩城下呉服町＝現在の山口県萩市呉服町)、伊藤博文は隣村(熊毛郡束荷村大和町)の出身だ。だが両者の関係は先に述べた通りである(上忍・下忍)。また伊藤博文は(大室寅之祐を監視・育成するために)「田布施の大室家」に日参していた。少年時代、伊藤博文と大室寅之祐は「親分・子分の関係」だった(伊藤博文は力士隊の隊長、大室寅之祐は力士隊の隊員。二人は相撲をとって遊んでいた)。

右のような経緯と彼らの親密な関係を含め、ここでは彼ら全員を「田布施出身者」(関係者)と表記しておく。明治天皇にすり替えられた大室寅之祐、孝明天皇を暗殺した木戸孝允や伊藤博文は(全員)、「田布施」で生まれている。ここには「巨大な秘密」が存在するのだ。

ここではそれを次のように提示する。

☀巨大な秘密＝日本国は「田布施」(出身者)が動かしてきた

現代に生きる日本国民が知る事例で言うならば、岸信介は「田布施の出身」だ。弟の佐藤栄作も「田布施の出身」だ。岸の孫＝安倍晋三の土台は(当然)「田布施」に存在する。

☀田布施の人脈＝岸信介↓佐藤栄作↓安倍晋三

●明治天皇は「軍国天皇」だった
●大日本帝国は「天皇」(軍隊の最高指揮官)の指揮下で「戦争」を繰り返した

●昭和天皇は「軍国天皇」だった
●大日本帝国は「天皇」(軍隊の最高指揮官)の指揮下で「戦争」を繰り返した

右のうち岸信介の出身地は（正確には）「吉敷郡山口町」（現山口市）で、「田布施」ではない。だがそれは「父親が山口県官吏で赴任先で生まれた」というだけのことである。本籍地は「熊毛郡田布施町」である。弟の佐藤栄作は（もちろん）「田布施」の生まれだ。岸信介・佐藤栄作兄弟宰相の遺品展示場は「田布施町郷土館」に存在する。岸信介の孫＝安倍晋三の「土台」＝「三バン＝地盤＋看板＋鞄（カネ）」が「田布施」であることは言うまでもない（本籍地は山口県大津郡油谷町〔現・長門市〕である）。

彼は「岸信介の七光り」で生きているだけの男である。

さて右に絡めては次のことを述べておく。これは「読者への思考問題」の提出だ。

本年（二〇一五年）正月に発売された月刊誌は「安倍晋三と長州人」と題する特集記事を組んでいる（『文藝春秋』二〇一五年二月新春号）。左に「目次」を転記する。

> ✹特集記事＝『安倍晋三と長州人』「権力への執念、政敵への徹底的な攻撃」「伊藤博文、山県有朋、松岡洋右、岸信介。長州閥はいかにして政・官・軍を軍を牛耳ったか」

中身がどのようなものであるかは読者には読まなくてもわかるだろう。だが本書の立場から言うならば、このような指摘は間違いではないかもしれないが正しいとも言えない。なぜならば根本的な問題は「長州人」（山口県人）という大きな括りでは捉えられないからである。私たちが（幕末・明治維新以降の）「日本国の歴史」を真実に透視するためには、もっとピンポイントで問題に迫らなければならない。読者諸氏にはそのことの意味がわかるだろう。

✹問題提起＝日本国民は「長州藩・田布施」を透視するべし

右の特集記事が名前を列挙する「伊藤博文、山県有朋、松岡洋右、岸信介」は（全員）、「田布施の出身者」（関係者）だ。しかも筆頭の「伊藤博文」は「孝明天皇の暗殺者」である。

そういうことであるならば、「田布施の悪魔性がどのようなものであるか」はわかるだろう。特集記事が掲げる「権力への執念」「政敵への徹底的な攻撃」「長州閥は政・官・軍を牛耳った」は（長州人＝山口県人の特徴ではなく）「田布施の悪魔性」が土台である。

山県有朋の出身は（正確には）「阿武郡川島村」（現山口県萩市）で「田布施」ではないが、松下村塾では「伊藤博文」と同門で、京都では（伊藤と同じく）「下忍」を務めていた。

松岡洋右の出身も（正確には）「熊毛郡室積村」（現山口県光市）であって、「熊毛郡田布施」ではない。だが、（同じ熊毛郡の出身で）「その人脈がつながっている」ことは言うまでもない。

一九三二年（昭和七年）九月、（前年に発生した満州事変のゴタゴタの中で）ジュネーブに派遣された松岡は「国際連盟を脱退した」。これが「大東亜戦争勃発の遠因」となったことは言うまでもない。彼の人生を透視すれば、彼は「地球支配階級の掌の上」で踊っていた。結局どうなっているかというと、「長州藩・田布施」は「地球支配階級の手先の養成所」であったということだ（念のためだが、これは現在の田布施の住民全員を指すわけではない）。そして彼らが大日本帝国の政・官・軍を牛耳った。ここに「日本国の歴史の秘密」が存在する。そして彼らの背後には「地球支配階級」が存在した。

大日本帝国は「地球支配階級」に利用されて潰された

明治時代に突入した大日本帝国は「日清戦争」（一八九四年〜九五年）と「日露戦争」（一九〇四年〜〇五年）に勝利する。だがそれらの背後にも「地球支配階級」が存在した。

> ☀日清戦争＝背後には「地球支配階級」が存在した
> ☀日露戦争＝背後には「地球支配階級」が存在した

明治時代の日本国には「戦争」をするだけの「カネ」がない。ではそのカネをどうするか。戦争をするカネは全部「外国」から借りたのだ。ここで外国の正体は「地球支配階級」のことである。日清戦争も日露戦争もその戦争をするカネは全部「地球支配階級からの借金」だ。

借金にはもちろん「利子」がつく。地球支配階級の立場からは、これは「ビジネス」なのである。日本国民が必死になって戦った戦争の実体は「地球支配階級の商売」だった。

右を指摘した上で、次のことも述べておく。日露戦争の終結から「十年後」には「第一次世界大戦」が勃発した（一九一四年〜一九一八年）。読者諸氏は「年号」を確認するべし。

☀一八九四年＝「日清戦争」が勃発した
☀一九〇四年＝「日露戦争」が勃発した
☀一九一四年＝「第一次世界大戦」が勃発した

三つの戦争は「十年単位」で発生している。これは「偶然」ではない。本書の立場から言うならば「地球支配階級が『十年単位』で『戦争ビジネス』を繰り返している」ということだ。

明治＝大日本帝国が「日清戦争」と「日露戦争」に必死になったことは言うまでもない。

では、「第一次世界大戦」ではどうだったか。わが国は「シベリア出兵」を行なった。

☀一九一八年＝大日本帝国は「シベリア出兵」を行なった

これはどういう戦いだったか。重要ポイントだけを述べておく。

一九一七年十月、ロシア帝国では「ロシア革命」が発生し、「共産主義＝ソビエト連邦」が誕生した。

日本国では誰も言わないかもしれないが、大日本帝国による「日露戦争」（一九〇四〜〇五年）は「そのために戦わされた戦争」（ロシア革命を惹起するために仕掛けられた戦争）だったのだ。

ここはもう少しだけ述べておく。地球支配階級（欧州ロスチャイルド家を筆頭とするユダヤ国際金融資本家集団）にとって、「ロシア帝国」（ロシア正教を国教とするキリスト教帝国）は「邪魔」だった。なぜならば「ロシア皇帝はユダヤ国際金融資本家の『奴隷』になることを拒否していた」からだ。それで彼らは日露戦争を仕掛けてロシア帝国を弱体化させ、その上で「ロシア革命」を勃発させた。ロシア革命を率いたレーニンは「彼らの手先」なのである。

さてそのような経緯で（つまり「地球支配階級の謀略」で）「ロシア革命」が勃発し、「共産主義＝ソビエト連邦」が誕生した（一九一七年十月）。すると次にはどうなったか。

明治＝大日本帝国は（共産主義＝ソビエト政権に干渉するために）「米英仏」などとともに「シベリア出兵」を行なった（一九一八年八月）。因みにこの段階では（大日本帝国はもちろんのこと）「米英仏」の背後には「地球支配階級」が存在する。そして話はまだ続く。

一九一八年の「シベリア出兵」を契機に、大日本帝国の艦隊は「地中海」まで引きずり出された。そして二十年後（一九三八年）も「そこ」にいた。それからどうなったか。

☀一九三八年＝大日本帝国の艦隊は「地中海」に存在した
☀一九三九年＝第二次世界大戦が勃発した
☀一九四一年＝大東亜戦争（日米戦争）が勃発した

なぜ今ここで「右」を述べているかと言うと、集団的自衛権行使を名目にした「自衛隊＝海外派兵の危険性」を「歴史的に『明確』にするためだ」。そのことの意味はわかるだろう。理由がなんであれ、一度海外に派兵された自衛隊は「日本列島には『帰還』できない」。十年後も二十年後も、彼ら自衛隊は世界の戦場を動いていることになるだろう。それだけではない。本書の立場から言うならば、自衛隊が現地でガチャガチャやっている間に「大戦争」が勃発する。

☀警告＝海外に派兵された自衛隊は「日本列島には『帰還』できない」

一九四五年（昭和二十年）八月、大日本帝国は「日米戦争」（大東亜戦争）に敗北して壊滅することになるのだが、その背後にも「地球支配階級」が存在した（次章で述べる）。

結局、明治維新で始まった「大日本帝国の運命」とはなんだったのか。

☀明治・大正・昭和の真相＝大日本帝国は「地球支配階級」に利用されて潰された

地球支配階級に動かされた「大日本帝国の運命」は「ロクなもの」ではなかった。これは、過去であって過去ではない。現代日本国の背後にも「地球支配階級」が存在する。

【第6章】

大東亜戦争は「負けるための戦争」だった

……誰が背後であの戦争の糸を引いていたか

日本国民は「大日本帝国の真実」を透視するべし

前章では、現代世界情勢を動かす「地球支配階級の全貌」を明確に提示した上で、日本国における「幕末・明治維新の秘密」を暴露した。重要ポイントなので再説しておく。

教科書レベルの歴史知識では「明治維新は（坂本龍馬に代表される）幕末の志士たちが命を懸けて成し遂げた」ことになっている。だがそれは「表層レベル」の話である。

なぜならば――歴史の深層を透視するならば――彼ら「幕末の志士」の背後には「地球支配階級」が存在した。彼らは「地球支配階級に使われた存在」だった。それだけではない。明治維新を主導した長州藩は「孝明天皇を暗殺し」、（同時に）「明治天皇をすり替えた」。明治天皇は「孝明天皇の子」ではないのだ。では彼は「誰」なのか。

☀明治天皇の正体＝長州藩に匿われていた「大室寅之祐」（南朝の末裔）だった

明治＝大日本帝国は「天皇国家」だった。明治・大正・昭和（戦前）の日本国は「天皇」によって統治された。ふつうの日本国民は（天皇に対して）「絶対忠誠」を要求された。

☀ 大日本帝国＝「絶対的天皇制国家」だった

戦前の大日本帝国（天皇国家）の時代には、学校の朝礼などで「天皇」の名が出ると、日本国民（生徒）は「直立不動の姿勢」を取らなければならなかった。鼻水が出てもそれをするなどは論外で、そんなことをした者は教師に「怒鳴り飛ばされた」ものだった。

「天皇」に畏《かしこ》まっていたのはなにも生徒だけではない。戦前の学校には「御真影」（天皇の写真）があった。学校で火事が起きたとき、「御真影を焼いては大変だ」と火の中に飛び込み、焼死した校長さえ存在した。明治・大正・昭和（戦前）の「大日本帝国」はかくも「絶対的天皇制国家」だったのだ。

だが、当時の日本国民がそこまでして畏まった「天皇」は、じつは「すり替えられた存在だった」。しかもすり替えの秘密は今も「隠されたまま」である。

明治＝大日本帝国は「戦争」を繰り返した。明治・大正・昭和（戦前・戦中）の「大日本帝国の歴史」は「戦争の歴史」と言っても過言ではない。明治の日本国民は「日清戦争・日露戦争の勝利に歓喜した」。だが歴史を透視するならば、それは「利用された戦争」だった。

☀ 大日本帝国の戦争の正体＝日清・日露戦争の背後には「地球支配階級」が存在した

また、第一次世界大戦では「シベリア出兵」を行なったが、その背後にも「地球支配階級」が存在した。そして、大東亜戦争（日米戦争）が勃発する。

さて右の再説を通して「なにが言いたいか」というと――幕末・明治維新以降――日本国の背後には（常に）「地球支配階級が存在する」ということだ。それは今も「同じ」である。

昭和史の発端に「大地震」と「金融大恐慌」が存在する

次ページの図表を見てほしい（「大東亜戦争の背後に『大謀略』が存在する」）。

これは本書の立場から「昭和の歴史」（日米戦争の歴史）を大きくまとめたものである。読者諸氏は図表を一覧した上で、以下をお読みいただきたい。

一九二六年（大正十五年）十二月二十五日、大正天皇が崩御して、昭和天皇が即位した（昭和と改元）。ここから昭和の時代が始まるが、それは「いかなる時代」だったか。

昭和を考えるに当たっては、それを二つに分けて考えなければならない。つまり（一九四五＝昭和二十年八月十五日までの）「前期」と（それ以降の）「後期」である。

昭和の前期（一九二六年十二月～一九四五年八月）とは「いかなる時代」だったか。端的に言うならば、それは「戦争の時代」だった。重要な年号を年表形式で提示する。

大東亜戦争の背後に「大謀略」が存在する

昭和史の背後に「大地震」と「金融大恐慌」が存在する	
1923年（大正13年）	9月＝関東大震災が発生した
1927年（昭和 2年）	3月＝金融大恐慌が発生した

昭和＝戦争の時代＝が始まる	
1926年（昭和元年）	12月＝大正天皇没。昭和天皇即位して昭和と改元。
1927年（昭和 2年）	3月＝金融大恐慌が発生した
1928年（昭和 3年）	6月＝張作霖爆殺事件（関東軍謀略で満鉄の列車内で爆死）
1929年（昭和 4年）	10月＝世界大恐慌が始まる
1930年（昭和 5年）	11月＝浜口雄幸首相が東京駅で暴漢に狙撃され重傷を負う
1931年（昭和 6年）	9月＝満州事変勃発（関東軍謀略で柳条湖満鉄路線を爆破）
1932年（昭和 7年）	3月＝満州国建国（前清国皇帝溥儀が執政就任＝関東軍傀儡）
1932年（昭和 7年）	5月＝5・15事件（軍部が犬養毅首相を射殺）
1933年（昭和 8年）	3月＝国際連盟を脱退する
1936年（昭和11年）	2月＝2・26事件（軍部が高橋是清蔵相らを殺害）
1937年（昭和12年）	7月＝支那事変（日中戦争）勃発（蘆溝橋で日中両軍が衝突）
1938年（昭和13年）	4月＝国家総動員法を公布
1939年（昭和14年）	5月＝ノモンハン事件（関東軍はロシア軍に大敗する）
1939年（昭和14年）	8月＝米国大統領ルーズベルトは真珠湾に海軍基地を移設
1939年（昭和14年）	9月＝第2次世界大戦勃発（ドイツがポーランドに侵攻）
1940年（昭和15年）	1月＝日米通商航海条約失効（米国は交渉を拒否、経済制裁）
1940年（昭和15年）	10月＝大政翼賛会が発足
1941年（昭和16年）	12月＝大東亜戦争勃発（日本軍は米国の真珠湾基地を攻撃）
1945年（昭和20年）	8月＝大日本帝国壊滅（広島と長崎に原子爆弾が投下される）

☀ 一九二六年（昭和元年）＝昭和天皇が即位して「昭和の時代」が始まった
☀ 一九三七年（昭和十二年）＝支那事変（日中戦争）が勃発した
☀ 一九四一年（昭和十六年）＝大東亜戦争（日米戦争）が勃発した
☀ 一九四五年（昭和二十年）＝米国に原爆二発を投下されて「大日本帝国」が壊滅した

結局、昭和の戦争とは「中国と米国を『敵』に回した戦争」だった。この情勢は「二十一世紀＝平成の日本国」と比較してどうなのか。現代日本国は（中国を敵に回しつつ）米国にしがみついている。だが本書の透視は「米国と中国は『敵』ではない」ということだ（第四章）。現代世界には「多数の国家」が存在する。だがその中で日本国民が徹底的に透視するべきは「米国」と「中国」なのだ。そのことの意味はわかるだろう。読者は思念を回転させるべし。米国と中国の背後には「地球支配階級」が存在する。彼らは（米国と中国を自分らの両手でコントロールしつつ）「日本国を締め上げる」。これが「彼らの戦略」だ。

右を明らかにした上でさらなる重要ポイントを追加しておく。地球支配階級は「右の戦略」で動いている。だが日本国の中にも「彼らの手先」が存在する。幕末・明治維新以降の日本国では「彼らの手先」が「日本国の支配階級」となった。昭和の情勢は本章の中で詳説する。

さて、昭和の時代が始まった日本国は「どのような世相」だったか。これも重要な年号を年表形式で提示する。その前後の情勢は次のようなものだった。読者には前ページの図表を再度、確認していただきたい。

* 一九二三年（大正十二年）＝関東大震災が発生する
* 一九二六年（昭和元年）＝昭和天皇が即位して「昭和の時代」が始まった
* 一九二七年（昭和二年）＝金融大恐慌が発生する

結局、昭和の時代の背後には「大地震」と「金融大恐慌」が存在する。昭和が始まった時代の日本社会は「騒然たる時代」であったと言ってよい。この時代情勢は「平成の現代日本国」と比較してどうなのか。ここでは「思考ゲーム」として次のように思念してみる。

大地震について言うならば、現代の日本国では「阪神淡路大震災」（一九九五年）と「東日本巨大地震」（二〇一一年）が存在する。本書の立場から過去と現在の情勢を「単純に比較する」ならば、現代日本国の情勢は「昭和の時代の二倍の危機的情勢」と見るべきだ。

金融大恐慌について言うならば、現代の日本国では「一九九〇年＝バブル経済崩壊」以降、「失われた二十年」に続いて、「失われた三十年」目に突入している。今の日本経済の実体は「アベノミクス」でどうなるものでもないのである（これについては第一章で述べた）。

さて右を確認した上で、ここでは次のように結論する。読者諸氏も「過去」（昭和時代）と「現代」（平成時代）を明確に比較してほしい。時代の流れは「大きく把握する」べきだ。

昭和史の背後に存在した「大地震」と「金融大恐慌」。平成の背後に存在する「二度の巨大地震」と「バブル崩壊以降の失われた三十年」。世相は「同じ」と言うしかない。

近未来の日本国を「昭和の繰り返しとするか否か」は、私たち日本国民の「覚醒レベル」にかかっている。本書の目的意識は「日本国民の『大覚醒』を達成したい」ということだ。

昭和の元老＝西園寺公望とはどんな男か

さて昭和の歴史をどのように解読するか。本書では「大日本帝国の歴史の動き」を逐一透視していく余裕はない。ここでは本書独自の視点から昭和の動きを解読する。

本書独自の視点とは、（日本国は「地球支配階級」に動かされていると同時に）「日本国内には『地球支配階級の手先』が存在する」ということだ。これについては先に述べた。

本章では、「昭和を動かした有力者」（地球支配階級の手先）を透視しつつ、「大日本帝国の動き」（明治・大正・昭和）を総括する。

昭和を動かした有力者の一人に「西園寺公望」が存在する。一般にはあまり有名ではないかもしれないが、彼は「昭和の元老」と言われる「超実力者」である。

☀ 西園寺公望＝明治・大正・昭和の三代にわたる元老

西園寺公望は一八四九年（嘉永二年）に生まれて一九四〇年（昭和十五年）に死んだ（享年九十二）。幕末・明治維新の時代に育ち、「明治・大正・昭和」を「元老」として生きた。

彼は京都で清華家の一つ、「徳大寺家」の次男として誕生した。四歳のとき同族で清華家の一つ、「西園寺家」へ養子に入り、家督を相続した。だがここには「秘密」が存在する。

幼少時には住まいが「御所」（孝明天皇の居住地）に近かった。また年齢は「祐宮《さちのみや》」（睦仁親王＝後の明治天皇）に近かった。それで彼は「祐宮の遊び相手」を務めていた。

☀透視＝西園寺公望は「孝明天皇暗殺」と「明治天皇のすり替え」を知っている

西園寺公望は「天皇家」の近くで育っている。そういうことであるならば、彼は「孝明天皇暗殺」（当時は公然の秘密だった）を耳にしたことがあったはずだ。まして「明治天皇のすり替え」は（本人の幼少期を知っているわけだから）「完全に知っている」はずだ。

だが彼はそれについては一切黙秘して語らない。なぜそういうことになるのか。

明治時代、日本国の支配階級は「自分たちだけで日本国を動かしていた」。そんな彼らにとって「日本国の真実がどうであるかなどはどうでもよいこと」なのである。と言うより（彼らの立場からは）、「そんなものには『蓋』をしておくべき」なのだ。なぜならば「そのほうが国民支配がやりやすい」からである。それゆえ西園寺公望は「彼が知っているはずの真実をなにも語らない」のである。ついでのことながら右は現代においても「同じ」である。

明治時代＝初代の総理大臣は伊藤博文だが、彼は「孝明天皇を暗殺した男」である（日本国は「暗殺者が支配する国家」である）。西園寺公望は第二次伊藤内閣に文部大臣として初入閣し（同時に）外務大臣を兼任した。ここで読者諸氏は以下の二点を透視するべし。

一点目は「伊藤博文と西園寺公望の関係性」。二点目は「彼の地位の重要性」だ。

☀透視①＝伊藤博文は（繰り返して述べるように）「孝明天皇を暗殺した男」である。その男と西園寺公望が「ツーカーである」（入閣した）ということは、西園寺公望は「伊藤博文の人脈」（背後人脈＝地球支配階級）に「つながっている」ということだ

☀透視②＝文部大臣は「日本国民の教育」を統括する。外務大臣は「諸外国との外交」を統括する。当時の日本国は（維新まもない時期で）、「国家体制を一から作り上げていく時代」である。その時代に「日本国民の教育」と「諸外国との外交」を同時に統括するということは、「西園寺公望は『大日本帝国＝内外体制構築』を一手に引き受けた」ということだ

念のためだが、当時における「諸外国」とは「欧米帝国主義国家」ということだ（当時、世界中は「欧米列強国の植民地」である。今のように「多数の独立国」などは存在しない）。そのような世界で「外務大臣」を務めるということは（直接的に）「彼ら欧米列強国を支配する地球支配階級」に「つながる」ということだ。

本書の立場からは、西園寺公望という人物は、次のように位置づけることができる。

> ☀西園寺公望①＝伊藤博文を経由して「地球支配階級」につながっている
> ☀西園寺公望②＝外務大臣を執務して「地球支配階級」につながっている

真面目な日本国民の中には「読み過ぎだ」と言う人もいるかもしれない。だがそうではないのだ。そのことはここから先を読めば、わかるはずのことである。

伊藤博文から西園寺公望へ「日本国支配権力」は移動した

さて、西園寺公望は第二次伊藤内閣で文部大臣と外務大臣を兼任した。その後に成立した第二次松方内閣でも文部大臣と外務大臣を兼任、第三次伊藤内閣でも文部大臣を務めた。

伊藤博文に続いて内閣を組織した松方正義は「日本銀行」（中央銀行）を設立した人物だ。

どうやって彼はそれを設立したか。彼はフランスに行って「中央銀行制度」を学んできた。

☀一八八二年（明治十六年）＝松方正義は「日本銀行」（中央銀行）を創設した

当時のフランスは「欧州ロスチャイルド家が支配している国家」（一七八九年＝彼らはフランス革命を仕掛けてフランスを乗っ取った）である。当時の欧州列強国を筆頭に、欧州世界の中央銀行は「欧州ロスチャイルド家の所有物」なのだ。その中央銀行制度を松方正義は日本国に導入した。彼は「地球支配階級の手先」なのだ。

日本銀行は「半官半民の株式会社」ということになっている。では、その「民」（民間の所有者）とは「誰」なのか。日本銀行はそれを公開していない。日本国の「真実」を言うならば、明治における「日本銀行設立」以来、日本銀行を動かしているのは「欧州ロスチャイルド家」なのである。話を戻す。

西園寺公望は第四次伊藤内閣では班列（閣僚）として入閣し、内閣総理大臣の伊藤博文が病気療養中は内閣総理大臣臨時代理を務め、後に伊藤が単独辞任すると内閣総理大臣臨時兼任を務めた。

このような「西園寺公望の動き」を見るとなにが言えるか。

明治時代を代表する「最高権力者」が「伊藤博文」であることは誰もが知っているはずだ。

その彼の代理を西園寺公望が務めるということは、一体なにを意味しているのか。

☀透視＝日本国支配権力は「伊藤博文」から「西園寺公望」へと移動した

その後、西園寺公望は（伊藤博文の後継として）立憲政友会の総裁に就任した。桂太郎の後任として内閣総理大臣に任じられ、第一次西園寺内閣、第二次西園寺内閣を組閣した。第一次西園寺内閣では（総理大臣に加え）文部大臣兼任や外務大臣臨時兼任なども務めている。彼は「大日本帝国＝内外体制構築」を「一手に引き受けた人物」なのだ。

この時代の日本国は「桂園《けいえん》時代」（桂と西園寺が交互に政権を担当した）と呼ばれている。だが、桂はあくまでオマケで、最高権力者は「西園寺公望」であったことに変わりはない。

一九二四年（大正十三年）に松方正義（地球支配階級の手先）が死去した後には、西園寺公望は「最後の元老」として、大正天皇、昭和天皇を輔弼《ほひつ》した。

☀事実＝西園寺公望は「最後の元老」として、大正天皇、昭和天皇を輔弼した

読者には右の事実が持つ「重み」がわかるだろうか。当時の大日本帝国は「絶対的天皇制国家」である。その天皇を「最後の元老」として輔弼するということは（実質的に）「日本国の支

配権を握っていた」と言えるのだ。昭和に入っては大事件が続出し、総理大臣も次々に替わった。そのような中で西園寺公望の位置づけはどのようなものだったか。

✹事実＝西園寺公望は「歴代首相」を誕生させた

西園寺公望が「最後の元老」となった一九二四年（大正十三年）から、彼が死去する一九四〇年（昭和十五年）までの間、総理大臣は「彼の意向」で誕生した。これは「事実」だ。本章の冒頭で提示した図表を見てほしい（「大東亜戦争の背後に『大謀略』が存在する」、195ページ）。

一九二四年から一九四〇年までの間には「様々な大事件」が発生した。というより、それらの様々な事件は全部、西園寺公望が「最後の元老」（大正天皇、昭和天皇を輔弼した）の時代に起こったものだ（一九四一年の大東亜戦争勃発と一九四五年の大日本帝国壊滅を除く）。

✹事実＝西園寺公望は「昭和の大日本帝国」を動かした

だが多くの日本国民は「彼の存在」そのものをあまり知らない。なぜそうなるのか。その理由は「事件に目を奪われる」からである。だがそれでは闇の中で迷い続けることになる。

西園寺公望は「地球支配階級の手先」である

先には幕末・明治維新以降の「西園寺公望の人生」を（国内的視点から）透視した。本書の立場から要点を再説しておこう。読者諸氏は頭を整理してほしい。

西園寺公望は「孝明天皇暗殺」「明治天皇のすり替え」を絶対に知っているはずだ。だが彼はそれについては完全に黙して語らない。そして彼は最後の元老として「大正天皇」「昭和天皇」を輔弼する立場に成り上がる（彼のようにもともと「天皇家の近くにいた人間」に「成り上がる」という表現は不適切だが、ここではあえてそのように表現しておく）。

右を別の言葉で言うならば、彼は「孝明天皇」「明治天皇」「大正天皇」「昭和天皇」の全員を内側から知っている。そして大日本帝国を動かした。そんな人物は彼以外には存在しない。

だが彼の正体はどのようなものなのか。先には彼の人生を国内的視点から透視した。本項では彼の人生を別の観点から透視してみる。それは「海外からの視点」である。

☀一九一四年（大正三年）＝第一次世界大戦が勃発した（〜一九一八年）

同年、西園寺公望は政友会総裁を辞任して（六月）、臨時帝室編集局顧問に就任した（十二月)。六十六歳のときである。第一次世界大戦が終わるとパリ講和会議が開かれる。

☀一九一八年(大正七年)=十二月二十四日、欧州へ出張を仰せ付けられる
☀一九一九年(大正八年)=一月十三日、パリ講和会議全権委員を仰せ付けられる

このとき西園寺の随員を務めたのは「吉田茂」だ。彼については次章で述べる。ここでは吉田が「パリ講和会議全権委員(西園寺)の随員を務めていた」ことを記憶しておいてほしい。

さて、西園寺公望は(第一次世界大戦後)「パリ講和会議全権委員」として、フランスに向かっている。その背後情勢はどうなっていたのか。

☀真実①=第一次世界大戦は「欧州ロスチャイルド家が仕掛けた戦争」である
☀真実②=パリ講和会議は「欧州ロスチャイルド家が仕切った会議」である

その会議に西園寺が(日本国を代表して)「全権委員として出席する」ということは、一体どういうことなのか。読者諸氏にはここでピンとくるものがあるだろうか。

西園寺はフランスに留学してソルボンヌ大学を卒業している。欧州ロスチャイルド家が支配しているフランスだ。このとき彼は「地球支配階級」とつながったものと思われる。

なぜそのようなことが言えるのか。ここでは少しだけ当時の情勢を透視しておく。

☀一八七〇年（明治三年）十一月＝開成所（東京大学の前身）に入った彼は、翌月二日、フランス留学を命ぜられる（二十二歳）。日本国の背後には「地球支配階級」が存在する

☀一八七一年（明治四年）三月＝パリに入った西園寺公望は「パリ・コミューンの乱」に遭遇する。仕掛けていたのは「欧州ロスチャイルド家」だ。そしてその後にはクレマンソーやガンベッタと知り合う。いずれも「欧州ロスチャイルド家の手先」である

☀一八七四年（明治七年）七月＝西園寺公望は「ソルボンヌ大学」を卒業する

だが、西園寺は日本国には帰らない。それからさらに六年間、彼はフランスに滞在する。

☀一八八〇年（明治十三年）十月＝西園寺公望は「帰朝」した（三十二歳）

結局足かけ十年、西園寺公望は「フランスで生活した」のだ。十年フランスにいる日本人に欧州ロスチャイルド家が目をつけないはずがない。と言うより、明治維新はもともと「彼らが仕掛けた動乱」なのだ。西園寺に対するフランス留学命令そのものに「彼らの意向が働いてい

た」と見ることもできる。日本国の背後には（常に）「地球支配階級」が存在する。本書の立場から二つの結論を述べておく。

☀ 透視①＝西園寺公望は「地球支配階級の手先」として養成された人物だ
☀ 透視②＝彼の人生は「地球支配階級の命令」を実行するために存在した

西園寺公望は（最後の元老として）「大正天皇」「昭和天皇」を輔弼、そして「歴代首相」を誕生させた。その間には様々な大事件が発生した。それを処理したのは西園寺だ。だがその彼の背後には「地球支配階級」（欧州ロスチャイルド家）が存在した。以上を指摘した上で、ここでは「地球支配階級と西園寺公望の行動目的」を提示しておく。

☀ 地球支配階級の目的＝彼らは「国家の根絶」（王朝の根絶）を目指していた
☀ 西園寺公望の目的＝彼は「大日本帝国の崩壊」（天皇制の根絶）を目指していた

地球支配階級の「目的の成就」については詳説するまでもないだろう。二十世紀には（第一次世界大戦と第二次世界大戦を経て）多くの国家（王朝）が崩壊した。第一次世界大戦ではドイツ帝国が崩壊し、そのゴタゴタの中からヒトラーが登場してくる。そして第二次世界大戦が勃発した。

戦後世界でも戦争は次々に発生する。二十一世紀の現代でも世界情勢のガタガタは収まらない。彼らは第三次世界大戦の勃発を計画している。これについては後章で述べる。

西園寺公望の「目的の成就」についてはどうだろう。西園寺が死去した翌年には大東亜戦争が勃発し、大日本帝国は大崩壊した。すべてが計画通りである。だが、西園寺の計画の中で「天皇制の根絶」はまだである。それでは近未来世界ではどうなるのか。彼らの目的は達成されることになる。

さてここまで述べてきても、多くの読者の中には「オマエの言うことはデタラメだ」と言う人がいるかもしれない。だがそうではないのである。西園寺はすべての証拠を隠滅している。

一九四〇年（昭和十五年）、「西園寺の死去に伴う事実」は以下の通り。

☀十一月二十四日＝西園寺公望、死去
☀十一月二十五日＝特旨によって従一位を追贈
☀十二月五日＝国葬。遺言による指示で書簡、資料類が焼却される

なぜ西園寺公望は「書簡と資料類の焼却」を指示（遺言）したのか。読者は透視するべきだ。

彼は（幕末・明治維新以降の）「明治・大正・昭和の大日本帝国」が抱える「歴史の暗部」

を知っている（それがどのようなものであるかは前章と本章で記した通りだ）。同時に彼の背後には「地球支配階級」が存在した。彼は「欧州ロスチャイルド家の命令」で動いていた。

彼が所有する書簡と資料類の中には「それらの証拠」が存在した。だがそんなものをこの世に残せるはずがない。それゆえ彼はその「焼却」を指示（遺言）したのである。そしてそれは実行された。それゆえ日本国民は「真実」をなにも知らないままだ。

さて昭和の情勢について述べたいことは多くある。だが本書では全部は述べられない。以下では「満州帝国」と「大東亜戦争勃発」について透視する。

大日本帝国が「満州帝国」を建国した理由

昭和時代に突入した大日本帝国は「関東大震災」と「金融大恐慌」に喘いでいた。そのようなガタガタ情勢の中で大事件が発生した。満州事変の勃発だ。

☀ 一九三一年（昭和六年）＝満州事変が勃発した

同年九月十八日、奉天北郊の柳条湖の満鉄線路が爆破されたとして関東軍が中国軍の宿営地を攻撃、満州事変が勃発した。だがこれは「関東軍の謀略」だった。そしてどうなったか。

✹一九三二年（昭和七年）＝満州帝国が建国された

同年三月一日、大日本帝国は満州帝国を建国、年号を大同元年と改め、「建国宣言書」を発布した（同月九日、前清国皇帝＝溥儀《ふぎ》が執政に就任したが、彼は「関東軍の傀儡」にすぎない）。このような謀略情勢の中で翌年には国際的に孤立する。同年ドイツにはヒトラーが登場してくる（一九三三年）。そして日独は「世界を敵に回して戦うことになる」のである。

さて、なぜ大日本帝国は「満州帝国」を建国したか。それは日本国内が（巨大地震と金融大恐慌のダブルパンチで）「ガタガタになっていた」からだ。ここに「関東軍の野望」が加わる。

✹満州帝国①＝日本国内が「ガタガタ情勢」（巨大地震＋金融大恐慌）の中で建国された
✹満州帝国②＝その背後には「関東軍の謀略」が存在した

現代世界に生きる日本国民は（右の動きを）「過去」と思っていたら大間違いだ。なぜならば、日本国を動かす力学はなにも変わっていないからだ。満州国の背後情勢を透視する。これは過去であって過去ではない。その意味はここから先を読めばわかるはずのことである。

岸信介は「満州帝国」でなにをやっていたか

さて当時の満州帝国を支配していたのは誰なのか。満州帝国＝支配階級の一人に「安倍晋三の祖父＝岸信介」が存在する。彼は「満州帝国を構築した重要人物」なのである。

✹岸信介＝満州帝国の支配階級（高級官僚）

満州帝国には「巨大な秘密」が存在する。それは満州帝国を支える財源は「麻薬」であったということだ。それはどういうことなのか。日本軍の兵站《へいたん》を担う南満州鉄道の総裁・後藤新平は、満州帝国の運営資金を中国大陸での麻薬密売によって入手する戦略を採用していた。だが、それを実行するのは「誰」なのか。その麻薬密売の実働部隊となったのが「岸信介」だった。そこに「地球支配階級」が絡んでくる。どこにでも「地球支配階級」は存在する。

当時の中国大陸で「麻薬密売の総元締め」となっていたのは「米国＝ブラウン・ハリマン銀行」（背後は欧州ロスチャイルド家）だった。ブラウン・ハリマンは麻薬密売の利益で中国人奴隷（クーリー）をカネで買い、アメリカ大陸に進出した。そして米国全土に鉄道網を形成する労働力として利用した。その結果ブラウン・ハリマンは「米国の鉄道王」となった。

☀ ブラウン・ハリマン＝「米国の鉄道王」（背後は欧州ロスチャイルド家）

ブラウン・ハリマンは中国国内の鉄道網の買収にも着手していた。その鉄道網を使って中国全土に麻薬を運搬するシステムを構築したブラウン・ハリマンと岸信介は協力関係にあった。その上下関係はどうなっていたか。ブラウン・ハリマンと協力することがなければ、岸信介は「中国国内での麻薬密売」に手を出すことができなかった。両者の力関係はこうである。

☀ 中国での麻薬密売＝ブラウン・ハリマン（上位）↓岸信介（下位）

米国の鉄道王＝ブラウン・ハリマンは巨万の富を土台に米国の政界にネットワークを張りめぐらせた。ブラウン・ハリマンの経営陣からは後には「父子ブッシュ大統領」が登場する。満州帝国での麻薬密売を通じて岸信介は米国とのネットワークを構築した。だが、話はこれで終わらない。そこには麻薬以外の要因が存在した。それは「鉄道」である。

中国での鉄道網拡大に驀進するブラウン・ハリマンと南満州鉄道は鉄道ビジネスの面で競合し、絶対的対立を迎えることになるのである。これが「日米戦争の根本原因」となっていく。

なぜ、日米戦争（大東亜戦争）が勃発したか。その真因は次の通りだ。

✹日米戦争勃発の真因＝大日本帝国支配階級vs.地球支配階級の利権闘争

明治＝大日本帝国は、「日露戦争」の勝利で「南満州鉄道」の権益を獲得した。だが日露戦争は「地球支配階級からの借金で戦った戦争」だった。勝利は「彼らのおかげ」なのだ。地球支配階級の立場からは、大日本帝国は「子分」のようなものである。それゆえに彼らは岸信介の麻薬密売にも手を貸した。であるにもかかわらず、大日本帝国は傲慢になった。南満州鉄道に対してブラウン・ハリマンは「共同経営」を持ちかけていた。しかし大日本帝国はそれを拒絶した。彼らはそれを我慢した。だが大日本帝国はさらに傲慢になっていく。本書の立場から「地球支配階級の心」を透視する。その心は、「大日本帝国をどうするのか」→「絶対にタダでは済まさない」→「やつらに落とし前をつけさせる」ということだ。

大東亜戦争（日米戦争）勃発の背後には「米国の謀略」（地球支配階級の謀略）が存在する。これについては後で述べる。だが（右のように）「日米激突の根本原因」を透視した上で言うならば、「大日本帝国＝支配階級が『バカ』なのだ」。それは今も「同じ」である。

山本五十六は「負ける戦争」を計画していた

一九四一年（昭和十六年）十二月八日未明、大日本帝国海軍による真珠湾攻撃で「大東亜戦争」（日米戦争）が勃発した。その首謀者は「山本五十六」（連合艦隊司令長官）だった。だがここには謎が存在する。それは航空部隊は「なぜ一次攻撃だけで帰還したか」ということだ。なぜ航空部隊は「二次攻撃」「三次攻撃」を敢行しなかったのか。

☀ 真珠湾攻撃＝大日本帝国海軍連合艦隊は「一次攻撃」だけで帰還した

本気で勝つ気があるならば「徹底的に真珠湾米軍基地を攻撃して」→「そこを占領してしまえばよかった」のだ。そうすれば（その後には）「米国本土も狙えた」のである。

日本軍の爆撃機が、ハワイの航空基地から離陸して「米国本土を爆撃する」。西海岸を占領して、そこから東海岸へ向かう。そして「ワシントンもニューヨークも爆撃する」。

現代に生きる読者には「後知恵」と言われるかもしれないが、そうではない。戦争をする限りは「徹底的に勝つ方法を考える」のが「当然」だ。現実の大日本帝国が実行したような「太平洋上で島を取り合う」などは、「勝つことを最終目的とした戦争のやり方」ではない。

とにかく大日本帝国は「徹底的に真珠湾米軍基地を攻撃して」→「そこを占領すべき」だった。そして「米国本土を爆撃し」→「ワシントンもニューヨークも爆撃する」。

こうなれば日米戦争の結末は（完全に）「逆」になっていた。だがそのような戦争情勢にはならなかった。その原因は連合艦隊が「一次攻撃だけで帰還した」からだ。

先に述べたことだが繰り返す。なぜ彼らは二次攻撃、三次攻撃を敢行しなかったのか。なぜなのか。結論を言うならば、彼らはもともと、「戦争に勝つ気はなかった」ということだ。

✹山本五十六＝日米戦争に「勝つ気」はなかった

大日本帝国海軍連合艦隊司令長官＝山本五十六は「大日本帝国が負けるための戦争」を「企画・実行していた」のである。なぜなのか。彼は「米国のスパイ」だったからである。

✹山本五十六＝彼は「米国のスパイ」だった

大東亜戦争勃発については、米国によって一九四一年（昭和十六年）十一月二十六日、日本側への最後通牒とも言うべき「ハル・ノート」が突きつけられたので、大日本帝国は（仕方なく）「真珠湾を攻撃した」とされている。だが真実はそうではない。

山本五十六が発案した真珠湾奇襲作戦は「海軍部内の承認を得た作戦」ではなかった。それは彼が、及川古志郎海軍大臣に送った書簡によって伝えられたにすぎない。山本五十六が奇襲部隊の出撃を命令したのは「ハル・ノートが日本側に手渡されるより前」だった。しかもこの重要な真珠湾攻撃作戦に彼は直接参加していない。彼は「遊んでいた」のである。

一九四二年（昭和十七年）六月五日、大日本帝国海軍は「ミッドウェー島攻略作戦失敗」で敗北は決定的となった。このときも彼は戦争に参加していない。彼は連合艦隊の司令部を瀬戸内海に置き、戦艦（長門・大和・武蔵）の間を移動しつつ、「遊んでいた」のだ。

だが当時の山本五十六の動きを右（真珠湾攻撃作戦に参加していない＋遊んでいた）のようにして述べると、炯眼な読者の中からは、次のような疑問の声が出るかもしれない。

☀疑問の声＝「司令長官が『前線』に出ないのは当然だ」

これは当然の疑問である。つまり、「司令長官が前線に出て死んだらどうするのか」「司令長官が戦闘に参加しないことは「当たり前」のことである」。

右の疑問を踏まえて当時の情勢を再説する。もう一度、私の文章を確認してほしい。

私は「真珠湾攻撃作戦に参加していないで」→「遊んでいた」と述べている。同時に、私は「ミッドウェー島攻略作戦に参加しないで」→「遊んでいた」と述べている。

読者にはピンとくるものがあるだろうか。この二つの文章の重心は後者（遊んでいた）にあるのだ。ここでは右の二つの文章をひとつにして、次のように提示しておく。

☀山本五十六＝「彼は『戦争』をほったらかしにして」↓「遊んでいた」

だが私が「右」のようにまとめても、多くの読者はとても信用できないかもしれない。つまり「そんなバカなことがあり得るのか」と。

司令長官（戦争の最高責任者）が「戦争をほったらかしにして遊んでいた」などということはとても信じられないことである。ここでは補助線を引いて読者の理解を得ることにしたい。

山本五十六に関する書物は多くある。彼には「謎」が多いからだ。同時に、以下は余談になるが重要なことなので述べておく。現代世界（近未来世界）を生きる日本国民にとって、山本五十六を「英雄」として称賛する書物などは読む価値はない。それどころではない。山本五十六を「英雄」として称賛する書物（洗脳本）を読んで「大東亜戦争の歴史に熱狂する」ことは、司馬遼太郎の小説（作り話）を読んで「幕末・明治維新の歴史に熱狂する」のと同じくらいに阿呆らしいことなのだ。それでは「未来の針路」を間違える。

さて、山本五十六に関する書物（インチキな「洗脳本」ではなく「真実を解明する＝読む価値ある書物」）の中で、ここでは一冊だけ紹介する。それは『山本五十六の大罪』（弓立社）だ。

著者の中川八洋《やつひろ》（筑波大学名誉教授）は昭和二十年（終戦の年）の生まれで、専門は国際政治学および政治哲学・憲法思想。一般的には「保守思想家」と位置づけられるが、彼はそこらの同類（英米奴隷の保守思想家）とは大きく異なる立場にある。一言で言うならば、彼は「保守＝正統派」と言えるだろうか。その彼の書物から本項に絡む部分を引用する。

山本五十六の「正体」を透視する

一九四一年（昭和十六年）十二月五日夜――大日本帝国海軍の連合艦隊が「真珠湾攻撃」を開始する二日前――山本五十六は「愛人」に宛てて、次の手紙を書いている。

「此のたびはたった三日でしかもいろいろ忙しかったので、ゆっくりも出来ず、それに一晩も泊まれなかったのは残念ですがかんにんして下さい。……写真を送ってね。さようなら
十二月五日夜　五（十六）」（カッコ内中川）。（『山本五十六の大罪』）

右の手紙を引用しつつ、中川八洋は次のように書いている。

「パール・ハーバー奇襲の発案者で、最高指揮官の山本五十六が、まさに奇襲が始まろうとするほぼ二日前、戦艦『長門』から、東京で別れたばかりの愛人の河合千代子に書き送った手紙である。愛人を持っていることを問題にしているのではない。自分の部下である、当時世界最大で世界初の空母機動部隊が、未曾有の任務を帯びて、択捉島から出撃、すでに九日

以上も波濤を長駆し、一路オアフ島めざして南下している。まさにその最中に、このような手紙を書く山本五十六の人格を問題にしているのである」（同右、傍点は引用者）

山本五十六の真実を知る者の立場からは「彼の人格に『問題』がある」のだ。日米戦争を開始する「真珠湾攻撃作戦」が右の如きであるならば、その後の動きはさらにひどい。

「一九四二年のミッドウェー作戦の時は、もっとひどく、その出撃の二週間前、山本五十六は、肋膜炎の河合千代子を、医者つきで呉に呼び出し、五月十四日／十五日／十六日／十七日の四晩も旅館に一緒に泊まっている。さらに五月二五日／二六日／二七日に、次の手紙を、東京に帰った千代子に書き送っている」（同右）

著者（鈴木）としては「他人のラブレターを転記する（書き写す）」ほど阿呆らしい仕事はないのだが、読者のためには端折るわけにもいかない。山本の手紙を転記しておく。

「『また明日にでも書き足します御機嫌よふ（写真の千代子がジーッとこっちを見てるよ何とか言ってよ）』（五月二十五日午後五時、カッコ内山本）。

『うつし絵に口付けしつつ幾たびか千代子と呼びかけけふも暮しつ』（二十六日夜）。

『お乳も腕も背中もお尻もいやになったというほど丸々と肥って下さい』（五月二十七日朝九時）」（同右）

現代にタイムマシンがあるのなら「これらの手紙を持って時空間を移動して」、「ミッドウェーに向かう兵士たちに見せてやりたい」。そして「阿呆らしいから帰還せよ」と叫びたい。

「ミッドウェー作戦への呉からの出撃は、南雲忠一の『機動部隊』が五月二十七日、山本の『主隊』が五月二十九日であったから、この三番目の手紙は、南雲の機動部隊の出撃の直前に書いている。剣を抜く、まさにその時、指揮官が女に現を抜かすとは、戦場の勝利など期待する方がもはや無理。古来より、このような振舞いは武運に見放されると考えられてきた。『お乳も……お尻も……肥って下さい』が『〈赤城〉も〈加賀〉も〈飛龍〉も〈蒼龍〉も、海の藻屑《もくず》となって沈んで下さい』に見える読者は少なくないだろう」（同右、傍点は引用者）

結局ミッドウェー作戦はどうなったか。完全に失敗したのである。そしてここから大日本帝国は「負け戦」を続けていく。だが大本営は「勝利」、「転戦」と叫び続けた。

大日本帝国海軍連合艦隊司令長官＝山本五十六のインチキさについて述べているとキリがない。ここでは彼が「米国のスパイ」であったことを明確に認識しておいていただきたい。

さて、真珠湾攻撃を立案した山本五十六が「米国のスパイ」であったことを述べた。これでは「日本が勝つ」はずがないのである。次項では視点を「米国」に移して考える。

ルーズベルトは「真珠湾基地」を創設して待ち伏せていた

一九四一年（昭和十六年）十二月八日未明、大日本帝国（海軍連合艦隊）の真珠湾攻撃で「大東亜戦争」（日米戦争）が勃発した。これが「奇襲」であったか否かが大問題となっている。だが、本書の立場から言うならば、「なぜ太平洋の真ん中にあるハワイ島が米国の領土であるのか」→「しかもなぜそこに米軍基地が存在するのか」のほうが大問題だ。

結論を言うならば、米国は「ハワイを略奪した」のである（一八九八年＝米国はハワイを領土とした）。現代世界では「大日本帝国はアジアで『侵略戦争』をしたか否か」が大問題となっている。だが真実を言うならば、当時の列強国はすべて「侵略」をやっていた。

米国も「侵略国家」なのである。世界の歴史を大きく振り返って言うならば、十九世紀半ば以降の世界は「帝国主義の世界」であった。当時の列強国である欧米諸国は（アジア・アフリカを侵略して）「植民地」としていた。大日本帝国は黄色人種（当時は下等人種とされていた）のくせに「彼ら」（白色人種）の真似をしたために、「罰せられた」ということだ。

そのことを確認した上で、話を「真珠湾」に戻す。なぜそこに米軍基地があったのか。

●山本五十六は「真珠湾攻撃」に参加していない
●山本五十六は「ミッドウェー島攻略作戦」にも参加していない

●大日本帝国連合艦隊が「1次攻撃だけで帰還した」のは、なぜなのか
●ルーズベルト大統領は真珠湾に基地を移転して「攻撃」を待っていた

☀ 一九三九年（昭和十四年）＝米国大統領ルーズベルトは「真珠湾基地」を創設した

同年夏、当時の米国大統領ルーズベルトは、突然、「米国サンディエゴにあった海軍基地」を「ハワイの真珠湾」に移転させた。なぜなのか。

ふつうに考えても、「本土から遠く離れたハワイでは補給や訓練がやりにくいのではないか」。当時の海軍や議会でも当然、「同じ疑問」が出された。しかもハワイは日本軍の行動圏内に入っている。それゆえ米国には「なぜ基地を移したのか」と抗議した文書が残っている。そこには「まるで日本海軍機に襲ってくださいと言っているようなものだ」と書かれている。

これらの批判に対し、米国大統領ルーズベルトは「フレッチャー・ブラット」（当時の著名軍事評論家）を使って反論させた。彼は次のように回答した。「日本機の操縦者は近眼であり、しかも背中に負ぶって育てられたから平衡感覚がなく、急降下攻撃もできない」。

彼の立論は「デタラメ」だが、そんなことは米国大統領ルーズベルトも軍事評論家フレッチャー・ブラットも知っていた。当たり前のことである。

彼らの目的は（真珠湾基地を）「大日本帝国に『囮《おとり》』として差し出すこと」だった。こうして真珠湾攻撃までの二年間、米国艦隊はここに「足止めされた」のだ。

☀大東亜戦争勃発の真実＝米国は「罠」を仕掛けて待っていた

米国大統領ルーズベルトの戦略は大日本帝国を「戦争」に引きずり込むことだった。それゆえに彼はアジア大陸でも動いていた。彼は中国にカネと兵器を送り込んだ。そして上海事変を勃発させた（一九三七年八月）。当時の歴史を振り返ってみるならば、日中間の衝突は全部、「ルーズベルトの任期中」（一九三三年三月～一九四五年四月）に発生している。

だがそれだけでは「戦争」は起こらない。彼は「大日本帝国」を絞め殺しにかかる。彼は大日本帝国を「バイ菌」と罵った。そして「石油」と「鉄」の輸出を絶った。

こうして一九四一年（昭和十六年）十二月八日、米国は（計画どおりに）「日米戦争」を勃発させた。大日本帝国は「彼らの掌の上で動いている」だけだったのだ。

【第7章】
米国のスパイどもが「戦後日本」を建設した

……戦後日本は「奴隷国家」にすぎない

近未来世界を生き抜く道

読者諸氏の注意を喚起するために重要ポイントを繰り返す。本書の立場から（幕末・明治維新以降の）「大日本帝国の歴史」を明確に透視するならば、次のことが言える。

☀透視①＝明治・大正・昭和・平成の日本国の背後には「地球支配階級が存在する」
☀透視②＝同時にそこには（地球支配階級の手先である）「日本国支配階級が存在する」

私たちふつうの日本国民は、「地球支配階級と日本国支配階級による人民搾取ゲーム」の中に生きている。日本国支配階級が「日本国民のために存在する」と思っていたら大間違いだ。

☀透視③＝日本国支配階級は「日本国民のために存在している」わけではない

ここは完全に理解していただきたい。そうでないと、日本国民が「現代世界＝近未来世界」を生き抜くための「歴史的真実」が見えてこないからだ。それでは「戦う土台」が持ち得ない。

日本列島に生きる私たちふつうの日本国民にとって「地球支配階級」（欧州ロスチャイルド

家を筆頭とするユダヤ国際金融資本家＋アメリカ合衆国＋その他の様々な謀略組織）は「敵」だが、（同時に）「日本国支配階級」も「敵」である。そのことを確言して話を始める。

原爆投下は「日本国民を使った人体実験」

231ページの図表を見てほしい（「近未来＝日本列島に『原子爆弾』が投下される」）。これは本書の立場から「戦後日本国の深層」を大きくまとめたものである。読者諸氏は図表を一覧した上で、以下をお読みいただきたい。戦後日本国には「巨大な秘密」が隠れている。一九四五年（昭和二十年）八月、大日本帝国は「米軍による二発の原子爆弾の投下」を受けて壊滅した。日米戦争の結末は「徹底的な敗北」だった。当時の情勢を確認する。

☀一九四五年（昭和二十年）八月六日＝米軍は「広島に原子爆弾を投下した」
☀一九四五年（昭和二十年）八月九日＝米軍は「長崎に原子爆弾を投下した」

なぜ、彼らは「二発の原爆」を投下したのか。大日本帝国が「強靱」だったからではない。当時の大日本帝国の情勢は「原爆がなくても負けることが決まっていた」。そもそもを言うならば、この戦争は「負けるための戦争」だった。そのことは前章で述べた通りだ。

大日本帝国はそのような情勢でありながら、米軍は「二発の原爆」を投下した。なぜ彼らは「二発の原爆」を投下したのか。二発の原爆は「まったくタイプの異なる別の種類の原爆」だった。広島には「ウラン型」、長崎には「プルトニウム型」が投下された。

なぜ彼らは「二発の原爆」（二種類の原爆）を投下したのか。それは（二種類の原爆の威力を）「個別に実験する」ためだった。彼らの立場からは、日本国民などは「百万人単位」で死んでも構わない。

✹事実①＝米国にとって「二種類の原爆投下」は「人体実験」だった

✹事実②＝彼らの立場からは日本国民などは「百万人単位」で死んでも構わない

そしてそれからまもなく日本列島に上陸してきた米軍は、その実験結果（二種類の原爆の人体実験結果）を「秘かに収集して」→「秘かに持ち帰った」。

日本列島に原爆を投下した彼らには「明確な目的」があったのだ。

だが、疑うことを知らない日本国民はそのようなことをなにも知らない。あれから七十年が経過した「今」になっても、「原爆の投下は戦争だったのだから仕方がない」くらいに思っている。ついでながら天皇（昭和天皇）も、（米軍の原爆投下については）「仕方がなかった」と発言している。

近未来＝日本列島に「原子爆弾」が投下される

1945年8月 広島と長崎に「2発の原爆」（2種類の原爆）が投下された

●広島に投下された原子爆弾＝ウラン型
●長崎に投下された原子爆弾＝プルトニウム型

●米国の立場からは「2種類の原爆投下」は「日本国民を使った人体実験」
●米国の立場からは「日本国民」などは「百万人単位」で死んでもかまわない

●米軍（GHQ）上陸後には「日本国民に対する洗脳プログラム」が開始される
●日本国民は「米国＝正義国家」「日本＝悪魔国家」と徹底的に洗脳される

↓

東京裁判の真実

巣鴨刑務所は「米国スパイのリクルート機関」だった

●1948年12月23日＝巣鴨刑務所で「東條英機ら7名」が処刑された
●1948年12月24日＝巣鴨刑務所で「岸信介ら19名」が釈放された

↓

米国は「戦後憲法」と「日米安保」で日本国を操縦する

●1946年11月＝日本国憲法（戦後憲法）公布 ➡ 翌年（1947年）5月施行
●1951年9月＝サンフランシスコ講和条約＋日米安全保障条約

↓

吉田茂の正体

●吉田茂は「地球支配階級の手先」である
●吉田茂は「日本国＝奴隷国家」を作り出した

↓

岸信介の正体

●岸信介は「米国のスパイ」である
●岸信介は「大日本帝国＝復活」を目指していた

【透視1】米国は「悪魔国家」である！
【透視2】米国は「日本国支配階級」を「米国のスパイ」として組織している！

結局、戦後の日本国（日本国民）は「敵の本心」（地球支配階級＋米国の本心）をなにも知らないままで生きてきたのだ。これはどういうことなのか。

繰り返して述べる。日本国では（上から下まで）「原爆投下の真意」を知らない。そのような胡乱《うろん》なことではどうなるか。過去と同じ惨事が（当然）繰り返されることになるだろう。

✹近未来予測＝日本列島には再び「原子爆弾」が投下される

世界情勢に無知な日本国民は「まさか、そんなことが起きるはずがない」と言うだろう。だが真実を言うならば、「新しい原爆（三発目の原爆）はすでに投下されている」のである。

それは、（福島第一原発における）「原発メルトダウン」である。

あの事故は「米国（米国ロックフェラー家）が仕掛けた攻撃」だった。彼らは「地震兵器を使って東日本巨大地震を引き起こし、（地震と津波で）福島第一原発を破壊した」のだ。

そして放射性物質が漏れた。彼らは即座に日本列島に上陸し、その重要データを「秘かに収集して」→「秘かに持ち帰った」。同じことが「繰り返されている」のである。

先には「日本列島には再び『原子爆弾』が投下される」と予測した。そして福島第一原発メルトダウンの事例を挙げた。だがこれは単なる話の綾にすぎない。

近未来には――このまま日本国の事態（安倍晋三の動き）が推移するならば――（本当に）

「三発目の原発」が投下されることになるだろう。それは「確実なこと」である。

✹✹二〇一五年＝わが国が「日米同盟」を組む「米国」とは「悪魔国家」である

✹二〇一六年＝わが国は「悪魔国家」（集団的自衛権行使）と化していく

現代の米国は「イスラム世界に『戦争』を仕掛けている」。多くのイスラム教徒はそれに「怒り」を感じている。彼らの立場からは米国は「悪魔国家」である。

近未来、彼らが米国に牙を剥くことは確実だ。だが米国を（直接的に）攻撃することは困難だ。そういうことであるならば「米国の同盟国を狙えばよい」。

米国＝悪魔国家に「怒り」を持つ「地球人民」はイスラム教徒だけではない。悪魔国家に怒りを持つ地球人民が「日本国」（悪魔国家の同盟国）を「敵視」しても不思議はない。

二〇一五年＝日本国の自衛隊は「中東世界」にも進出している。現在は「平和維持活動」が名目だが、集団的自衛権行使はそんな名目を吹っ飛ばしてしまうことになるのである。

念のためだが、本書では「イスラム教徒が日本列島に原爆を投下する」と予測しているわけではない。ここで指摘したいのは、日本国が米国の尻馬に乗って動くなら、「近未来＝地球人民が『日本国』を『敵視』しても不思議はない」ということだ。

二〇一五年一月、中東世界で勢力を拡大する「イスラム国」は二人の日本人を人質にとって

「身代金」を要求した（そして二人を殺害した）。この背後情勢については後章で述べる。

大東亜戦争は「米国ディロン社」の「カネ」で戦われた

一九四五年（昭和二十年）八月、米軍に原爆二発を投下されて大日本帝国は壊滅した。翌月、日本列島に米軍（占領軍）が上陸してきた。日本国は「米軍に占領された」のだ。

米軍の指揮官はダグラス・マッカーサー。今後の日本国をどうするか。このとき、彼との交渉を担当したのは（当時の大蔵事務次官、後の首相＝池田勇人の部下の）「渡辺武」という人物だった。以下は『渡辺武日記　対占領軍交渉秘録』（東洋経済新報社）による。日本国民は「日米関係の正体」（日米関係の阿呆らしさ）を徹底的に認識するべきだ。

☀事実①＝日米戦争の背後には「米国ディロン社」が存在した

渡辺武と米軍の最初の大きな交渉テーマは「米国の銀行ディロン・リードに対する日本軍の借金返済問題」であった。米軍が日本統治のために最初に行なった仕事は「兵器売買の決済銀行＝ディロン・リードの代理人としての借金の取り立て」だった。

これはどういうことなのか。大日本帝国と米国は「敵」だった。であるにもかかわらず、日本軍は米国の兵器会社ディロンから「兵器を購入していた」。逆に言えば、兵器会社ディロンは米国の敵国に対しても（金儲けのために）「兵器を販売していた」わけである。

日本国を占領した「米軍の正体」は、米国政府の代理人ではなく、「兵器会社ディロンの代理人」であった。なぜそうなるのか。米国ディロン社の経営者は、（日米戦争中）「アジアにおける対日戦争の指揮官」であった「ウィリアム・ドレーパーJr」であった。日本との戦争の指揮官が経営するディロン社が「日本軍に兵器を販売していた」わけである。

✹事実②＝日米安保の背後にも「米国ディロン社」が存在した

戦後＝日米安保条約の草案を作り、日本との条約締結を行なったのは「ジェームズ・フォレスタル」（米国国防長官）と「ウィリアム・ドレーパーJr」（陸軍次官）であった。だがここでは彼らの「正体」を見なければならない。日米安保条約締結直前までジェームズ・フォレスタルは「ディロン社の社長」、ウィリアム・ドレーパーJrは「ディロン社の副社長」だった。

日米安保条約によって米軍の活動を補完する役割を担うことになった日本国の自衛隊は、その補完活動に必要とされる軍備・装備をディロン社から大量に購入することになった。日米安保条約の実体は「ディロン社の社長と副社長による販売促進活動」だった。

☀ 事実③＝集団的自衛権の背後にも「米国ディロン社」が存在する

二〇一五年＝現代の「集団的自衛権行使」問題の背後にも、このディロン社が存在する。先に結論を言うならば、彼らは「日中両国に兵器を販売している」。その意味はなんなのか。彼らの立場からは「黄色人種同士で殺し合いをさせる」ということだ。そして自分たちは両者に兵器を売って金儲けをするのである。米国が「安倍晋三の集団的自衛権行使を歓迎する」のは当然だ。これで彼らが儲かるからだ。そして日本国民と中国人民は死んでいく。

東京裁判は「謀略」だった

一九四五年（昭和二十年）八月、大日本帝国は米国に「原爆二発」を投下されて壊滅した。そして「占領軍」（米軍）が上陸してきた。彼らは「戦犯」を逮捕した。

本書では占領軍による「東京裁判」などは認めない。同時に、「戦犯」（戦争犯罪人）という概念も認めない。だがここでは当時の社会通念に従って「戦犯」という用語を使用する。

占領軍の「戦犯」（戦犯概念）には「A級戦犯」「B級戦犯」「C級戦犯」の区別がある。その中でも有名なのがA級戦犯となった東條英機だ。

東條英機は一八八四年（明治十七年）東京生まれ。一九〇五年（明治三十八年）から一九四四年（昭和十九年）まで陸軍士官（陸軍大将、近衛内閣では陸軍大臣を務める）。

一九四一年（昭和十六年）十月、内閣総理大臣に就任。それから二カ月後（十二月八日）、「日米戦争」（大東亜戦争）が勃発する。彼が「国家指導者」であったことは疑い得ない。

日米戦争（大東亜戦争）の時代に内閣総理大臣であった「東條英機」は、（今でも）「極悪非道の戦争指導者」と見なされている。だがそれは本当なのか。当時の情勢を振り返る。

一九四八年（昭和二十三年）十一月十二日、東京裁判で「A級戦犯」の判決が下った。

被告は全二十八名であったが、（裁判の途中で）松岡洋右と永野修身は病死した。大川周明は精神病院に入れられた。結局、残りの「二十五名」に判決が下りた。

判決の内訳は、絞首刑＝七名、終身刑＝十六名、禁固二十年＝一名、禁固七年＝一名。

このうち「絞首刑＝七名」の氏名（役職）は以下の通り。

☀絞首刑①＝東條英機（元首相）
☀絞首刑②＝広田弘毅（近衛内閣外相、元首相）
☀絞首刑③＝松井石根（陸軍大臣、大東亜振興会総裁）
☀絞首刑④＝土肥原賢二（教育総監、元満州土肥原機関長）
☀絞首刑⑤＝板垣征四郎（朝鮮軍総司令官）
☀絞首刑⑥＝木村兵太郎（近衛・平沼内閣陸軍次官）

☀ 絞首刑⑦＝武藤章（元陸軍省軍務局長）

占領軍（米国）の立場からは「右の七名」が「大日本帝国を指導した悪魔」だった。そして今でも多くの日本国民は「東京裁判の判決」を是認している。だがそれは完全な間違いだ。

本書では、右の七名に「なんの責任もなかった」と主張したいわけではない。戦前・戦中の国家指導者であった「彼ら」には当然、「責任」（敗戦責任）があるだろう。

だがそれは「日本国民が問うべき責任」であって、右のようにして「戦勝国」に——しかも彼らが勝手に作った「事後法」で——（陰険に）「裁かれるべき罪」ではない。

本書の立場からは占領軍（米国）こそが「悪魔」なのだ。同時に本書の透視では「彼らに使われた日本国支配階級が存在した」ことも事実である。この世は「悪魔の世界」である。

本書では、占領軍（米国）による「東京裁判」を土台にモノを考えていると、「日本国はおかしくなる」と言いたいのである。なぜならば、彼らは「謀略」をもって動いているからだ。

「戦後日本国」を作ったのは米国のスパイである

占領軍（米国）は「神の軍隊」（正義の軍隊）ではない。彼らの背後には「地球支配階級」が存在する。ここが透視できないと、すべては「闇の中」となるのである。

占領軍（米国）は、現代に至る「戦後日本国」を「自分たちの都合のいいように支配するために動いていた」のだ。無垢《むく》な日本国民は、次の事実を知るべきだ。

一九四八年（昭和二十三年）十二月二十三日——東京裁判の判決から一カ月後——午前零時から「東條英機ら七名」は絞首刑台の露と消えた。彼らには死刑が執行された。日本国民のために述べておく。米国（地球支配階級）は「嘲笑の心」で「日本国支配」（A級戦犯の処刑）を実行していた。なぜそのことがわかるのか。読者には（日本国民の立場から）「日付」を凝視していただきたい。

A級戦犯が処刑された「十二月二十三日」は「皇太子の誕生日」（当時）である。現在では「天皇誕生日」である。彼らが「この日」を選んだ理由がわかるだろう。

本書の立場から言うならば、彼らは「ゲーム」（悪魔のゲーム）をやっている。（同時に）それは「日本国支配階級に対する恫喝」でもある。その意味は「オマエたちが逆らえば」→「天皇に手をつけるぞ」（天皇を処刑するぞ）ということだ。彼らは「悪魔」なのである。

だがその翌日、不思議なことに、「巣鴨拘置所から出てきた者」がいるのである。同拘置所は「戦犯（容疑者）が収容されていた場所」である。これはどういうことなのか。

☀一九四八年十二月二十三日＝巣鴨拘置所で「東條英機ら七名」が処刑された
☀一九四八年十二月二十四日＝巣鴨拘置所で「戦犯容疑者十九名」が釈放された

本書の立場から言うならば、巣鴨拘置所は「米国スパイのリクルート機関」だった。先にも述べたように占領軍は「神の軍隊」ではない。彼らは「謀略」をもって動いている。

占領軍（米国）は「戦犯」の名目で「日本国民」（戦前・戦中の有力者）を捕らえておいて、彼らが「米国のスパイ」になることを承諾すると、彼らを「解放した」のである。

ここではそのうちの三名の氏名（役職）を具体的に提示しておく。

☀米国スパイ①＝岸信介（元軍需次官、商工大臣）
☀米国スパイ②＝児玉誉士夫（児玉機関長）
☀米国スパイ③＝笹川良一（元国粋大衆党党首）

彼らは全員、「戦後日本国」において「重要な役割」を果たした。だがそれはすべて、「米国の戦略」に基づいたものだった。彼らは米国の後ろ楯を得て自由に活動したのである。

右のうち岸信介についてはあとで詳しく透視する。ここでは時代を追って話を進める。

戦後憲法と日米安保は「日本列島に『戦争』を埋め込む」仕掛け

日本国戦後体制の土台となったのは「戦後憲法」と「日米安保」だ。米国は、戦後憲法で「日本国から軍事力を取り上げ」、日米安保で「日本国は米国が守ってやる」と主張した。

☀戦後憲法＝日本国から「軍事力を取り上げる」
☀日米安保＝日本国は「米国が守ってやる」（日本国は国家の存立を米国に委ねよ）

戦後憲法と日米安保とは「表裏一体」なのである。では、それはいつ、どのようにして出来たのか。

☀一九四六年十一月＝日本国憲法（戦後憲法）公布→翌年（一九四七年）五月施行
☀一九五一年九月＝サンフランシスコ講和条約＋日米安全保障条約

右の経緯は（米国の立場からは）どのようなものだったか。結論だけを述べておく。

☀米国の動き①＝一九四五年（日米戦争後）日本列島に上陸してきた米軍は「米国の銀行ディロン・リード」に対する日本軍の借金返済」を迫った（これは先に述べた通りであ

る）

☀米国の動き②＝彼らは「日本軍の借金」を回収した（日本軍は米国に借金をして日米戦争を戦い、戦争に負け、そして借金を取り立てられた。これは「愚か」と言うしかない）

ではこれで一件落着かと思えば、そうではない。彼らは次のビジネスに取りかかる。彼らの次のビジネスとは（再度）「日本列島に『戦争』を埋め込む」ことである。

☀米国の動き③＝彼らは日本列島に「戦争」を埋め込むために、日本国から「軍事力」を取り上げ、その上で「日米安保条約」を結ばせた

米国にとってこの戦略が素晴らしいのは、日本国は（絶対に）「米国を攻撃しない」ということだ。一方、米国は（日米安保の名目で）「日本列島を戦場にすることができる」――。

吉田茂の売国的な正体

日本国の戦後体制を構築したのは「吉田茂」だった。彼は「戦後憲法」を公布して、次には

「日米安保条約」を調印した。前項で述べた話は全部、「吉田茂の実績」だ。

だがここには「秘密」が存在する。吉田茂は（なにも知らないままで）「米国に踊らされていた」わけではない。彼は前項で述べた「米国の戦略」を完全に知った上で動いていた。

✹吉田茂の正体＝彼は「地球支配階級の手先」である

なぜそういうことが言えるのか。それを透視するためには「明治・大正・昭和（戦前）の大日本帝国の時代」に遡らなければならない。すべては「つながっている」のである。

前章では「最後の元老＝西園寺公望」（明治・大正・昭和＝戦前の大日本帝国で大きな力を持っていた人物）について述べた。彼は「地球支配階級の手先」だった。

復習を兼ねて略述する。

第一次世界大戦は地球支配階級が仕掛けた。大戦後のパリ講和会議に日本国から出席したのは西園寺公望だった。そのとき吉田茂は「西園寺公望の随員」を務めていた。これについては先にも述べた。ここでは読者の注意を大きく喚起しておきたい。

✹パリ講和会議＝吉田茂は「西園寺公望の随員」だった

本書の立場から歴史を透視するならば、日本国の戦後体制を構築した吉田茂は「第一次世界大戦の時代から『地球支配階級の掌の上』に存在した」ということだ。

一九一八年＝第一次世界大戦後のパリ講和会議の時点で、吉田茂は「西園寺が属していた世界に大きく取り込まれている」のである。ここでは日本国支配権力の移動を提示しておく。

☀日本国支配権力の移動＝「西園寺公望」（戦前）↓「吉田茂」（戦後）

戦後における吉田政権の推移は以下の通り。

☀第一次吉田内閣＝一九四六年五月〜一九四七年五月
☀第二次吉田内閣＝一九四八年十月〜一九四九年二月
☀第三次吉田内閣＝一九四九年二月〜一九五二年十月
☀第四次吉田内閣＝一九五二年十月〜一九五三年五月
☀第五次吉田内閣＝一九五三年五月〜一九五四年十二月

重要なことは、この時代に「日本国の戦後体制が構築された」ということだ。読者諸氏は吉田内閣の時代と以下の事項を重ね合わせて（再度）「時代」を確認してほしい。

☀ 一九四六年十一月＝日本国憲法（戦後憲法）公布↓翌年（一九四七年）五月施行
☀ 一九五一年九月＝サンフランシスコ講和条約＋日米安全保障条約

戦後憲法と日米安保は「吉田茂の産物」だ。戦後体制を構築したのは「吉田茂」（地球支配階級の手先）なのである。日本国の背後には（常に）「地球支配階級」が存在する。

吉田茂は「日本国＝奴隷国家」を作り出した

一九四五年（昭和二十年）九月二日、大日本帝国は「降伏文書」に調印した。当時の外務大臣は重光葵《しげみつまもる》である。だがこのとき米軍が求めていたのは「奴隷としての外務大臣」だった。
同日、米軍からは「三布告」（三つの命令）が出された。

☀ 布告①＝日本全域の住民は連合国最高司令官の軍事管理の下に置く。司法・行政・立法の全機能は最高司令官の権力の下に行使される。英語を公用語とする
☀ 布告②＝米側に対する違反は米国の軍事裁判で処罰する
☀ 布告③＝米国軍票を法定通貨とする

こんな馬鹿げた布告（命令）は「容認できるものではない」。外務大臣・重光葵は翌日朝、横浜税関で最高司令官マッカーサーを待ち伏せ、布告を全部取り消しにさせた（九月三日）。外務大臣・重光葵は「自主独立派」だった。戦争に負けたとはいえ、日本国は「米国の奴隷国家」ではない。それで彼は断固としてマッカーサーと談判した。当たり前の話である。

外務大臣・重光葵は「日本国＝日本国民を守った男」と言えるだろう。彼がいなければ戦後には「日本語は消滅し」→「英語が全員に押しつけられ」→「米人の犯罪は日本国で裁かれることはなく」→「通貨はドルになっていた」。これでは日本国は滅亡したのと同じである。

彼のおかげで日本国は「滅亡」を免れた。そのことを思うなら彼は「救世主」だったと言ってもよい。だがそれから二週間後、彼は外務大臣を辞任させられる（九月十七日）。

なぜそのようなことになったのか。米軍の立場からは「重光葵のような外務大臣」（自主独立派）は邪魔だった。米軍が欲していたのは「なんでも言うことをきく外務大臣」（従属奴隷派）だった。そして重光葵が辞任した後、「吉田茂が外務大臣となった」。そして彼は「総理大臣に登り詰める」（一九四六年五月）。吉田茂の本質は「米国の奴隷」なのである。

一九四六年＝対米自主独立派の代表格＝石橋湛山《いしばしたんざん》は大蔵大臣として「駐留費削減交渉」を成功させた。この交渉において石橋湛山は（米国の立場に立ち）駐留費削減のメリット・デメリットを説いた。米国も（両国の状況を冷静に捉え）「石橋の交渉に乗ったほうが戦後の日本国支配を進めやすい」と判断した。それで一旦は「受け入れる」という立場を取った。

だが一方で、米国は石橋湛山が「反米のシンボル」となることを恐れていた。それで米国は従属奴隷派の吉田茂に石橋湛山を追放させた。吉田茂はその後も「従属奴隷路線」を突き進む。それと引き換えに彼は長期政権を実現することになった。戦後の日本国では自主独立派は潰されることになっている。戦後の日本国は「奴隷国家」なのである。

✸保守本流の正体＝米国追随の奴隷集団

戦後日本国における政治業界の主流は「保守本流」（吉田茂に始まる政治潮流）と言われている。だがその正体は「ロクなものではない」のである。そのことを確認して話を進める。

岸信介の秘密①＝彼は「米国のスパイ」である

先には戦後の巣鴨拘置所は「米国スパイのリクルート機関」であったことを述べた。

✸一九四八年十二月二十三日＝巣鴨拘置所で「東條英機ら七名」が処刑された

✸一九四八年十二月二十四日＝巣鴨拘置所で「戦犯容疑者十九名」が釈放された

このとき釈放された人間（戦犯容疑者十九名）は「米国のスパイ」となることを承諾した。その中に「岸信介」が存在した。戦後日本国における岸信介の動きは次の通り。

☀一九四八年十二月＝岸信介は「巣鴨拘置所」から釈放される
☀一九五七年二月＝岸信介は「内閣総理大臣」に就任する
☀一九六〇年五月＝岸信介は「新日米安保条約」の衆院抜き打ち採択を行なう
☀一九六〇年六月＝岸信介は「退陣」する

右の動きの背後には（常に）「米国」が存在した。彼は「米国のスパイ」である。同時に彼の懐（及び自民党の金庫）には「米国（ＣＩＡ）からのカネ」が流れ込んでいたのである。

☀岸信介の秘密＝彼は「米国のスパイ」だった

米国のジャーナリスト（ニューヨーク・タイムズ記者）ティム・ワーナーは、米国ＣＩＡの秘密を暴露する書物の中で次のように書いている。読者は事実を知るべきだ。

「岸は一九四一年、アメリカに対する宣戦布告当時の閣僚であり、商工大臣を務めていた。戦後、A級戦犯容疑者として収監されていた間も、岸はアメリカの上層部に味方がいた。そのうちの一人は、日本によるパールハーバー攻撃があったとき駐日大使を務めていたジョゼフ・グルーだった。グルーは開戦後の一九四二年、東京の収容所に入っていたが、当時、戦時内閣の閣僚だった岸がグルーを収容所から出してやり、ゴルフを共にしたことがあった。二人は友人になった。岸が巣鴨拘置所を出所した数日後、グルーは『自由ヨーロッパ全国委員会』の初代委員長になった。この委員会は『自由ヨーロッパ放送』などの政治戦争計画を支援するためにCIAが設けた偽装組織だった」（『CIA秘録（上）』ティム・ワーナー、文藝春秋、傍点は引用者）

岸信介の背後には「駐日大使＝ジョゼフ・グルー」が立っていた。同時にその背後には「米国CIA」も存在した。このような構造の中で拘置所を出た岸はどう動いたか。

「岸は一年ほどの間、隠密にCIAや国務省の当局者とハッチンスン家（引用者注：CIAの手先）の居間で会っていた。『彼がアメリカ政府から少なくとも暗黙の支援を求めていたことは明らかだった』とハッチンスンは回想している。一連の会談はその後四十年間の日米関係の土台を築くことになった」（同右、傍点は引用者）

本書では岸信介の動きを詳細に追う余裕はない。だが彼が「米国のスパイ」（CIAの支援で首相になった男）だったことは（日本国民全員が知るべき）「絶対的な事実」なのだ。右に追加して述べておく。本書の立場から言うならば、彼は「満州帝国の支配者」で「日米戦争勃発の真因を作った人物」だ。そのことは前章で述べた通りである（第六章）。

その人物が戦後には「米国のスパイ」となる。そして「内閣総理大臣」に登り詰める。そして「新日米安保条約」を締結する。これはどういうことなのか——。真面目な日本国民はなにも知らないかもしれないが、この世は「悪魔が支配する世界」である。そのことが透視できないと私たちふつうの日本国民は「何度も殺されるだけ」なのだ。日本国民は「覚醒」せよ。

岸信介の秘密②＝彼は「大日本帝国の復活」を目指していた

前項では、岸信介は「米国のスパイ」であると指摘した。だが彼には「さらなる秘密」が存在する。彼は「別の顔」も持っていた。彼は「大日本帝国＝復活」を目指していた。

一九四八年（昭和二十三年）十二月、巣鴨拘置所を釈放された岸信介は米国CIAから多額の資金を供与された。そのカネで彼は（日本国の保守政党をまとめて）「新党」（自民党）を立ち上げた。そして彼は内閣総理大臣に就任した（一九五七年二月）。だが彼の行動と発言は米国の期待とは少し異なったものだった。彼は「対米自立」を模索していた。

首相就任二カ月後、彼は「安保条約、行政協定は全面的に改定すべき時代に来ている」と発言した。マッカーサー駐日大使と会談した際には「駐留米軍の最大限の撤退」を求めた。

日本国民はあまり知らないかもしれないが、安保条約は「上辺だけの条約」で、本当の日米関係（米国の日本国支配体制）は「行政協定」で決められることになっている。しかもこれは条約ではなく協定なので議会の承認は必要ない。本当は「行政協定」が「ガン」なのだ。

日米関係（米国の日本国支配体制）を本当にどうにかするためには「行政協定」に手をつけなければダメなのだ。岸信介は（日米安保改定の向こうに）「行政協定改定」を見据えていた。

岸信介はＣＩＡから資金援助を受けながら（ＣＩＡのスパイとして振る舞いつつ）、実際はその資金で党内強化を図り、「対米自主路線」を実現しようとしていたのである。

岸信介のこの面を見て（知識人の中には）「岸を高く評価する人々」も存在する。だが本書では「彼らの岸評価」には与《くみ》しない。なぜなのか。ここは明確に述べておく。

✹岸信介の秘密＝彼は「大日本帝国の復活」を目指していた

岸信介の「対米自主路線」のその奥には「大日本帝国の復活」が存在した。つまり彼は「戦前」を取り戻そうとしていたのである。だが戦前の日本国とは「いかなる国家」だったか。

それは岸信介ら「日本国支配階級」にとっては「理想の国家」であったかもしれないが、ふつうの日本国民の立場からは「地獄の国家」であったと言うしかない。

私は「対米自主路線」に立つ者だが「大日本帝国の復活」は容認しない。戦前の日本国は「ロクな国家ではなかった」のである。米国は「悪魔国家」だが、大日本帝国も「悪魔国家」だった。本書ではどちらも認めない。そのことを述べて話を進める。

岸信介の秘密③＝米国が「安保闘争」を仕掛けた

一九六〇年＝岸信介は「日米安保改定」に向かって驀進した。だがその心中には「大日本帝国＝復活」が存在した。岸の動きを懸念した米国ＣＩＡは「岸政権を倒す工作」を開始した。米国は岸政権を内部から切り崩すために「反対派」（池田勇人や河野一郎ら）を使って活動させたが、岸の党内基盤と官界の掌握力は強かった。それで彼らは別の方法を考えた。

それが「日米安保闘争」だった。これには百万人を超える日本国民が「参加した」。だがその真相を言うならば、その実体は「動員された」と言うべきだ。

米国は（経済同友会などを経由して）「全学連」に多額の資金を提供した。そして学生活動家を中心に安保闘争を主導させた。同時に米国は「マスコミ」にも強い圧力をかけた。

☀ 安保闘争の秘密＝米国が「学生集団」と「マスコミ」を操作した

日本国のマスコミに「信念」などは存在しない。彼らは「米国の奴隷」である。米国の指示を受けたマスコミ各社は安保闘争を支持して次のように報道した。

☀ 安保報道＝「A級戦犯＝岸信介は安保条約を改定することで日本国を再び『軍国主義国家』に引き戻そうとしている。日本国民は『民主主義』を守らなければならない」

結局どうなったかと言うと、安保闘争は「日本国政治史上最大のデモ」に発展した。そして東大生＝樺美智子《かんば》が死亡した（六月十五日）。これを機に「岸退陣は決定的となった」。するとと米国は掌をひっくり返す。米国は「安保闘争を沈静化させる方向」に転換した。このとき使われたのも「マスコミ」だ。米国は大手新聞社に「七社共同宣言」（暴力的手段を批判する宣言）を発表させた。これを機に「安保闘争は急速に衰退していった」。
さて右の動きをどう読むか。本書の立場からはこうである。

☀ 透視①＝岸信介も米国も「ふつうの日本国民」のことなどは考えていない
☀ 透視②＝彼らは自分らの都合で「権力闘争」を行なっていた

☀☀ 透視③＝彼らの権力闘争に「マスコミ」（米国の奴隷）が利用された
☀ 透視④＝奴隷のマスコミに「日本国民」は踊らされた

これは「愚かな動き」である。右の動きは「現代でも機能している動き」である。ここでは日本国の教育体制に絡めて述べておく。

戦後日本列島に上陸してきた米軍は「民主主義」という観念を学校教育を通じて日本国民に刷り込んだ。その洗脳教育を受けた子供が安保闘争を主導した全学連だ。だが彼らは自分らが「米国の手先」となっていることに気づいていない。そこにマスコミが「民主主義の危機」を謳えば、世論などは簡単に操作できる。

米国は「安倍晋三」の「裏の顔」を懸念している

さて、本章の末尾では「宿題」を果たしておかなければならない。それは次のことである。第三章では「安倍晋三の動きと小沢一郎の大予言」を述べた。念のために要点を復習する。二〇一五年＝安倍晋三は「米国の命令」に従って動いている。これに対し小沢一郎は「安倍晋三の動きは『危険』だ」「このままでは『昭和』が繰り返される」と警告を発していた。

さて本書では右を述べながら、次の問題点を指摘した。読者には記憶があるだろうか。

●講和条約調印後、吉田茂は「日米安保条約」に署名した
●戦後憲法と日米安保は「日本列島に『戦争』を埋め込む仕掛け」である

●岸信介は「大日本帝国＝復活」を計画していた
●米国は「日米安保闘争」を仕掛けて岸内閣を倒した

✹ 問題点①＝アメリカは「安倍晋三に『大きな危惧の念』を抱いている」
✹ 問題点②＝安倍晋三は「米国と『戦争』をすることも計画しているのか」

第三章で右の視点を述べたとき、読者にはその意味がわからなかったかもしれない。だが話がここまでくれば、読者諸氏にも「問題点①②」の背後情勢を透視することができるだろう。

安倍晋三は「祖父＝岸信介のダミー」である。あるいは（安倍晋三の背後には）「岸信介の亡霊」が立っている。ということはどうなるか。安倍晋三は「二つの顔」を持っている。

✹ 表の顔＝安倍晋三は「米国の命令」に従って動いている
✹ 裏の顔＝安倍晋三は「大日本帝国の復活」を目指している

二〇一五年＝日本国民には「表の顔」しか見えない。だが彼には「裏の顔」も存在する。読者諸氏には「闇の中」から見えてくるものがあるだろうか。幕末・明治維新以降における「日本国の秘密」を透視してきた本書の立場からは、ここは明確に述べておくべきだろう。

✹ 近未来予測①＝安倍晋三は（米国の命令に従って）「米国の戦争」に「参戦」する

✹近未来予測②＝安倍晋三は「米国」に向かって「牙」を剥く
✹近未来予測③＝安倍晋三は「大日本帝国＝復活」に向かって驀進する

多くの日本国民は「そんなことはあり得ない」と言うだろう。つまり「近未来予測①は『あり得るかもしれない』が、近未来予測②、③は『絶対にあり得ない』ことである」と。

だが二〇一五年＝米国が「安倍晋三の『裏の顔』を懸念していること」は「事実」である。

彼らは「岸信介と安倍晋三の『深いつながり』を完全に透視している」からである。

では、安倍晋三の「裏の顔」（本心）とはなにか。繰り返しになるが重要ポイントなので述べておく。それは「近未来＝『米国』に向かって『牙』を剥く」→「近未来＝『大日本帝国＝復活』に向かって驀進する」ということだ。そのことを予言して話を進める。

【第8章】

幻想大国は「破壊」される

……仕組まれた「高度経済成長」と米国依存症

日本経済大発展は「幻想」だった

さてここまでは、幕末・明治維新の時代から話を始めて、「明治・大正・昭和（戦前・戦後）の日本国」を透視してきた（第五章・第六章・第七章）。

幕末からの歴史を透視するならば、次のことが言える。

- ☀要点①＝孝明天皇は暗殺されている
- ☀要点②＝明治天皇はすり替えられている
- ☀要点③＝日本国の背後には「地球支配階級」が存在する
- ☀要点④＝日本国の内部には「地球支配階級の手先」が存在する

二十世紀＝日本国民が必死になって戦った「大東亜戦争」（日米戦争）は「地球支配階級と地球支配階級の手先が『グル』になって実行した戦争」だった。

しかもその戦争の背後には「米国＝ディロン社」が存在した。日本軍は米国に借金をして、米国と戦争をしていた。もちろん戦後にはその借金は取り立てられた。

そして「日本国の戦後体制」（戦後憲法＋日米安保）が構築された。だが、それを構築した吉田茂は「地球支配階級の手先」だった。日本国は「奴隷国家」なのである。

その後には岸信介が登場して「新安保条約」を締結した。だが彼は「米国のスパイ」であると同時に、（本心では）「大日本帝国の復活」を目指していた。それを感知した米国は安保闘争を組織して岸内閣を倒閣した。そして次にはマスコミを使って安保闘争を弾圧した。

だがこのような事実を日本国民はなにも知らない。マスコミが伝えないからだ。

このような情勢をどのように総括するか。繰り返して述べる。日本国は「奴隷国家」なのである。

だが多くの読者の中には次のような意見を持つ人がいるかもしれない。

☀日本国民の声＝「戦後日本国は『米国の奴隷国家』であるかもしれないが（それはそれとして）『経済大国』になったからそれでいいではないか」

だがそのような能天気な思想は「間違い」だ。これも「奴隷思想」と言うしかない。なぜなのか。ここから本章のテーマは「戦後日本国における経済問題」に突入する。

先に結論を言うならば、戦後の日本経済大発展は「幻想」だった。しかもその「幻想の時代は終わっている」。

すでに「幻想の時代」は終わっている

次ページの図表を見てほしい（「幻想大国は破壊される」）。これは本書の立場から「戦後日本経済の歴史」（これは「戦後日本国の歴史」と言ってもよいだろう）を大きくまとめたものである。読者諸氏は図表を一覧した上で、以下をお読みいただきたい。最初には（歴史を透視する前に）「図表の要点」をまとめておく。

☀要点①＝一九六〇年代・七〇年代・八〇年代で「幻想の時代」は終わっている
☀要点②＝一九九〇年代からは「現実の時代」が始まっている

前者（要点①）については解説する必要はないだろう。一九八九年十二月が「戦後日本国のピーク」だった。翌年バブル経済が崩壊すると日本国はどうにもならない。

後者（要点②）については次のことを述べておく。ここで言う「現実の時代」というのは、「経済情勢」だけのことではない。一九九〇年代からは「日本国の自衛隊が『海外』に引きずり出されている」→「日本国は『米国の戦争』に引きずり出されている」ということだ。

幻想大国は破壊される

戦後体制構築　米国は「戦後憲法」と「日米安保」で日本国を操縦する

- 1946年11年=日本国憲法（戦後憲法）公布=翌年（1947年）5月施行
- 1951年9月=サンフランシスコ講和条約+日米安全保障条約

⬇

戦後経済体制　米国は「日本列島」を「米軍=生産基地」として構想した

- 1949年4月=米国は「1ドル=360円」の単一為替レート設定
- 1950年6月=朝鮮戦争勃発
- 1953年7月=朝鮮戦争終結（休戦）=朝鮮半島に「戦争の種子」が埋め込まれる

⬇

1960年代　戦後の日本経済大発展は「幻想」だった

- 1960年代=日本経済の大発展①=所得倍増計画
- 1970年代=日本経済の大発展②=ドルショック=石油危機=狂乱物価
- 1980年代=日本経済の大発展③=バブル経済時代

⬇

1990年代　米国による「日本国乗っ取り」が始まっている

- 1990年代=バブル経済の大崩壊=日本国の金融業界は大崩壊する
- 2000年代=小泉政権（郵政民営化）は「米国の手先」として存在した
- 2010年代=安倍政権（集団的自衛権）も「米国の手先」として存在する

⬇

2000年代　映画『パールハーバー』と「同時多発テロ」の因果関係

- 2001年5月=米国で『パールハーバー』（ハリウッド映画）が公開された
- 2001年9月=米国で「同時多発テロ」が発生した（ブッシュ政権の自作自演）
- 米国ブッシュ政権は「日本国民」=「イスラムのテロリスト」とイメージ操作
- 米国ブッシュ政権は「映画」と「テロ」を操作した

⬇

2010年代　日本国は「戦争」に向かって引きずり出される

- 2011年3月=東日本巨大地震で原発メルトダウン（米国の地震兵器攻撃）
- 2012年12月=衆院選で「安倍政権」が誕生した
- 2014年7月=安倍晋三は「集団的自衛権行使」を閣議決定

戦後の為替相場「一ドル＝三六〇円」の秘密

一九四五年（昭和二十年）八月、大日本帝国は「日米戦争」で壊滅した。日本列島は焼け野原で経済活動をするどころの話ではない。だが日本国民は働かなければ飯が食えない。手元に生産手段（田畑）のある農民は飯が食えるが、都会の住民はそうはいかない。彼らは工場で生産活動をするしかない。だが日本列島には資源がない。

日本国における生産活動とは「外国から資源を輸入して」→「国内で加工して」→「それを輸出すること」だ。

戦後経済が始まった時代、日米の為替相場は「一ドル＝三六〇円」だった。

では、誰がこの相場を決めたのか。それはもちろん「米国」だ。日本国のことはすべて「米国が決めている」のだ。日本国は「米国が決めたルールに従う」だけのことである。

米国は（常に）「戦略」を持って動いている。彼らが「無意味に動く」ことはないのである。それではこのとき彼らの「戦略」はなんだったか。日本国民はそれを透視するべきだ。

右を指摘した上で、戦前・戦中・戦後における「為替の推移」を確認する。読者諸氏は為替の推移を知るなかで「彼らの戦略」を透視することができるだろう。

大東亜戦争が勃発した直後、円基準の公定相場は「百米ドル＝四二五円」だった（一九四二年一月一日以降。ただし名目相場)。今風に言えば「一ドル＝四・二五円」ということだ。

☀一九四二年(昭和十七年)一月＝為替相場は「一ドル＝四・二五円」だった

敗戦直後の相場は「一ドル＝五〇円」だった(一九四五年八月以降)。

☀一九四五年(昭和二十年)八月＝為替相場は「一ドル＝五〇円」だった

日本国は戦争に負けたので「大幅な円安」(十倍の円安)となったのだ。ここを正確に言うならば、当時は輸入商品別に相場が異なっていて、一米ドルにつき最低五〇円から最高四五〇円の段階的な円貨換算率(フロアプライス制)を実施していた。さてそれからどうなったか。結論は先に述べた。このような情勢の中で米国は「一ドル＝三六〇円」と決めたのだ。

☀一九四九年(昭和二十四年)四月＝米国は「一ドル＝三六〇円」と決めた

繰り返しになるが、彼らは決して「無意味」には動かない。では、彼らの「戦略」はなんだったか。

日本経済は「米国のオマケ」で発展した

二〇一五年＝現代の日本国では「円安」が懸念されている。なぜならば「円安になると輸出産業はよくても輸入産業は厳しくなる」。これについては詳論する必要はないだろう。

✵為替相場①＝「円安になると」↓「輸出が楽だ」
✵為替相場②＝「円高になると」↓「輸出は苦だ」

それでは、「円安」が懸念される現在の為替相場はいくらか。

✵現在の為替相場＝「一ドル＝一二〇円」（二〇一五年二月現在）

では、戦後世界における「日本の円」（為替相場＝円ドル相場）はいくらだったか。

✵戦後の為替相場＝「一ドル＝三六〇円」（米国が決めた為替相場）

これは「超円安」(輸出＝超楽)と言うしかない。そのことの意味はわかるだろう。戦後の日本国は「輸出立国」として立ち上がった。だがそれを支えたのは戦後世界における「一ドル＝三六〇円」という「超円安相場」だった。

先に述べたことだが繰り返す。戦争直後の相場は「一ドル＝五〇円」だった(一九四五年八月以降)。しかもこのレートは、大東亜戦争勃発当時(一九四二年一月)から見れば「大幅な円安」(十倍の円安)だった。それが、さらに超円安の「一ドル＝三六〇円」と決められた。

米国の戦略はなんなのか。読者は考えてみてほしい。

☀ 思考問題＝戦後の為替相場が「一ドル＝一〇〇円」だったらどうだったか

読者の回答はどうだろう。為替相場が「一ドル＝一〇〇円」だったら、日本国は「輸出」などはできはしない。その場合には日本国が「輸出立国」として立ち上がることは不可能だった。

当時の産業情勢を見てみよう。戦後の日本企業は「米国から『格安の原材料』(クズ鉄など)を売ってもらって」→「それを加工して輸出していた」。当時の輸出品の中核は「ブリキの玩具」(その他の雑貨類)だった。同じ輸出と言っても「今」とは中身が違うのだ。

結論を言うならば、戦後の日本国が「輸出立国」として「離陸」することができた土台には「一ドル＝三六〇円」という「超円安」(輸出＝超楽)があったのだ。

☀ 戦後経済＝「一ドル＝三六〇円」という「超円安」が「日本経済を離陸させた」

では、「一ドル＝三六〇円」（超円安）を一体「誰」が決めたのか。それについては先に述べた。それを決めたのは「米国」だった。

では、なぜ彼らは「為替相場＝円ドル相場」を「一ドル＝三六〇円」と決めたのか。読者はその真実を知っているだろうか。彼らは「ゲーム」（悪魔のゲーム）をしているのである。

☀ 悪魔の思考＝「円」（丸）は「三六〇度」だから「一ドル＝三六〇円」にしておこう

もちろん彼らは「一ドル＝三六〇円」が「超円安」（輸出＝超楽）であることを知っていた。彼らは「なんでも知っている」のだ。それが「超大国」（世界支配国家）というものだ。

彼らの立場からは（戦後の日本国には）「米国から『格安の原料』（クズ鉄など）を売ってやって」→「それを加工させて輸出させよう」ということだった。日本企業は喜んで「ブリキの玩具」を製造した。米国民は喜んで「日本製の玩具」を買った。安かったからである。

戦後の日本国民は、米軍による空襲と原爆の瓦礫の中から立ち上がるために「必死」になって働いた。その働きが戦後日本経済を復興させた。そのことは疑い得ないことである。

だがその土台には「一ドル＝三六〇円」という「超円安」（輸出＝超楽）があったのだ。ここは完全に理解するべきだ。繰り返しになるが述べておく。もしも戦後の為替相場が「一ドル＝一〇〇円」だったら「日本経済は離陸することは出来なかった」。この事実は何度繰り返しても繰り返しすぎるということはない。そしてそれを決めたのは「米国」だった。戦後の日本国民は必死になって働いた。だがそれだけでは日本経済は発展しない。

☀事実＝日本経済大発展の背後には「米国のオマケ」が存在した

右を逆に言うならば、米国の動き次第で「日本経済は簡単に沈没する」ということだ。

朝鮮戦争で「日本経済」は離陸した

一九四五年（昭和二十年）九月二十二日、米国務省は「降伏後における米国の初期対日方針」を発表した。その要点は次のようなものだった。

☀統治面＝日本国の「すべての権限は最高司令官に属すること」
☀政治面＝日本国の「非軍事化・戦争犯罪人の処罰・民主化を進める」

これらの動きについては前章で述べた。本章では「経済面」に注目する。つまり終戦直後、米国は「日本経済をどのようにすることを計画していたか」。

☀日本経済に関する計画①＝日本国の軍事力を支えた経済的基盤（工業施設など）は破壊され、再建することは許されない
☀日本経済に関する計画②＝計画に従って除去される日本国の生産施設は、明細票に基づき、用途転換するか、他国へ移転するか、またはクズ鉄にする

米国は「日本経済」（工業生産力）を徹底的に破壊することを計画していた。そしてそれは実行に移された。だがここに大転機が訪れた。それは朝鮮戦争の勃発だ。

日本経済が離陸する土台となったのは「朝鮮戦争」（一九五一年～五四年）だった。これを契機に米国は日本列島を「工場列島」（米軍の装備品を生産する基地）とすることにした。

そして一九六〇年代がやってくる。政治の世界には「池田勇人」が登場してくる。

池田勇人の正体と高度経済成長の真実

前章では（戦後日本国の真実を探るために）「吉田茂」と「岸信介」を透視した。岸信介は安保闘争で退陣した。その後に登場してきたのが「池田勇人」だった。

岸信介は「米国のスパイ」であるが、（同時に）「大日本帝国の復活」も計画していた。それゆえ彼は米国によって「安保闘争」を仕掛けられ、結局は「新安保条約」を調印しただけで退陣した。彼の「大日本帝国＝復活計画」は頓挫した。そして池田勇人が登場する。彼は「米国の本心」（日本国の自主独立路線は許さない）を知っている。彼が米国に逆らうはずがない。

池田勇人は「徹底した対米従属奴隷路線」をとった。彼は「米国の手先」なのだ。

✺池田勇人の正体＝彼は「米国の手先」である

米国の手先＝池田勇人は「日米関係」（いびつな日米関係）には一切手を触れず、「経済拡大路線」を展開した。それは「所得倍増計画」だ（一九六〇年）。

✺一九六〇年十二月＝池田勇人は「国民所得倍増計画」をぶち上げた

池田の「所得倍増計画」は予想を上回るペースで進み――その背後には米国が決めた「一ドル＝三六〇円」（超円安）が存在した――日本国は「高度経済成長」を迎えた。

戦後日本国＝経済大国は「ここから始まった」と言ってよい。だがその土台には「日本国＝米国の奴隷国家」が存在した。日本国は（奴隷のままで）「カネ」だけを求めた。念のために言っておくが、これは過去であって過去ではない。これは「二〇一五年＝現在」そのものだ。ところで池田勇人は「日本国民」に向かって、なにを言ったか。

✹池田勇人の発言＝「貧乏人は麦を食え」

この発言で池田勇人は（当時のマスコミと日本国民から）「総スカン」を食った。だが本書の立場から言うならば、彼は「正直」なだけである。端的に言うならば（池田勇人を含む）日本国支配階級は全員が、「ふつうの日本国民を『下』に見る発想」を持っている。二〇一五年＝現在の副総理・麻生太郎（吉田茂の孫）が最初の選挙に出馬したときの第一声は「下々の皆さん――」だった。麻生太郎もまた「正直」なだけである。

ドル・ショックの本当の標的

一九六〇年代＝日本国は「高度経済成長」を開始した。その背後には米国が決めた「一ドル＝三六〇円」（超円安）が存在した。同じ時代、米国はどうだったか。

☀ 一九五〇年代＝米国は「朝鮮戦争」を戦った
☀ 一九六〇年代＝米国は「ベトナム戦争」を戦った

彼らは「黄色人種」を殺しまくる。右の戦争が「共産主義から資本主義を守るため」というのはまっ赤なウソである。共産主義は「地球支配階級がでっち上げたイデオロギー」だ。

一九六〇年代＝米国ではドル基軸通貨体制によるドル高で国内産業が衰退し、「貿易赤字」が膨らんだ。加えてベトナム戦争で軍事力増強などを行なった結果、米国は「財政赤字」も抱えることになった。いわゆる「双子の赤字」である。

米国からは「大量のカネ」が国外へ流出していく。こうして米国では経済情勢を立て直すことが最優先課題となった。それで彼らはどうしたか。彼らは「一ドル＝三六〇円（超円安）を止めることにした」のである。

☀ 一九七一年八月＝米国は「ドル防衛政策」を発表した

同年八月十五日、ニクソン大統領は（ドルを防衛するために）「ドルと金《きん》とのリンク制度」を取り止めた。それまでは「ドルと金《きん》との交換比率」が決まっていた。それゆえにドルには

「基軸通貨としての価値」が存在した。その後のドルは「単なる紙きれ」だが、米国は世界各国に石油代金の支払いをドルですることを求め、ドルの基軸通貨としての価値を維持した。これは「欺瞞の政策」だ。これに伴い戦後世界の「固定相場制度」は「変動相場制度」へと移行した。

これは（一般的には）「ニクソン・ショック」「ドル・ショック」と呼ばれている。なぜならば世界経済が大きな影響を受けたからだ。これについては詳論する必要はないだろう。だが米国の標的は「日本」だった。なぜそういうことが言えるのか。「日付」を確認してほしい。

☀一九七一年八月十五日＝米国の「ドル防衛政策」が発表された日

なぜそれが「八月十五日」なのか。読者にはピンとくるだろうか。

この日は（日米戦争における）「大日本帝国の敗戦日」（一九四五年八月十五日）である。彼らは「ゲーム」（悪魔のゲーム）をやっているのだ。

その心はなにか。彼らは日本国の（再度の）「敗戦」を仕掛けていた。だが日本国政府にはそのことを感知する能力がない。一九七一年八月十五日＝ドルショックを契機にして、日本国のカネは雪崩《なだれ》のように米国に流れた。

世界の支配階級は「米国の戦略」を知っている。それゆえ彼らは為替市場を閉鎖した。だが日本国の支配階級は市場を開けたままだった。それゆえ日本国のカネは米国へと流れた。ニクソン時代、為替相場は（一時期）、「一ドル＝一七五円」までの円高となった。

✹為替の変動＝「一ドル＝三六〇円」↓「一ドル＝一七五円」

これでは輸出に影響が出るのに決まっている。戦後の固定相場は変動相場に移行した。ここで日本国は「第二の敗戦」（第二の八月十五日）を迎えたが、マスコミはなにも伝えない。

一九八五年＝日航機墜落事故とバブル経済発生の因果関係

一九八〇年代には「バブル経済」が発生した。一九九〇年にバブル経済が崩壊すると、日本国は（上から下まで）どうにもならない。その傷は今も癒えたわけではない。

ではどのようにしてバブル経済が始まったか。それは一九八五年九月の「プラザ合意」（米国のプラザ・ホテルで「円高＝ドル安政策」が合意された）が「起点」だった。

そこから急速な円高が始まって、日本企業は次々に米国（海外）に進出した。そして米国の資産を買い漁った。米国では「ソ連軍よりも日本企業のほうが危険である」と叫ばれた。

日本国内では「株価」（及び不動産・絵画・その他の価格）が上昇に上昇を続ける。バブル経済が出現した。日本国民は「カネを求める動物《エコノミック・アニマル》」に変身した。だがこれは仕掛けられたものだった。それゆえバブルは崩壊する。そして日本経済はどうにもならない。

ところで、なぜ日本国政府は「プラザ合意」（円高＝ドル安政策）を呑んだのか。そんなことをすると日本経済が「変調」を来すのに決まっている。そこには伏線が存在した。

☀一九八五年八月＝日航機墜落事故

☀一九八五年九月＝米国プラザホテルで「プラザ合意」（「円高＝ドル安政策」合意）

一九八五年八月に起こった日航機墜落事故は（単なる）「墜落事故」ではない。本書のテーマからは逸れるのでここでは詳述できないが、日航機墜落事故は米軍による撃墜がきわめて濃厚に疑われる。あれは（米軍による）「日航機＝撃墜事件」だったのだ。なぜ彼らはそんなことをするのか。

それは「米国による脅迫」だった。その意味は「お前ら日本国政府が言うことを聞かないと」↓「また旅客機を撃墜するぞ」ということだ。そのことを日本国政府は知っている。それゆえに翌月、日本国政府は「プラザ合意」（円高＝ドル安政策）を呑んだのだ。そしてバブル経済が始まり、バブル経済が崩壊した。そして日本経済はガタガタになった。全部が「米国の仕掛け」である。一九八〇年代の動きをまとめておく。

☀米国の謀略＝「日航機撃墜」↓「プラザ合意」↓「バブル経済」↓「バブル崩壊」

だがここは読者諸氏のためにもう少し突っ込んで明確に論述しておくべきだろう。なぜならば（本書の立場から「歴史の真実」を透視して）「一九八〇年代の動き」を右のようにまとめても、読者の中からはどうしても「疑問の声」が上がると想定されるからである。

以下では紙幅の許すかぎり、「日航機＝墜落事故」（日航機＝撃墜事件）の「謎」に迫っていく。読者諸氏も共に考えてみていただきたい。ここには「日米関係」の秘密が隠れている。

☀疑問の声＝日航機墜落事故がなぜ（米軍による）「日航機＝撃墜事件」と言えるのか

右はもっともな疑問である。なぜならば、日本国民は「真実」を知らされていないからだ。私たちは「米国に脅迫される＝日本国の真実」をなにも知らないままで生きているのだ。

一九八五年八月に発生した「日航機墜落事故＝日航機撃墜事件」――。だが現代の日本国では（米軍による攻撃から三十年が経過した今になっても）「あれは不幸な事故だった」ということで簡単に幕が引かれている。日本国民は「闇の世界」で生きている。

日航機123便は「ミサイル攻撃」で撃墜された

昨年（二〇一四年）八月十二日、フジテレビは「日航機墜落事故に関する特別番組」を放映した。もちろんそんな番組で「真実」が報道されるはずがない。中身は（事件の上辺と生存者の奇跡を伝えるだけの）「お涙頂戴番組」だ。いや現実はさらに酷いと言うしかない。日航機はなぜ墜落したのか。政府の結論は「隔壁亀裂」だった。つまりなんらかの原因で隔壁に亀裂が生じ、それが原因で尾翼が破壊された。それゆえ飛行機は操縦不能となり、墜落したということだった。だがこの見解に対しては、当時から（専門家の間からも）「異論」の声が強かった。彼らの見解は「隔壁亀裂などはあり得ない」ということだった。

☀ 専門家の見解＝現代世界で製造された旅客機で「隔壁亀裂などはあり得ない」

右の番組では米国の専門機関にボイス・レコーダーを持ち込んで、そこに録音された爆発音を分析させた。爆発音は三回あった。そして米国専門機関の結論は次のようなものだった。

☀ 一回目の爆発＝隔壁に亀裂が生じた

✵✵ 二回目の爆発＝後部が抜けた
✵ 三回目の爆発＝尾翼が破壊された

この番組の調査によれば、「日本国政府の結論が『米国の専門機関』によっても裏付けられた」ということになっている。つまりこの番組は「異論」を完全に封じ込めるものとなった。私は同番組の制作スタッフに「意図」があったとは思わない。彼らは「真摯」に番組を制作した。だが（彼らが政府筋から入手した）ボイス・レコーダーが「加工されたもの」であったらどうなるのか。右のような米国の専門機関の結論などには「なんの意味もない」のである。

とにかく事件当時はボイス・レコーダーもフライト・レコーダーもまったく公開されなかった。マスコミには調査委員会が分析した結果だけが公開された。しかもその分析結果は発表のたびに「内容が異なる」というインチキなものだった。なぜ今になって日本国政府はボイス・レコーダーをテレビ番組の制作スタッフに貸し出して、米国の専門機関に「結論」を出させる必要があるのか。そんなことなら事件当初から彼らに「結論」を出させればよいのである。

本書は「日航機墜落事故」に関する詳細を述べることが目的ではない。これに関する書物は多くある。関心のある読者は自分で当たってみてほしい。これは「過去」ではないからだ。

ここではそのような中で出版された一冊の書物を取り上げて、そこにおけるいくつかの事実を掲載し、読者諸氏の参考に供したいと思う。同時に（本書における）「透視の仕方」の一端を開示して、その後には（本書の立場から）「透視の結論」を大きくまとめて提示する。

参照する書物は『疑惑／ＪＡＬ１２３便墜落事故』（角田四郎著、早稲田出版）である。著者の角田四郎氏は（直接的には）「日航機事件」とはなんの関係もない。彼の友人の婚約者が墜落した日航機に搭乗しており犠牲者となった。そのような経緯で彼は（友人の依頼もあり）「日航機事件」を執念深く追跡することになった（彼はこの調査に八年の歳月を擁している）。記念のためだが著者＝角田四郎は「米軍が日航機を撃墜した」という立場ではない。彼の結論は「自衛隊の標的機が尾翼に接触した」というものだ。つまり本書と彼の結論は異なる。

本書が「結論が異なる著者の書物」を引用するのはほかでもない。その最大の理由は「当時の情勢」（一般的にはあまり知られていない当時の事実）を読者諸氏に明確に認識していただくためである。そこでは「意外な事実」が明らかになってくるだろう。

日航機撃墜事件の「隠蔽された真実」

一九八五年八月十二日、「日航機墜落事故」（日航機撃墜事件）が発生した。一瞬で五二〇名の人命が失われた。あれから三十年が経過しても「真実」は解明されたわけではない。

同日十八時〇〇分、羽田空港を離陸して伊丹空港に向かう「日本航空１２３便」（ボーイング７４７ＳＲ型機）は、十八時五十六分、群馬県多野郡上野村の高天原山の尾根（通称、御巣鷹の尾根）に墜落して大破。生存者は「四名」。わが国航空史上最大の惨事となった。

事故当日（事件当日）、日本国政府の発表では「日航機は『群馬県か長野県の山中』に墜落した」と言われていた。墜落現場すら明確ではなかった。信じられないことである。

さて「日航機墜落事故」（日航機撃墜事件）が発生して、（同日夜）羽田空港には遺族が続々と集まった。遺族側と日航側との間で侃々諤々のやり取りが発生するのは当然だ。

当時の情勢を著者＝角田四郎は、次のように書いている。読者諸氏は三十年前の「当日」にタイムスリップして以下をお読みいただきたい。遺族はまずは「羽田空港」に到着した。

「彼（引用者注：被害者女性の婚約者で角田氏の友人）が羽田に着くと、すでに多くの人が集まって来ていたと言う。動転していて正確には覚えていないが、午後9時半すぎから10時頃だったろうと彼は記憶をたどる。カウンターに行くとすぐに羽田東急ホテルへ行くように案内された。彼はまず搭乗者名簿に目をやった。乗り遅れて、『他の便に乗り換えていてくれ』などと必死で考えるものだ、と聞かせてくれた。カタカナで書かれてあるせいか、頭が真っ白になっているせいか、なかなか文字が読み取れないものだ――とも。そうこうしているうちに見覚えのある名前を見つけてしまった。『見つけてしまった』というのが実感だという。それでも別人では――と何度も何度も読み返して、やっと『乗っている』と血が引く思いがこみあげてくるものだと」（『疑惑／ＪＡＬ１２３便墜落事故』、傍点は引用者）

羽田（羽田空港）に着いた遺族たちは（まずは）「羽田東急ホテル」へ案内された。以下はそこでの出来事だ。読者諸氏は「日本航空＝役職者の発言」に大きく着目してほしい。

「(右のような経緯で「婚約者の搭乗」を知った著者の友人が）呆然と立ちすくむうち、部屋の一角で大声を出す一かたまりの人垣ができた。それがやっと我を取り戻すきっかけだったという。引き寄せられるように、その人垣の外側から首を突っ込んでみると、中央に中年の紳士が半ベソをかいているような顔で胸倉をつかまれて立っていたという。『ハッキリ言え！いったい飛行機はどうしたんだ。どこへ行ったんだ!!』『申し訳ありません』そんな言葉の繰り返しをやっていた。紳士は日航の役職者らしかった。友人はむしろその紳士に同情を感じたという。家族の追及は執拗だったからである。ところが『お前じゃラチがあかん』とか「社長を出せ」と詰め寄る人が増え始めたとき、その紳士は唐突にとんでもないことを口走りはじめたのである」（同右、傍点は引用者）

読者諸氏は思念を回転させて、以下をお読みいただきたい。

「(日航の役職者と思われる人物は遺族たちに詰め寄られると）真赤に顔を紅潮させて、『うちの機は、北朝鮮のミサイルに撃ち落とされたんだ。今はそれしかわからん!!』一瞬、家族たちも私の友人もなんのことやら意味がわからずにいた。紳士はそのひるみに乗じて若い社員がスーと抱え出してしまった。家族達はそれを黙って見送っていたのだという」（同右、傍点は引用者）

読者諸氏は「右の事実」（日本航空＝役職者の発言）をどう読むか。本書の視点はすぐ後で述べることにして、ここでは引用文を続ける。

「私はこの話が彼の口をついて始まったとき、とっさに車をサービスエリアに入れて、くわしく聞いた（引用者注：このとき著者と友人は車で墜落現場に向かっていた）。友人も、紳士は苦しまぎれにあらぬことを口にしたのだろうと言う」（同右、傍点は引用者）

著者の角田四郎氏は「友人の話」として「当日の情勢」（羽田東急ホテルでの出来事）を記している。そして両者（友人＋著者）は「役職者の発言」については、格別「重視」していない。

だが本書の立場からは、ここは注目すべきであると思われる。つまり、「日航機墜落事故」（日航機撃墜事件）発生直後――「日本航空＝役職者」は、次のように叫んでいるのだ。

☀ 役職者の発言＝「うちの機は『北朝鮮のミサイル』に撃ち落とされた」

読者はこれをどう読むか。本書の透視は、次の通りだ。

☀ 透視①＝日航機を撃墜したのが「北朝鮮のミサイル」であるか否かはわからない
☀ 透視②＝だが事故直後の時点＝日本航空の上層部（内部）では「日航機１２３便は『ミサイル攻撃』で撃墜された」という情報が飛び交っていたことは事実であると思われる

では、なぜ日本航空の上層部（内部）では、そのような情報が飛び交っていたのか。それは機長がその事実を（無線通信の中で）「報告していたから」である。

☀ 機長の報告＝「当機は『ミサイル攻撃』を受けた」

右は「本書の推測」だ。だが（ここまで本書を読み進めてきた読者諸氏には）「なぜそのような推測が成り立つか」は、ご理解いただけるものと思う。ここはもう少し書き加えておく。

機長の立場からは「ミサイル攻撃」が「どの国からの攻撃であるか」まではわからない。それは仕方のないことだ。だが彼には（それが）「ミサイル攻撃である」ことはわかっていた。

機長は地上＝地上側担当者と（常に）「交信」を交わしている。交信の相手は「空港」（航空管制官）と「航空会社」（ディスパッチャー）（ディスパッチャー＝フライトプランナー）だ。

機長と航空会社（ディスパッチャー）の間では（常に）「交信」が交わされる。その中で機長は「右」を報告した。その報告は（即座に）「日本航空＝上層部」に伝えられる。

だがミサイル攻撃を仕掛けてきたのは「どの国」なのか。それについて機長は「報告していない」（機長にはわからないのだから報告がないのは当たり前のことである）。

だが「ミサイル攻撃」の報告を受けた「日本航空＝上層部」は様々に「揣摩《しま》憶測《おくそく》」を巡らせる（人命と経営に責任のある上層部の立場からはこれも当たり前のことである）。

当時、（近隣諸国の中で）日本国との関係が悪いのは「北朝鮮」（日本国と北朝鮮は国交がない）だ。それで「日本航空＝上層部」は「ミサイル攻撃＝北朝鮮による攻撃」と判断した。

だがそれは（外部には発表できない）「極秘事項」だ。これも当たり前のことである。「日本航空＝上層部」は（この驚愕事態を）「どのように収拾するべきか」に頭を悩ませていた。

そのようなゴタゴタ情勢のなか、東急羽田ホテルに向かい、そこで大勢の遺族にガンガン詰め寄られた「日本航空＝役職者」は、思わず、「極秘事項」を叫んだものと思われる。

☀ 透視＝「日本航空＝上層部」は「ミサイル攻撃」を「北朝鮮による攻撃」と判断していた

右は、私＝鈴木啓功の「推測」だ。私は（右の推測が）「一〇〇%正しい」と断言するつもりはない。ここでは「私の手の内」（透視の手法の一端）を開示しているだけである。

私はデタラメに「日航機＝ミサイル攻撃説」を唱えているわけではない。ここでは読者諸氏の参考になるように（私の言葉で）「私の手の内」を晒しておく。私は当時の情勢（日航機墜落事故＝日航機撃墜事件）を記した多くの書物を読みあさり（それらの書物の中には当然「著者の推測」や「情報提供者の憶測」も含まれる）、それらの中から「絶対的事実」（重役発言＝「うちの機は北朝鮮のミサイルに撃ち落とされた」）だけを拾い上げ、その事実に「透視の視線」を照射する。そうすると自ずと見えてくるものがあるのである。だがその透視の結果をどのように受け取るかは「読者の判断」に委ねたい。私は「真剣に考察している」。

ではなぜミサイル攻撃が「米軍による攻撃」と判断できるか。

「日航123便が、いずれかの航空機に異常接近されたとするには、その論拠はほとんどない。ただ、事故調査委員会が公表した事故発生付近（関東西・セクター）の同時刻、飛行航空機リストに、1機不審な飛行機についての記述がある。そこには『軍用機・米軍・機種不明』とある。おそらく米軍は日本の問い合わせに対しなにも答えていないのであろう。ゆえにこの機の飛行コース、高度、機種方位等すべてのデータは不明のままであろう」（同右、傍

点は引用者）

当日、日航123便には「米軍機」が接近している。だがその「正体」は不明である。

「（米軍が日本の問い合わせに回答しなくても）米軍に誠意がないなどとはいえない。安全保障条約がある限り米軍機の飛行データを日本側に通知する義務は米軍にはない。日本の空は、それほど危険だということである」（同右、傍点は引用者）

多くの日本国民は「日本列島の上空」は「日本国の領空」と信じている。だが真実はそうではない。横田基地を始めとする「米軍基地の上空」（幅広いエリアの上空）は「米国の領空」（米軍基地の管制圏域）なのである。そこでなにがあっても日本国政府の手は及ばない。

本書では「日航機墜落事故」（日航機撃墜事件）を詳細に論じることはできない。それをやるには別著を書かねばならない。以下では（その後における）「情勢の推移＝絶対的事実」を提示する。念のためだが、これは「主要な事実」だけだ（これが「事実の全部」ではない）。

☀事実①＝墜落現場に向かう取材者は日本国政府（警察）に「進行」を阻まれた
☀事実②＝遺族たちは墜落現場から遠いところに「宿舎」を与えられた

☀事実③＝地元の消防団は墜落現場に近づくことを「禁止」された
☀事実④＝事故当日（事件当日）自衛隊は「捜索活動」をしなかった
☀事実⑤＝日本国政府は「墜落現場＝墜落位置」を（二転三転させて）誤魔化し続けた
☀事実⑥＝航空機墜落の目撃者情報は（全部）「無視」された
☀事実⑦＝目撃情報の中には「別の飛行機も飛んでいた」との証言もあるが「無視」された
☀事実⑧＝被害者は「尾根の上」と「尾根の半ば」に分散して存在した
☀事実⑨＝生存者救出の自衛隊は「尾根の上」だけを捜索していた
☀事実⑩＝自衛隊は「尾根の半ばにいる被害者」には全く気がついていなかった
☀事実⑪＝地元の消防団が「尾根の半ばにいる生存者」を発見した
☀事実⑫＝彼らは「尾根半ば＝生存者発見現場」からは「遠ざけられた」
☀事実⑬＝生存者救出の自衛隊が尾根に到着する前に「尾根にいた集団」が目撃されている
☀事実⑭＝深夜「尾根に到着した集団」が「生存者を殺害した」との情報もある

一九八五年八月＝「日航機墜落事故」（日航機撃墜事件）の「情勢の推移＝絶対的事実」について、ここでは全部を書き切れない。全部を書けば「殺される可能性」がある。

本書では「日航機墜落事故の真実」は「米軍のミサイル攻撃による＝日航機撃墜事件」と透視している。だがその背後には「日本国政府によるさらなる謀略」も存在するのだ。

ここでは（殺されるか否か）ギリギリのところを書いている。炯眼な読者は「右の事実」を凝視することで「日本国政府＝悪魔的謀略」を透視することができるだろう。最後が尻切れトンボみたいになって申し訳ない。だが著者の立場からは（限られた紙数の中では）ここまでを書くのがギリギリだ。ここでは以上を述べて話を進める――。

さて本書では「一九八五年の動き」を次のように透視している。

✹一九八五年＝「日航機撃墜事件」↓「プラザ合意」↓「バブル経済」

日本国政府はやがてバブル経済が崩壊することを知っていた。バブル経済が崩壊するとどうなるか。そのときには税収が少なくなる。そのメカニズムは次の通り。

✹バブル崩壊＝企業の売上が減る↓労働者の収入が減る↓税収が減る

日本国のパラサイト役人集団にとってそれは「大問題」である。それゆえ彼らは（バブル経済の最中に）「税収拡大政策」を計画した。それは「消費税導入」だった。

一九八九年＝なぜ消費税が導入されることになったのか

一九八九年七月、参議院議員選挙が実施された。この選挙の争点は「消費税」だった。つまり消費税導入を認めるか否か。そんなものはダメなのに決まっている。だが情報のない日本国民は混乱した。その混乱は現在においても同じである。このとき有権者の「反自民の風」は「社会党」（委員長＝土井たか子）へと流れ、「多数の女性議員」が誕生した。だがその後には、社会党は壊滅。今は影も形もありはしない。同時に追加して述べておく。このときミニ政党のサラリーマン新党（代表＝青木茂）は「消費税反対」を掲げて奮戦したが玉砕した。

さて、あれから二十五年が経過して、日本国では「なにがどう変わったのか」。結局は「なにも変わっていない」のだ。政権与党は自民党で「彼らはやりたい放題をやっている」。同時に日本国民のレベルでは「私たちの生活はますます厳しくなっている」。導入時「三％」の消費税は、現在では「八％」となり、近未来には「一〇％」「二〇％」とさらに上昇していく。

✹ 消費税の上昇＝三％→五％→八％（現在）→一〇％（近未来）→二〇％（近未来）

このままでは日本国民は「すべてを奪われる」ことになる。そのことが透視できない愚鈍な読者は存在しないはずである。なぜそうなるか。結論は単純だ。自民党政権にとってふつうの日本国民などは「奴隷」のようなものである。彼らは日本国民から「カネ」を巻き上げるだけでロクなことはしないのだ。ここでは「消費税」に注目しつつ、日本国の問題点を考察する。

昨年（二〇一四年）七月、青木茂（元サラリーマン新党代表・経済学者。当時九十一歳）は日本国の過去・現在・未来を透視して、次のように述べている。

「消費税の導入時、私は世界の納税者が税金のムダづかいを監視しようと結成した『世界納税者連合』で説明しました。日本の消費税に対する評価はひどいものでした」（『朝日新聞』二〇一四年七月二十二日付、傍点は引用者）

日本国政府は諸外国に比較すると「日本の消費税は低い」→「だから消費税は上げてよい」と喧伝する。だが当の諸外国から見て「日本の消費税に対する評価はひどい」。なぜなのか。

「問題点の第一は、我々が消費税として支払った税金の一部が国庫に入らず、民間事業者のポケットに収まるのを法律で認めたことです。課税売上高三千万円以下の中小事業者は免税されましたから。問題点の第二は、消費税に欠かせない庶民のための軽減税率が実施されなかったことです。しかし、大きな反対運動は起きず、『日本人はおとなしいですね』とアメリ

カの代表に皮肉られました」（同右、傍点は引用者）

消費税に関する根本的問題を掲示する。今も問題点は「放置されたまま」である。

> ☀根本的問題点①＝消費税の一部が国庫に入らない
> ☀根本的問題点②＝軽減税率が実施されない

それでも日本国民は「政府」に従う。同時に「自民党政権」を容認している。そんなことでは未来永劫、日本列島に「われらの時代」は訪れない。日本国民は「奴隷」のままだ。

「二〇〇三年度の改正で、納税しなくてもいい業者の売上高は三千万円から一千万円に引き下げられた。しかし、一千万円でも問題があります。軽減税率もいまだに実施されていない。この二つを改めないと消費税の名に値しない。それが国際世論です。欠陥税制なのに八％まで突き進み、さらに一〇％も視野に。国民はなめられています」（同右、傍点は引用者）

一九八九年七月の参議院議員選挙から二十五年。現在も自民党政権は日本国民をなめたまま。パラサイト役人集団も日本国民をなめたまま。それでも日本国民は「政府」に従う。同時に今も日本国民は「自民党＝安倍政権」を容認している。繰り返して述べる。そんなことでは未来永劫、日本列島に「われらの時代」は訪れない。日本国民は「奴隷」のままだ。

一九九〇年＝米国による「日本国乗っ取り」が始まった

一九九〇年＝日本国では「バブル経済」が崩壊した。その後のゴタゴタについては詳論する必要はないだろう。一九九〇年代は「失われた十年」となった。二〇〇〇年代も「失われた十年」となった。二〇一〇年代も「失われた十年」となる。そのことは決まっているのである。

バブル経済を仕掛けたのは「米国」だった。これについては先に述べた。彼らは日航機を撃墜し、その脅迫の上で、プラザ合意（円高ドル安）を要求した。そして日本国ではバブル経済が始まった。だがバブルは崩壊する。バブル崩壊を仕掛けたのも「米国」だ。

なぜ彼らは一九九〇年に「バブル崩壊」を仕掛けたのか。それは彼らによる世界支配体制を（戦後の）「東西冷戦体制」から（今後は）「世界熱戦体制」に持ち込むためだ。

一九九〇年＝日本国の「バブル崩壊」と前後する当時の世界情勢はこうだった。

☀一九八九年十二月＝ドイツで「ベルリンの壁」が崩壊した
☀一九九〇年一月＝日本国で「バブル経済の崩壊」が始まる

☀一九九〇年八月＝イラク軍が「クェート」に侵攻した
☀一九九一年二月＝米軍が「イラク」を攻撃した

これらの動きの背後には「地球支配階級」が存在するのだ。言葉を替えて言うならば、これらの世界大変動は（全部）「地球支配階級が仕掛けたもの」だ。日本国の立場から考える。一九九〇年代＝日本国に対する「米国の戦略」はどうなっていたか。

☀経済戦略＝米国は「日本企業」を乗っ取る
☀戦争戦略＝米国は「日本国の自衛隊」を戦地に向かって引きずり出す

これらについては詳論する必要はないだろう。バブル崩壊を契機に日本企業は買収された。イラク戦争を契機に日本国の自衛隊は海外に出ていくことになった。全部「彼らの戦略」だ。そして二〇〇〇年代、二〇一〇年代がやってくる。ここでは結論だけを提示しておく。

☀二〇〇〇年代＝小泉政権（郵政民営化）は「米国の手先」として存在した
☀二〇一〇年代＝安倍政権（集団的自衛権）も「米国の手先」として存在する

小泉純一郎の動きについては述べるまでもないだろう。二〇〇一年九月十一日、同時多発テロを契機に米国が「戦争」に向かうとき、彼は（即座に）「米国を支持する」と断言した。安倍晋三の動きについてはすぐあとで述べる（本書の冒頭でも述べた）。ここでは小泉純一郎も安倍晋三も「米国の手先」であることを確言しておく。日本国は「奴隷国家」だ。

映画『パールハーバー』公開と「同時多発テロ発生」の因果関係

二〇〇一年九月十一日、米国で「同時多発テロ」が発生した。これは「地球支配階級が仕掛けた謀略」（ブッシュ政権が仕掛けた謀略＝その背後には米国ロックフェラー家が存在する）だった。彼らはこれを契機に「イスラム教徒＝殺戮作戦」を開始した。彼らは「悪魔」だ。

さてここで確認したいのは「事件前後」の動きである。日本国民の立場から考える。

> ☀二〇〇一年五月＝米国で『パールハーバー』（ハリウッド映画）が公開された
> ☀二〇〇一年九月＝米国で「同時多発テロ」が発生した

映画『パールハーバー』では（大日本帝国による）「真珠湾攻撃」が描かれる。この映画製作の目的は（世界人民を）「日本国民は奇襲攻撃を仕掛ける危険な集団」と洗脳することだ。

そして直後に「同時多発テロ」（米国ブッシュ＝ロックフェラー政権の謀略）が発生した。即座にブッシュは「リメンバー・パールハーバー」（真珠湾を忘れるな）を叫んだ。

彼らの動きを透視するならば、「映画の製作」と「同時多発テロの仕掛け」は、「同時進行の謀略」なのだ。そしてブッシュは「リメンバー・パールハーバー」を叫ぶ。

✹二〇〇一年の世界＝「日本軍の攻撃」と「テロリストの攻撃」が二重化された

念のためだが「アルカイダの首領＝ビン・ラディンが『同時多発テロ』を仕掛けた」というのは「ウソ」である。世界の真実を言うならば、アルカイダの首領＝ビン・ラディンと米国大統領＝ブッシュは「昔からのビジネス・パートナー」で、彼らは決して「敵」ではない。同時多発テロは「米国が『中東世界』（アラブ＝イスラム世界）に『戦争』を仕掛けるために演出された」。二十一世紀の世界は「彼らの戦略」に従って動いている。

✹地球支配階級の戦略＝近未来には「中東大戦争」を勃発させる

真面目な日本国民は「米国」を信じているかもしれないが、世界の現実は「そんな信頼」は木っ端みじんに粉砕する。この世は「悪魔が支配する世界」である。

●同時多発テロは「ブッシュ＝ロックフェラー政権」の「自作自演」
●これを契機に米国は「反テロ戦争」を開始した

●小泉純一郎は「米国の手先」だった
●小泉純一郎は「反テロ戦争」に賛同すると同時に「郵政民営化」に驀進した

米軍オスプレイが「日本列島」を自由自在に飛行する理由

昨年（二〇一四年）七月、安倍晋三は「集団的自衛権行使」を閣議決定した。この動きは絶対的に危険である。彼は「悪魔の手先」なのである。日本国のその後の動きを俯瞰する。

昨年（二〇一四年）八月、新聞は「米軍オスプレイ／東日本でも訓練」「飛行ルールあいまい」と題して、次のように書いている。日本国民は「未来」を透視するべきだ。

「東日本では初めてになる米軍の新型輸送機MV22オスプレイの訓練が（八月）二十二日まで、陸上自衛隊東富士演習場（静岡県）と北富士演習場（山梨県）である。オスプレイは七月半ばに東日本に初飛来してから活動範囲を広げているが、配備先の沖縄では、日米間の飛行ルートのあいまいさや建物を震わすような低周波音が問題になっている」（『朝日新聞』二〇一四年八月二十日付、傍点は引用者）

米軍の立場からは、「飛行ルート」や「低周波音」のことなどは「ガタガタ言うな」ということだ。彼らの立場からは「そんなことは言われる筋合いではない」のである。

日本列島に原子爆弾を投下して（一九四五年八月）、それから四十年後には日航機を撃墜した（一九八五年八月）米軍の立場からは（日本列島全体は）「自分の領土」のようなものなのだ。彼らの隠された本心は「ガタガタ言うなら爆撃するぞ」ということだ。

「オスプレイは今年（二〇一四年）七月十五日に米軍厚木基地（神奈川県）やキャンプ富士（静岡県）に初飛来。以降、横田基地（東京都）や札幌の陸上自衛隊駐屯地にも飛ぶなど、東日本各地へ飛行エリアを広げている」（同右、傍点は引用者）

日本列島の東日本エリアには（米軍基地として）「厚木基地＝神奈川県」「キャンプ富士＝静岡県」「横田基地＝東京都」などが存在する。それらの基地の目的はなにか。

それは日本国の首都（東京都）で「反米クーデター」が発生したときには（瞬時にそれを）「鎮圧する」（徹底的に弾圧する）ということなのだ。

純真無垢な日本国民は「日本国で『クーデター』などは発生しない」と信じている。だが世界中で軍事力を展開する米軍の立場からはそうではない。彼らが「軍事支配するエリア」（中東世界など）では、（常に）「軍事的＝反米の動き」が存在する。それゆえ彼らは世界中に「軍事支配」を進めると同時に、（反米クーデターに備えて）「鎮圧体制」（弾圧体制）を整える。

戦後の日本列島には、「日米同盟」の名の下に各地に「米軍基地」が置かれていると同時に、（首都圏周辺では）「反米クーデター鎮圧体制」が敷かれている。だがそのことが日本国民にはわからない。そして愚鈍な保守派＝知識人集団は「集団的自衛権は必要だ」と叫んでいる。二〇一四年＝沖縄が配備先であるオスプレイは「札幌の陸上自衛隊駐屯地」にまで飛行している。その意味はなにか。米軍の立場からは「日本列島のどこで『反米クーデター』が発生しても（瞬時にそれを）鎮圧する体制＝徹底的に弾圧する体制を整えている」ということだ。

☀二〇一四年＝米軍は「反米クーデター鎮圧体制」（弾圧体制）を整えた

そのような情勢の中で「日本国政府の動き」はどうなのか。日本国政府は「米軍支配」から逃れようとしているのか。米軍に「苦情」を伝え「日本国民の心を考えろ」と申し立てているのか。結論を言えば「それどころではない」。彼らは「悪魔の手先」として動くのだ。

近未来＝日本国政府は「悪魔の手先」として動き出す

右と同じ日、別の新聞は「F35を六機購入へ」「防衛省来年度要求／無人偵察機も三機」と題して、次のように書いている。読者諸氏は「日本国の未来」を透視するべし。

「防衛省は二〇一五年度予算の概算要求で、最新鋭のステルス戦闘機『F35』六機分の購入費として一二四九億円を計上する。長時間飛行できる滞空型の無人偵察機については五四〇億円を計上し、三機を導入する方針だ。東シナ海の空海域で活動を拡大している中国に対応し、南西地域にある離島の防衛を重点的に強化する狙いがある」(『日本経済新聞』二〇一四年八月二十日付、傍点は引用者)

昨年(二〇一四年)八月、日本国政府は、日本列島における「米軍支配」は放置して、二〇一五年の「戦闘機購入」(無人偵察機購入)に精を出す。もちろん「離島の防衛」は大事である。中国に好き勝手をさせるわけにはいかない。だが「本土の防衛」はどうなるのか。同年八月、日本列島全体は(前項で見たように)「米軍が好き勝手をする場」となっている。だが日本国政府はこれについてはなにも言わない。これはどういうことなのか。本書の立場から言うならば「日本国政府は『悪魔の手先』となっているだけ」なのである。

「F35は敵のレーダーに探知されにくいように設計されたステルス戦闘機。航空自衛隊は老朽化したF4戦闘機の後継として最終的に四十二機を導入する計画を立てている。日本の領空に近づく外国機への緊急発進(スクランブル)を担う。二〇一二年度から三年間で十機を購入しているが、単年度で六機を導入するのは初めてとなる」(同右、傍点は引用者)

そういうことであるならば、近未来（F35の購入は）（単年度で）「十機」「二十機」と右肩上がりで急増することになるだろう。そのことは「絶対確実」だ。

「政府は二〇一四〜一八年度の中期防衛力整備計画で、F35を二十八機、無人偵察機を三機、新型早期警戒機を四機それぞれ導入すると明記している。『南西地域の離島防衛のためにはいずれも必要性が高い』（幹部）として、一五年度の予算で優先的な購入を求める構えだ。／このほか概算要求には、E767早期警戒管制機の能力向上に一三七億円、F15戦闘機八機分の改修費用に一〇〇億円を計上する。地対空ミサイル（SAM）の購入費にも八二億円を盛り込む」（同右、傍点は引用者）

南西地域の「離島防衛」は構わない。外国勢力に「日本国」を攻撃させるわけにはいかない。本書が指摘したい問題は「本土防衛」はどうなっているのかということだ。

【第９章】

日本国民は「謀略戦争」に引きずり出される

……現代世界情勢全体が「戦争」の危機にある

安倍晋三は「日本国民」を「地獄世界」に叩き落とす

二〇一五年＝安倍晋三は「集団的自衛権＋憲法改正」に向かって驀進している。これについては詳論する必要はない。彼は「米国の手先」である。ここでは以下の事実を確認する。

> ☀事実①＝自衛隊は「米軍の組織体制の中に完全に組み込まれている」
> ☀事実②＝米軍は「クーデター鎮圧体制（弾圧体制）を完璧に整えた」
> ☀事実③＝米軍の「オスプレイは日本列島を飛びたい放題に飛び回っている」
> ☀事実④＝安倍晋三は「集団的自衛権＋憲法改正に向かって驀進している」

二〇一五年＝ふつうの日本国民の立場からの大問題は、米国の手先＝安倍晋三の動き（集団的自衛権＋憲法改正）は「近未来＝日本国民を『地獄世界』に叩き落とす」ということだ。

だがそれを阻止する勢力はどこにもない。悪魔（権力）と戦うべきマスコミは「安倍晋三に尻尾を振る犬集団」にすぎない。この馬鹿げた情勢を「覆す」ためにはどうするべきか。

そのためには私たち日本国民全員が「世界と日本の真実」（悪魔が支配する世界）を「完全に透視しなければならない」。そうでなければ「過去」（戦争）が繰り返されるのだ。

さてここまで私たちは（幕末・明治維新以降の）「日本国の歴史」を（独自の視点から）透視してきた（第五章・第六章・第七章・第八章）。ここではそれを次のようにまとめておく。

歴史の教科書には書いていないかもしれないが――なぜならば文部科学省の役人集団と日本国の歴史学者は「地球支配階級の手先」だからだ。彼らの目的は「日本国民を洗脳する」ことなのである――「明治・大正・昭和・平成の日本国は『地球支配階級』に操縦されている」だけなのだ。そして国内には「彼らの手先」が存在する。これは「馬鹿げた世界」である。

ここでは読者の耳に逆らう事実を述べておく。今私たちは「どのような日々」にあるのか。日本国では誰も言わないかもしれないが、本書の立場からは次のように言うしかない。

✹ 二〇一五年＝日本国民は「地獄行き＝特急列車」に押し込まれる

本書の目的は「日本国民を『馬鹿げた列車』から引きずり降ろすこと」である。そのことを述べて話を続ける。今、馬鹿げた情勢にあるのは「日本国」だけではない。

地球支配階級は「巨大車輪」を回している

さてここから先は「大激動する現代世界情勢」を徹底的に透視する。だが話を始める前に、一点だけを復習しておく。それは第一章で述べた「次の事実」（重要な事実）だ。

✹ 透視＝地球支配階級は「巨大車輪」（戦争＋経済）を回している

第一章では次のように述べた。読者は想起してほしい。

✹ 巨大車輪①＝世界経済を動かす大きな車輪
✹ 巨大車輪②＝戦争を勃発させる大きな車輪

二〇〇八年＝欧州では「ギリシャ経済危機」が爆発した。あれは「地球支配階級が仕掛けた謀略」だった。それに気づいたギリシャ新政権は「戦う姿勢」を見せている（二〇一五年）。

二〇一四年＝世界では「原油相場」が下落した（今も低迷したままだ）。あれは「地球支配階級が仕掛けた謀略」だった。彼らの目的は「ロシア（石油大国）を絞め殺すこと」である。

右は読者の想起を促すための復習だ。ここから本章の幕を開ける。

二〇一五年＝世界情勢は「仏新聞社襲撃テロ」で幕を開けた

二〇一五年＝現代世界はどのように動いているのか。そして近未来世界はどうなるか。本章ではそれについて考える。日本国の背後では「現代世界情勢の大激動」が始まっている。私たちは日本国内の動きだけに目を奪われているべきではない。それでは世界を動かす力学がなにも見えないことになる。それではダメだ。戦うためには「目」を開くべきである。

二〇一五年＝新年が明けた時点、「世界中を震撼させる大事件」が発生した。フランスの新聞社が襲撃されて十二人が死亡した。新聞は「仏新聞社襲撃／十二人死亡」「パリ／イスラム風刺画掲載」と題して、次のように書いている。記憶をよみがえらせていただきたい。

「風刺画が売り物のフランスの週刊新聞『シャルリー・エブド』の事務所が（一月）七日、自動小銃を持った男らに襲撃された。少なくとも記者ら十二人が死亡、数人が重体となった。同紙は、イスラム教を風刺するイラストで物議をかもしてきた。オランド大統領は『野蛮なテロ行為だ』と批判した」（『朝日新聞』二〇一五年一月八日付、傍点は引用者）

犯人が「イスラム教徒」であることは言うまでもない。そして「テロはよくない」ことだ。翌日、右の新聞（社説）は「フランス週刊紙襲撃／言論への暴力を許すな」と題して、次のように書いている。読者諸氏は（自らの思念と重ねつつ）、以下をお読みいただきたい。

「ことばを失う凄惨《せいさん》なテロである。民主社会の根幹である言論の自由への重大な挑戦だ。（中略）この新聞は、刺激的な風刺画で知られ、反権威、反権力の立場を鮮明にしている。近年は、しばしばイスラム主義を批判したり、揶揄《やゆ》したりした。イスラム教徒らの反発を招いていたのは確かだ。／ただ、いかに気に食わなくとも、言論を暴力で封じる行動は断じて許されない。一刻も早く容疑者が法にもとづいて裁かれるよう望む」（『朝日新聞』二〇一五年一月九日付、傍点は引用者）

このような視点は間違いではないかもしれないが、正しいとも言えない。なぜならば、ここには「現代世界情勢を動かす悪魔集団」（地球支配階級＝ユダヤ国際金融資本家＋欧州貴族＋バチカン＋米国＋その他の謀略集団）に対する「透視の視点」が一切ないからだ。

☀戦略提言＝日本国民は「地球支配階級の謀略」を透視せよ

近年における米国の動きだけを見てもどうなのか。彼らは（繰り返し）「アラブ＝イスラム世界」に「戦争」を仕掛けている。米国の攻撃で「無数のイスラム教徒が死んでいる」。地球支配階級はデタラメに動いているわけではない。彼らは「戦略」を持って動いている。そのことはここまで本書をお読みの読者諸氏には確実にご理解いただけるはずである。日本国においても米国は（常に）「戦略」を持って動いていた。では「彼らの戦略」とはなんなのか。地球支配階級は「イスラム教徒に繰り返し戦争を仕掛け」→「彼らの怒りが大爆発すること」を待っている」。そしてそれを土台に「中東大戦争を勃発させたい」のだ。

✹透視＝現代世界情勢は「中東大戦争勃発」に向かって動かされている

本書では「イスラム教徒によるテロ」（仏新聞社襲撃）を是認しているわけではない。テロはよくない。では、戦争はどうなのか。米国の戦争による「無数の殺人」はどうなのか。中東情勢の真実についてはすぐあとで述べるが、彼らはユダヤ人に「土地」（パレスチナ）を奪われ、その後には繰り返して「戦争」を仕掛けられてきたのである。

現代世界は「悪魔が支配する世界」である

現代世界は「正義の世界」ではないである。それどころではない。本書の立場から言うならば、現代世界は「悪魔が支配する世界」（地球支配階級が支配する世界）である。

そのことを透視できない愚鈍者（マスコミ）が「言論への暴力を許すな」と叫ぶのは「茶番」である（右のような社説を発表していたのは先の新聞だけではない）。

本書の立場からは「言論への暴力（新聞社襲撃）はよくない」が、「人民への暴力（戦争）はよいのか」と「愚鈍者」（マスコミ）に問いたいのである。あえて比較するならば、現代世界情勢（地球支配階級が支配する悪魔的世界情勢）の中では、「言論への暴力」の「悪」は「人民への暴力」の「悪」と比較して「格段に軽微」（圧倒的に小さい）と言うしかない。

繰り返しになるが、本書では「イスラム教徒によるテロ」（仏新聞社襲撃）を是認しているわけではない。テロはよくない。だがその背後には「巨大な悪魔」が存在する。テロ事件直後、世界の指導者連中（地球支配階級の手先）は、次のように述べている。

☀米国・オバマ大統領＝「卑劣で邪悪な襲撃だ。表現の自由を封じることはできない」
☀英国・キャメロン首相＝「報道と表現の自由を決してあきらめてはならない」
☀ドイツ・メルケル首相＝「我々が共有するあらゆる価値観に対する野蛮な攻撃だ」
☀国連・潘基文事務総長＝「卑劣な襲撃に激しい怒りを表明する」

本書の立場から言うならば、彼らのコメントは（全部）、「茶番」なのである。なぜならば、彼ら自身が（地球支配階級の手先として）「イスラム教徒を殺し続けてきた」からだ。

テロ事件直後、日本国の指導者（地球支配階級の手先）は、次のように述べている。

☀日本国・安倍晋三首相＝「言論の自由へのテロは許されない」
☀日本国・菅義偉官房長官＝「テロに屈しない決意の下、国際社会の連携が重要だ」

各国の支配階級は（全員）「地球支配階級の手先」なのだ。そして彼らは「戦争」に向かう。そのことは決まっているのである。本書の問題意識は「これをどう覆すか」ということだ。

右の事件について言うならば、ここには「地球支配階級の謀略」が隠れている。以下では昨年（二〇一四年）十二月に発生した人質事件と本年一月に発生した二つの事件を提示する。

☀二〇一四年十二月（豪）＝シドニーでの人質事件（犯人＝イスラム教徒）
☀二〇一五年一月（仏）＝パリでの新聞社襲撃テロ（犯人＝イスラム教徒）

両事件の犯人は（いずれも）「イスラム教徒」で、世界中は「彼ら」を強く批判した。ここで透視するべきは、彼らは「地球支配階級に利用されている」ということだ。

人質事件も襲撃テロもよくない。そのことを述べた上での話だが、現代世界では「イスラム教徒は『ユダヤ＝キリスト教連合』に殺され続けている」のである。これは「事実」だ。

同時に、イスラム教徒の中ではユダヤ＝キリスト教連合に対する「怒り」が燃え上がっているのである。そのような情勢の中では彼らの中の反乱分子がいつ暴発しても不思議はない。現代世界はそのような構造になっている。地球支配階級がそのように仕向けているのだ。事件は「原因」があって発生している。その原因を無視して「事件」を論じることは「悪」である。それでは日本国民が「地球支配階級に利用されている」ということになる。

近未来世界は果してどうなるか

次ページの図表を見てほしい（「日本国民は『謀略戦争』に引きずり出される」）。これは本書の立場から「地球支配階級の近未来戦略」と「現代世界情勢全体」を大きくまとめたものである。読者諸氏は図表を一覧した上で、以下をお読みいただきたい。

純真無垢な日本国民は「世界は勝手に動いている」と信じている。だがそれは間違いだ。世界は「動かされている」のである。そのことがわからなければ、私たちは「世界の読み方」を間違える。「日本国の未来」を間違える。「自分の人生航路」を間違える。

図表の上段を見てほしい。「地球支配階級の近未来戦略」は、次のようになっている。

☀ 地球支配階級①＝現代世界経済を徹底的に破壊する
☀ 地球支配階級②＝中東大戦争を「第三次世界大戦」に向けて誘導する
☀ 地球支配階級③＝ふつうの地球人民（日本国民）を「総奴隷化世界」に叩き込む

日本国民は「謀略戦争」に引きずり出される

地球支配階級の近未来戦略

- ●地球支配階級①＝現代世界経済を徹底的に破壊する
- ●地球支配階級②＝中東大戦争を「第3次世界大戦」に向けて誘導する
- ●地球支配階級③＝ふつうの地球人民（日本国民）を「総奴隷化世界」に叩き込む

↓

2015年1月　世界経済フォーラムは『グローバルリスク報告書』を発表した

今後10年間で起こる可能性が高い世界のリスク上位5項目

第1位　国家間の衝突
第2位　異常気象
第3位　国内政治の失敗
第4位　国家破綻・危機
第5位　失業や不完全雇用問題

↓

現代世界情勢全体が「戦争」の危機にある

ロシア　ウクライナ問題＋マレーシア機撃墜疑惑＋経済制裁

- ●2014年2月＝ソチ五輪終了と同時に「ウクライナ問題」が発生した
- ●2014年7月＝ウクライナ上空で「マレーシア機」が撃墜された
- ●2014年8月＝ロシアに対する「経済制裁」が開始される

中　東　パレスチナ問題＋過激派「イスラム国」問題＋その他の問題

- ●1948年5月＝地球支配階級は「ユダヤ国家＝イスラエル」を建国した
- ●イスラエル建国以降＝中東世界では（繰り返して）「中東戦争」が勃発した
- ●地球支配階級（米国）は「アラブ・イスラム世界」を（繰り返して）破壊してきた

アジア　東アジア世界で「不穏な動き」が始まっている

- ●中　国＝習近平は「軍事力拡大」に向かって驀進する
- ●北朝鮮＝金正恩は「ミサイル発射実験」を停止しない
- ●韓　国＝朴槿恵は「従軍慰安婦問題」を主張をする
- ●日本国＝安倍晋三は「集団的自衛権行使」に向かって驀進する

本書で「第三次世界大戦勃発」や「地球人民総奴隷化」を予測すると、多くの読者の中には怪訝に思う人がいるかもしれない。だがそれは「奴隷思想」なのである。
すでに昨年（二〇一四年）の段階で、ローマ法王は（近未来世界における）「第三次世界大戦勃発」「地球人民総奴隷化」の可能性に対して警鐘を発している。

☀ ローマ法王①＝「このままでは『第三次世界大戦』が勃発する」
☀ ローマ法王②＝「現代世界には『多数の奴隷』が存在する」

本書の立場から言うならば、ローマ法王は（歴史的に見ても）「地球支配階級の要員」だ。彼の予測は「予測であって予測ではない」。それは「彼らの計画」なのだ。
同時に次のことを述べておく。彼らの計画は（本来）「口に出すべきもの」ではない。それは「彼らの秘密」でなければならない。当たり前のことである。だが現ローマ法王はそれを口にした。今後のことを言うならば「彼が消されることになっても不思議はない」。

地球支配階級は「国家間の衝突」を引き起こす

二〇一五年一月十六日——仏新聞社襲撃テロ発生から約一週間後——新聞は「『国家間の衝突』最大リスク」「世界経済フォーラム／今年の報告書」と題して、次のように書いている。

「世界の政治・経済界の指導者が集まるダボス会議を来週開く世界経済フォーラムは（一月）十五日、二〇一五年に世界が直面する最大のリスクは『国家間の衝突』とする報告書を発表した。ウクライナ危機に伴う欧州・ロシアの対立や東アジアでの緊張、過激派『イスラム国』の台頭などにより地勢学的リスクが急速に拡大していると警告した」（『日本経済新聞』二〇一五年一月十六日付、傍点は引用者）

さて、読者は右の記事をどう読むか。世界の真実を言うならば「世界経済フォーラム（ダボス会議）は『地球支配階級が操る組織』である」。では、右の記事の真の意味はなにか。彼らは「自分らの戦略を公開している」わけである。読者にはその背後がわかるだろうか。彼らは「ゲーム」（悪魔のゲーム）をやっているのだ。彼らは、私たちふつうの地球人民に「自分らの戦略を予測として公開しつつ」、後には「それを事件として自作自演する」のだ。

✹戦略提言＝日本国民は「悪魔のゲーム」を透視せよ

彼らは「現代世界における地勢学的リスク」として、次の三つを挙げている。

☀リスク①＝ウクライナ危機に伴う欧州・ロシアの対立
☀リスク②＝東アジアでの緊張
☀リスク③＝過激派「イスラム国」の台頭

これらが「現代世界におけるリスク」であることは間違いない。だが日本国民が透視するべきは、これらの危機は（全て）、「彼らが仕掛けた危機」であるということだ。ウクライナ危機その他の背後情勢についてはすぐあとで述べる。ここでは記事に絡めて述べていく。

また、彼らは（右の報告書の中で）「今後十年間で起こる可能性が高い世界のリスク」を発表している。その上位五項目は次の通りだ。

☀第一位＝国家間の衝突
☀第二位＝異常気象
☀第三位＝国内政治の失敗
☀第四位＝国家破綻・危機
☀第五位＝失業や不完全雇用問題

さて、読者は右をどう読むか。先に述べたことだが繰り返す。読者は「世界」を知るべきだ。彼らは「自分らの戦略を公開している」わけである。彼らは「ゲーム」(悪魔のゲーム)をやっているのだ。彼らは私たちふつうの地球人民に「自分らの戦略を予測として公開しつつ」↓(後には)「それを事件として自作自演する」のだ。

さてここまでは新年(二〇一五年)における「一月中旬」までの動きである(仏新聞社襲撃テロの発生に続いて、世界経済フォーラムは「国家間の衝突」という報告書を発表した)。新年(二〇一五年)が始まると同時に現代世界情勢は大激動を開始している。だが話は終わらない。ここから「大激動する現代世界情勢は」↓「日本国＝日本国民を直撃する」。

日本国民は「イスラム国」に「皆殺し」にされるのか

新年(二〇一五年)が明けて街路を行く人々の正月気分もまだ十分にさめやらぬ中、海の向こうからは「日本国民を驚愕させる殺伐としたインターネット映像」が飛び込んできた。中東世界で勢力を拡大する「イスラム国」は(日本人二人の拘束映像を背景に)「日本国政府に『身代金＝二億円』を要求する声明」をインターネット上で公開した(一月二十日)。

なぜこのようなことになったのか。それは「彼らの声明文」を読めばわかる（この人質事件は第一章でも述べた。本章では現代世界情勢を踏まえて、さらに大きな視点から透視する）。

「日本の首相へ
あなたは『イスラム国』から八五〇〇キロ以上離れた場所にいるかもしれないが、あなたは自ら進んで（対『イスラム国』の）十字軍への参加を志願したのだ。あなたは我々の女性と子供たちを殺し、イスラム教徒の家々を破壊するために、一億ドルを得意げに提供したのだ。したがって、この日本人市民の命の値段は一億ドルとなる。
さらに、あなたは『イスラム国』の伸長を抑えようと、イスラム戦士に対抗する背教者を訓練するために、もう一億ドルを差し出した。したがって、このもう一人の日本人自民の命の値段も一億ドルとなる」（『朝日新聞』二〇一五年一月二十一日、傍線は引用者）

彼らイスラム国の声明は「安倍晋三に向けられたもの」なのだ。安倍晋三が（右の事件直前）中東世界を歴訪して彼らの対抗勢力にカネを配ったことが人質事件の原因なのだ。

読者の便宜を考えて、ここでは「本年（二〇一五年）一月時点」における「現代世界情勢」（日本国情勢）を次のようにまとめておく。全ては「シナリオ」なのである。

✹一月七日＝仏新聞社襲撃テロが発生した
✹一月十五日＝世界経済フォーラムは「国家間の衝突」を掲げる「報告書」を発表した
✹一月十九日＝安倍晋三は（イスラエルで）「テロと戦う」と宣言した
✹一月二十日＝「イスラム国」は「日本国民＝人質映像」をインターネット上で公開した

日本国民が大きく注目するべきは「一月十九日・二十日の動き」である。

一月十九日、安倍晋三は（イスラエルで）「テロと戦う」と宣言した。これは（具体的には）どういう行動だったか。当日の情勢を映画的にクローズアップして述べておく。

同日、安倍晋三は「イスラエル首相＝ネタニヤフ」と「二人で」テレビカメラの前に立っていた。彼らの背後には「イスラエル国旗」が存在する。その情勢（親イスラエル情勢）の中で安倍晋三は「テロと戦う」と宣言した。この「安倍宣言」は全世界に向けて配信された。

二〇一五年＝「ユダヤ国家＝イスラエル」と「アラブ＝イスラム世界」が「絶対的＝敵対関係」にあることは言うまでもない。そのような敵対情勢の中で「安倍宣言」（イスラエル国旗の前で「テロと戦う」と宣言した）は、どのような「意味」を持つのか。端的には、

✹日本国＝「ユダヤ国家＝イスラエルとタッグを組んで」→「イスラムと徹底的に戦う」

ということだ。少なくとも「イスラム国」は右のように確実に理解した。それゆえ翌日「イスラム国」は「日本国民＝人質映像」をインターネット上で公開した（一月二十日）。

日本国民は「一月十九日・二十日の動き」を注視するべし。現代世界情勢を明確に透視するならば「イスラム国＝人質事件」は「突発的に発生した事件」ではない。

本書の立場からは「安倍晋三が『人質事件』の『主犯』である」とも言えるのだ。少なくとも彼の行動が「根本原因」であることは間違いない。安倍晋三は「悪魔の仲間」だ。

☀ 透視＝安倍晋三が「イスラム国＝人質事件」を惹起した

さて「イスラム国」の声明は「私たちふつうの日本国民」にも向けられている。


「そして、日本国民へ。

『イスラム国』と戦うために二億ドルを払うというあなたたちの政府の馬鹿げた決定のために、あなたたちは七十二時間以内に日本政府に対して、二億ドルを『イスラム国』に支払うという賢明な判断を迫らなければならない。あなたたちの市民の命を救うために。

さもなければ、このナイフはあなたたちにとっての悪夢となるだろう」（同右、傍線は引用者）

ここでは「彼らの認識」(「イスラム国」と戦うために二億ドルを払う日本国政府の馬鹿げた決定)が「正当か否か」については判断しない。本書の透視は本章を通して述べられる。だが現代世界(近未来世界)を生きる日本国民の立場からは「彼らの声明文」(安倍晋三への声明＋日本国民への声明)を通して認識しておくべきことがある。それは次の二点だ。

✹透視①＝「イスラム国」は「安倍晋三」を「敵視」している
✹透視②＝「日本国民」は「安倍晋三」の動き次第で「悪夢」を見ることになる

本書では「安倍晋三の正体」を暴露した(第二章)。読者には記憶があるだろう。彼はどのような人物か。ここでは右に絡めて次の一点だけを復習しておく。

✹安倍晋三＝迷彩服を着て「戦車」に乗って「喜色満面の馬鹿男」

日本国は「こんな男」が「首相」なのだ。そしてどうなるか。

✹未来予測＝日本国民は「迷彩服を着て戦車に乗って喜色満面の馬鹿男」に殺される

結果的に右の人質事件はどうなったか。二人の日本国民は殺害された。

本書の立場から言うならば「安倍晋三が『人質事件』を作り上げ」→「安倍晋三が『二人の日本国民を殺害した』（殺害させた）ようなもの」である。それだけではない。

二人を殺害した「イスラム国」は（最終的には）次の宣言も発していた（第一章）。

☀ 最終宣言＝「日本国民を『皆殺し』にする」

本書を書き進めている間にも「時計の針」は動いているのだ。本書の「未来予測」は「予測ではなくなりつつある」と言うべきか。日本国民はこれを一体どうするのか。

近未来の世界と日本はどうなるか。話を進める前に次の一項目を述べておく。それは「日本国民は『現代世界情勢全体』をどのように理解するべきか」ということだ。読者諸氏は「地球を俯瞰する視点」に立つべきだ。そうすれば「見えてくる世界」があるはずなのだ。

日本国民は「現代世界情勢全体」を徹底的に理解せよ

日本国民は「温和な民族」だ。世間には「ＫＹ」（空気が読めない）などという言葉もあるように、多くの日本国民は「できることならば『争い』は避けたい」と考える。

2015年1月7日＝仏新聞社襲撃テロ

●風刺画が売り物の仏週刊新聞「シャルリー・エブド」が狙われた！
●英米イスラエルが「イスラム教徒」を「殺し続けている」ことはどうなるのか！

2015年1月20日＝「イスラム国」による人質映像」

●過激派「イスラム国」は「身代金＝2億ドル」を要求する！
●彼らは「地球支配階級」に「育成された組織」である！

だが現代世界全体はそうではない。世界は「戦っている」のである。直接的には「戦争」が繰り返されている。そのような戦争世界の人間からは――特に欧米世界から（常に）「爆撃」を受けている立場の人間からは――「安倍晋三の動き」は、一体どのように見えるのか。
現代の中東世界には「二つの戦争構造」が存在する。

✹戦争構造①＝「ユダヤ国家＝イスラエル」vs.「パレスチナ」（アラブ＝イスラム世界）
✹戦争構造②＝「米英に代表されるキリスト教国家」vs.「アラブ＝イスラム世界」

二つの戦争構造は（結局のところは）「ひとつ」である。

✹現代世界＝「米英イスラエル」vs.「アラブ＝イスラム世界」

つまり「アラブ＝イスラム世界」は「ユダヤ＋キリスト教連合」に「殺され続けている」のである。その彼らが「ユダヤ＋キリスト教連合」に「牙を剥く」のは「当然」だ。
では、（日本人を人質にした）「イスラム国」は「正しい」のか。
結論を言うならば、彼らの背後には「地球支配階級」が存在する。地球支配階級は「イスラム国を作り上げ」→「中東世界をかき回している」のである。

☀地球支配階級＝「過激派＝イスラム国を作り上げ」↓「中東世界をかき回す」

地球支配階級の目的は「世界に『問題』を作り出すこと」だ。
だが炯眼な読者からは疑問の声が出るかもしれない。

☀疑問の声＝「地球支配階級の主力は欧州ロスチャイルド家を筆頭とするユダヤ国際金融資本家であろう」↓「ユダヤ人の彼らがなぜ『イスラム国』に『カネ』を出すのか」

このような疑問が出るのは当然だ。だが地球支配階級の立場からはそんなことは関係がない。彼らの目的は「世界に『問題』を作り出すこと」だ。イスラム国は彼らの目的に適っている。真面目な日本国民には理解することが難しいかもしれないが、地球支配階級（ユダヤ国際金融資本家）は「平和な世界」などは「まったく望んでいない」のだ。
彼らが育成した「イスラム国」が「敵視する勢力」は三つある。

☀イスラム国①＝彼らは「米英イスラエル」を「敵視する」
☀イスラム国②＝彼らは「欧米の援助を得るイスラムの各国政府」を「敵視する」

✹ イスラム国③＝彼らは「イスラムの他宗派」（シーア派）を「敵視する」

過激派「イスラム国」（アラブ＝イスラム世界は「米英イスラエル＝ユダヤ・キリスト教連合」から繰り返して「爆撃」を受けている）の立場において「①②の敵視」は当然だ。日本国民が理解できないのは「③＝イスラムの他宗派（シーア派）の敵視」である。だが、彼らの背後に「地球支配階級」を透視するならば、彼らの動きは理解できる。

イスラム世界における「シーア派」の最大拠点は「イラン」である。また米国がぶち壊したあとの「イラク」には「シーア派」が入り込んでいる。地球支配階級は「イラン＝シーア派を破壊したい」のだ。それゆえに（彼らに育成された）「イスラム国」は「内乱」を勃発させている。彼らの背後には「地球支配階級」が存在する。中東世界は「泥沼」だ。

右を述べつつ「なにが言いたいか」というと——

✹ 戦略提言＝「日本国は中東世界に関わるな」（中東世界からは手を引くべし）

だが安倍晋三（その正体＝迷彩服を着て戦車に乗って喜色満面の馬鹿男）は「テロは断固として許さない」と拳を振り上げている。オバマも「反テロ戦争」を口にする。これは「同時多発テロ」（米国ブッシュ＝ロックフェラー政権の自作自演）後に「ブッシュがぶち上げた戦争戦略＝対テロ戦争」と「同じ」である。近未来世界は「泥沼の世界」となる。

さてここから本書の透視はさらなる深みへと潜行する。現代世界情勢と近未来世界を真実に透視するためには「第二次世界大戦後の中東世界」を「完全に透視する」必要がある。

中東世界に「時限爆弾」が埋め込まれている

一九四八年（昭和二十三年）五月、中東パレスチナに「ユダヤ人国家＝イスラエル」が建国された。地球支配階級が謀略によって建国したのだ。同時に第一次中東戦争が勃発した。

この時点で地球支配階級の大謀略が開始された。それ以降、イスラエルとアラブ諸国は「戦争」を繰り返すことになった。今日に至るまで両者の戦いは終結することはないのである。

> ☀一九四八年五月＝中東世界に「ユダヤ人国家＝イスラエル」が建国された

それはなにを意味しているのか。地球支配階級の立場からは、こうである。

> ☀一九四八年五月＝中東世界に「時限爆弾」を埋め込んだ

その意味は「地球支配階級は（いつでも）『時限爆弾』を爆発させることができる」（中東戦争を勃発させることができる）ということだ。そのことの意味はわかるだろう。

第二次世界大戦後――地球支配階級が「ユダヤ人国家＝イスラエル」が建国して以降――中東世界では（繰り返し）、「中東戦争」が勃発した。それらの動きをまとめておく。

- ☀第一次中東戦争（一九四八年五月）＝パレスチナ戦争（〜一九四九年三月）
- ☀第二次中東戦争（一九五六年十月）＝スエズ戦争（〜一九五七年三月）
- ☀第三次中東戦争（一九六七年六月）＝イスラエルとアラブ戦争
- ☀第四次中東戦争（一九七三年十月）＝石油戦争

だが、中東戦争はこれで終わったわけではない。右は「イントロ」（イスラエルとアラブ諸国の小競り合い）にすぎない。中東戦争の「本番」（大戦争）はこれから始まる。

近未来世界＝イスラエルは「核兵器」を発射する

一九四八年五月＝地球支配階級が建国したイスラエルとはいかなる国家か。端的に言うならば、イスラエルは「戦争国家」である。彼らは核兵器を「四〇〇発」保有している。

☀ イスラエル＝「戦争国家」＝「四〇〇発の核兵器を保有している」

イスラム世界の中にポッンと存在する「ユダヤ人国家＝イスラエル」。彼らは（常に）「戦争」を繰り返してきた。そのような国家の今後を言えばどうなるか。

近未来世界で発生する第五次中東戦争でイスラエルが「危機」に直面した場合には、彼らが核兵器を使用することは確実だ。そうでなければ四〇〇発の核兵器など必要がない。

そのような核兵器情勢の中で、昨年（二〇一四年）六月には再び、「イスラエル・パレスチナ戦争」が勃発した。ここは読者の記憶を促すために強調しておく。

☀ 二〇一四年六月＝中東世界で「イスラエル・パレスチナ戦争」が勃発した

パレスチナ人はガザ地区に閉じ込められている。電力や水もイスラエルから供給してもらわなければならない。さらにガザから外に出ようとすると厳しい検問がある。イスラエルは長期にわたって「パレスチナ人の自由を奪っている」のである。だが、こんな措置で問題が解決するのであろうか。パレスチナ人の憎しみが膨れ上がっていくだけである。

パレスチナ人の大半は「イスラム教徒」である。彼らの苦難を世界のイスラム教徒が無視することはない。彼らはパレスチナに対する援助を与え続ける。だがイスラエルは（イスラムを相手の戦争は）「戦えば必ず勝つ」と信じている。彼らは核兵器を持っているからだ。

イスラエルの核兵器工場はどこにあるのか。それは「ディモナ」に存在する。同地はベールシェバの近くであり、周囲は見わたす限りの砂漠である。現地に行っても、それは（表面的には）「原子力発電所」にしか見えないが、その地下には「巨大な核兵器工場」が存在する。

☀イスラエル＝ディモナ（地下）に「巨大な核兵器工場」が存在する

二十一世紀＝米国は「イランの核開発」を世界的な大問題としている。だが「イスラエルの核兵器」（核兵器工場の存在）についてはなにも言わない。なぜそうなるのか。

米国とイスラエルは「一枚のコインの裏表の関係」にある。米国は「ユダヤ国家＝イスラエルの核兵器工場」を放置・放免しつつ、イラン・イラクなどの「イスラム国家」を叩きに叩きまくるのだ。世界に「正義」は存在しない。世界は「悪魔」が支配している。

☀絶対的事実＝世界に「正義」は存在しない。世界は「悪魔」が支配している

右の単純な事実を徹底的に透視することなく、安倍晋三の言う「集団的自衛権行使」を容認

して「日本国が米国の戦争に参加する」ことなどは「愚かの極み」なのである。

近未来世界で「第五次中東戦争」が勃発したとき、イスラエルはどう動くのか。彼らは間違いなく「核兵器」を発射することになるだろう。彼らは勝つためにはなんでもやるのだ。

近未来、中東世界で「戦争」が勃発したとき、米国は必ずや「参戦」するだろう。正確には「彼らが戦争を仕掛ける」と言うべきか。そのときに日本国はどうなるか。安倍晋三の言うように「集団的自衛権行使」を掲げるならば、日本国も「参戦する」ことになるのである。

そして結果的にはどうなるか。このままでは私たちふつうの日本国民は「謀略戦争」（地球支配階級が仕掛ける悪魔的戦争）に引きずり出されることになる。

☀ 近未来予測＝日本国民は「謀略戦争」に引きずり出されることになる

現代世界における地球支配階級の戦略は「第五次中東戦争を勃発させる」ということだ。同時に彼らは「別の戦略」も仕掛けている。それはどういうことなのか。

ソチ五輪が終了すると「ウクライナ問題」が発生した理由

昨年（二〇一四年）二月、ロシアで「ソチ五輪」（冬期オリンピック）が開催された。だがそれが終了すると同時に「ウクライナ問題」が発生した。これはどういう問題だったか。

✹二〇一四年二月＝ソチ五輪終了と同時に「ウクライナ問題」が発生した

同年二月十四日、ウクライナの首都キエフで反政権デモ隊と治安部隊が衝突した。ヤヌコビッチ大統領は野党側と大統領選前倒しを柱とする合意文書に署名した（二月二十一日）。

さてこの問題の背後はどうなっていたのか。結論を言うならば、地球支配階級が「ウクライナの反体制派勢力を焚きつけた」ということだ。

ウクライナは「親ロ国家」だった。同国の過去を俯瞰する。

✹一九九〇年＝ソ連邦が崩壊するまで「ウクライナはソ連の一部」だった

一九八五年＝ソ連では「チェルノブイリ原発事故」が発生した（これは地球支配階級が仕掛けたものだ。その目的は「ソ連を破壊するため」だ。事故から五年後、「ソ連は崩壊した」。全部が仕掛けられているのである）。このチェルノブイリ原発は「ウクライナ」に存在した。

そんな関係もあってウクライナ国民の約半分（東部）は「ロシア系」なのだ（同国にはロシア系住民が多いので、ロシア語はウクライナの公用語でもある）。よって同国が「親ロ国家」であることには不思議はない。だが地球支配階級にとって、それは「面白くない」ことだ。それで彼らは「ウクライナ問題」を仕掛けた。

ウクライナ問題の発生当時、現地で暴れていたのは「ウクライナ国民」ではない。その中核となったのは「スウェーデンの極右＝ネオナチ」だった。彼らが「ウクライナ入りして大暴れをした」のである。その背後に「地球支配階級」が存在することは言うまでもない。

では彼らの戦略はなにか。彼らは目的があって動いている。結論を提示する。

☀地球支配階級①＝彼らは「ウクライナ」に「戦争状態」を作り出したい
☀地球支配階級②＝それを「欧州世界VS.ロシアの戦い」に拡大する

その後の動きを見るならば、彼らの戦略は着々と進行している。同時にロシアの立場は苦しいものとなっている。ロシアに対する経済制裁には日本国も参加している。

ウクライナ問題発生後、ロシアをさらに苦境に陥れたのは（ウクライナ上空における）「マレーシア機の墜落」だった。世界中のマスコミは「ロシア軍がマレーシア航空機を撃墜した」と報道した。だが真実はそうではない。マレーシア航空機は「地球支配階級が撃墜した」のだ。

マレーシア航空機撃墜事件の背後情勢を透視する

マレーシア航空機撃墜事件の真相を知るためには、その前に発生した「別の事件」を同時に透視する必要がある。それはマレーシア航空機失踪事件だ。二つの事件を提示する。

> ✹二〇一四年三月＝マレーシア航空機・失踪事件（どこに消えたか不明である）
> ✹二〇一四年七月＝マレーシア航空機・撃墜事件（誰が本当の犯人なのか）

失踪したマレーシア航空機は今に至るもどこに消えたかわからない。だがそんなバカなことがあるはずがない。今どきは飼い猫がどこにいるかすらがわかるのだ（猫の首にＧＰＳ＝位置測定装置を付けていれば）。そのような時代に旅客機が消えて無くなるはずがないのである。

では、マレーシア航空機はどこに消えたのか。ここでは結論だけを述べておく。

失踪したマレーシア航空三七〇便は「米軍＝ディエゴ・ガルシア秘密基地」（インド洋上）に極秘に着陸させられた。そして同機は、（次には）ウクライナ上空で撃墜された。被撃墜機の正体については別説も存在する（すぐ後で述べる）。ここでは次のように提示しておく。

✹二〇一四年三月＝マレーシア航空三七〇便は「米軍基地に極秘に着陸させられた」
✹二〇一四年七月＝マレーシア航空三七〇便は「ウクライナ上空で撃墜された」

マレーシア機が繰り返して狙われるのは、同国が「TPP参加」を拒否しているからだ。ロシアを苦境に陥れたマレーシア航空機撃墜事件は「地球支配階級が仕掛けた謀略」である。なぜ彼らはそのような謀略を仕掛けるのか。彼らは「ロシアの暴発」を待っている。地球支配階級は、（ロシアを追い詰め）「ロシアが決起することを待っている」。これは彼らが、（イスラム教徒を追い詰め）「イスラム教徒が決起することを待っている」のと同じである。

✹地球支配階級①＝「ロシアを追い詰め」↓「ロシアを決起させる」
✹地球支配階級②＝「イスラム教徒を追い詰め」↓「イスラム教徒を決起させる」

右を暴露した上で、マレーシア航空機撃墜事件を追跡する。これは「悪魔のゲーム」なのだ。

マレーシア航空機撃墜事件は「八百長芝居」という事実

二〇一四年七月十七日、乗客乗員二九八名を乗せてオランダからマレーシアに向かっていた

「マレーシア航空一七便」（ボーイング七七七型機）がウクライナ東部で墜落した。ウクライナ政府は「旅客機がロシアに撃墜された」との見方を示し、（同時に）「ロシア軍のものと思われる『軍用機と民間機を間違えた』という音声情報も入手している」と表明した。これに対しロシアは「ウクライナ軍が撃墜した」と主張した。両者の主張は真っ向から対立する。どちらかがウソをついていることは明らかだ。この事件の真実はなんなのか。

✹事実①＝マレーシア航空一七便が「墜落する画像」は「インチキ写真」

事故直後、マレーシア航空一七便（ボーイング七七七型機）が「墜落する画像」（撃墜された画像）が公開された。だがそこに写っていたのは「一七便」ではなかった。そこに写っていたのは、一九七八年九月二十五日、「パシフィック・サウスウエスト航空一八二便＝墜落事故」の写真だった。最初から事件はでっち上げられているのである。

✹事実②＝旅客機が高度一万メートルから落下して地上に激突した形跡はない

民間旅客機が（戦闘機に撃墜されて）「高度一万メートルから落下して」→「地上に激突したら」→「現場は壮絶なことになる」。だが墜落現場にはそのような形跡は存在しない。

現場映像には「無傷の死体」や「無傷のカバン」などが写っている。これはどう見ても「現場で中古飛行機を爆破して」→「あとから死体やカバンなどをばらまいた」としか思えない。現場映像の中には「新品同然のパスポート」も存在する。撮影者は「乗客の遺品」と言いたいらしいが、高度一万メートルから落下して、そんなものが現場に残存するはずがない。

☀事実③＝墜落現場の旅客機は「マレーシア航空一七便」ではない

墜落現場の映像には（破壊された）「マレーシア航空一七便」が写っている。だが航空機の専門家は「これはマレーシア航空一七便ではない」と言う。なぜならば、同便は「ボーイング七七七型機」だが、写真に写っている機体は「それよりも明らかに小型」だからである。高度一万メートルから落下して地上に激突したからと言って、旅客機の機体が「縮む」などということはあり得ない。この破壊された機体は「現場で爆破されたもの」なのだ。

先には、「失踪したマレーシア航空三七〇便が撃墜された」と述べた。右はこれに対する別説だ。ここでは二説を併記しておく。

☀事実④＝そもそも当日「マレーシア航空一七便」は「休便」だった

マレーシア航空一七便は「二〇一四年七月十七日、乗客乗員二九八名を乗せてオランダからマレーシアに向かっていた」ことになっている。だが当日、同便は「休便」だった。飛んでいない旅客機を「誰がどうやって『撃墜』することができるのか」。そんなことは「神」にもできない。全部が「八百長芝居」なのである。

イスラエル軍の「ガザ空爆」が意味していること

昨年（二〇一四年）七月十七日、オランダからマレーシアに向かっていたマレーシア航空一七便がウクライナ東部で墜落した。

同時期、世界ではなにが起こっていたか。中東ではイスラエル軍が「ガザ空爆」を開始した。そして多くのパレスチナ人が次々に殺された。

☀二〇一四年七月＝ウクライナにおける「マレーシア機撃墜事件」
☀二〇一四年七月＝イスラエル軍による「ガザ空爆」

両者にはどのような関係があるのか。あるいは無関係の出来事なのか。

結論を言うならば、右の「マレーシア航空機撃墜事件」（地球支配階級が仕掛けた八百長芝居）は「イスラエル軍の『ガザ空爆』を隠蔽するための芝居」だった。

もちろんイスラエル軍の「ガザ空爆」を完全に隠蔽することはできない。世界では連日「ガザ空爆」が報道された。だが当時、世界のマスコミの第一の焦点は「マレーシア機撃墜事件」で「イスラエル軍のガザ空爆」は（言わば）「オマケの事件」となったのだ。

現代世界情勢は「第三次世界大戦」に驀進している【世界篇】

二〇一五年、地球支配階級は「第三次世界大戦＝勃発戦略」（地球人民＝皆殺し戦略）を着々と進行させている。だがそのことが多くの日本国民にはわからない。

ではどうやって彼らは「第三次世界大戦を勃発させるのか」——。彼らの戦略は以下の通りだ。先にも述べたことだが繰り返す。これは日本国民全員が記憶しておくべき項目だ。

> ✹悪魔の戦略①＝「ロシアをギリギリと締め上げて」↓「ロシアの怒りを爆発させる」
> ✹悪魔の戦略②＝「手先の『イスラム国』を使って」↓「中東情勢をガタガタにする」
> ✹悪魔の戦略③＝「中東大戦争を勃発させる」↓「第三次世界大戦に向けて誘導する」

右を明らかにした上で現代世界情勢を透視する。以下で述べることは「目の前の動き」である。日本国民は（これらの動きの背後に）「悪魔の戦略」を明確に透視するべきなのだ。

✹ 透視①＝地球支配階級は「ロシア」をギリギリと締め上げる

二〇一五年二月十二日、ウクライナにおける戦闘で「停戦合意」が行なわれた。だがウクライナ問題が簡単に片づくはずがない（ウクライナ問題は地球支配階級が仕掛けたものだ）。

二〇一五年二月十五日、新聞は「停戦合意『重大な危機』」「ウクライナ／交通の要衝、攻防」「米、ロシアを批判」と題して、次のように書いている。

「ウクライナ東部では（二月）十五日午前〇時（日本時間同七時）の停戦開始まで二十四時間を切った十四日も、支配域を拡大しようとする新ロシア派と、ウクライナ政府軍の間で激しい戦闘が続いている。ポロシェンコ大統領は『停戦合意は重大な危機にある』と発言。米政府も『停戦の精神に反する』とロシア側を批判している」（『朝日新聞』二〇一五年二月十五日付、傍点は引用者）

近未来＝ウクライナ問題はどうなるか。結果的にウクライナ問題がどうなろうとも、私たちは（この問題の背後に）「地球支配階級が存在する」ことを透視しておくべきである。

☀ 透視②＝地球支配階級は「イスラム国」を使って「中東＝大動乱情勢」を作り出す

右の新聞は（右と同じ日、右と同じ紙面で）「米軍駐留基地の近くに自爆攻撃」「イラクで『イスラム国』」と題して、次のように書いている。

「米国防総省は（二月）十三日、イラク中西部アンバル州のアサド空軍基地近くで、『イスラム国』による自爆攻撃があったと明らかにした。同基地は米海兵隊約三〇〇人が駐留しているが、米軍に被害はなかったという。戦闘員数人が十三日に同基地の近くで自爆攻撃を試み、続いて約十五人が攻撃を仕掛けてきたが、ほとんどが自爆か、イラク治安部隊により殺害された」（同右、傍点は引用者）

右の『イスラム国』の攻撃で「米軍に被害はない」のは当然だ。なぜならば『イスラム国』（地球支配階級の手先）にとって「米軍」は「敵」ではないからだ。

彼らの究極的＝最終目的は、各地で「イスラム国」の名において「戦闘」と「攻撃」を繰り返して、「中東＝大動乱情勢」を作り出すことにある。

念のためだが、重要なことなので述べておく。

「イスラム国」の上層部は「地球支配階級」とつながっているが、末端の戦闘員は「上層部に利用されている」だけだ。彼らは「自爆要員」として使われるだけのことである。

また右の攻撃では「米軍に被害はなかった」。その根本的理由は（先に述べたように）「イスラム国とって米軍は敵ではない」からだが、もうひとつの瑣末な理由は（現状では）「末端の戦闘員＝自爆要員の攻撃技術＝自爆技術が未熟だから」だ。今後はどうなるかはわからない。

繰り返して述べる。彼らの究極的＝最終目的は、各地で「イスラム国」の名において「戦闘」と「攻撃」を繰り返し、「中東＝大動乱情勢」を作り出すこと。さらに事例を追加する。

✹透視③＝地球支配階級は「イスラム国」を使って「中東＝大動乱情勢」を爆発させる

右の新聞は（右と同じ日、右と同じ紙面で）「リビアラジオ局米軍駐留基地の近くに自爆攻撃」「イラクで『イスラム国』」と題して、次のように書いている。

「リビア中部シルトにある国営ラジオ局が（二月）十二日、過激派組織『イスラム国』を名乗る武装勢力に占領された。聖典コーランや、同組織の最高指導者アブバクル・バグダディ容疑者の演説などを放送しているという。ＡＦＰ通信などが伝えた。シルトの実効支配を始める可能性がある」（同右、傍点は引用者）

右の情勢については解説する必要はないだろう。本書の立場からは「やっているな」ということだ。ついでのことながら「ＡＦＰ通信」は「地球支配階級の所有物」だ。

二〇一五年＝日本国の知識人集団の間では「現代世界情勢は『不透明』である」（先行きが全く読めない）と言われている。このような見解を読者諸氏はどう考えるか。

本書の立場からは「現代世界情勢は（よく拭いたガラス窓のように）『透明』である」。

二〇一五年＝現代世界情勢は「地球支配階級が『人形』（各国首脳＋イスラム国＋その他）を操る芝居小屋」にすぎない。地球人民は「人形芝居を見ている」だけだ。

そのことの意味はわかるだろう。これは「ふざけた世界」（許しがたい世界）である。

ふつうの日本国民の立場からの大問題は（そのような現代世界＝芝居小屋の中で）「悪魔の手先＝安倍晋三」が「どのように動いているか」ということだ。

現代世界情勢は「第三次世界大戦」に驀進している【日本篇】

二〇一五年＝新年が明けると同時に、「イスラム国」による「日本人人質事件」が発生して（結果的に）「二人の人質は殺された」。この背後には「安倍晋三の中東歴訪」があった。

本書の立場から言うならば「安倍晋三が『イスラム国＝日本人人質事件』を発生させて」、

「安倍晋三が『二人の人質を殺した』ようなもの」である（第一章を参照のこと）。
なぜそのようなことになるのか。繰り返しになるが述べておく。

☀ 事実＝安倍晋三は「地球支配階級の手先」である

右の事実がわかれば、その後の彼の動きは「明々白々」（悪魔の動き）なのである。

☀ 悪魔の動き①＝安倍晋三は「他国軍支援」を開始する

二〇一五年二月十日、新聞は「ODA／他国軍支援を解禁」「非軍事限定／新大綱、閣議決定」と題して、次のように書いている。

「安倍内閣は（二月）十日、いまのODA（政府の途上国援助）大綱を見直し、新たな海外援助の基本方針を示す『開発協力大綱』を閣議決定した。これまでのODA大綱で事実上禁じてきた他国軍への支援について、災害救助など非軍事の目的に限って援助できるようにする。また『国益』という言葉を初めて使うなど、日本の安全保障や経済的な利益につながる支援を重視している」（『朝日新聞』二〇一五年二月十日夕刊、傍点は引用者）

本書の立場からは「悪魔の動き」と言うしかない。右を巡ってなにが起きるかと言うと、

✹近未来予測＝日本国は（悪魔軍＝英米イスラエル軍が主導する）「多国籍軍」（アラブ＝イスラム世界を「敵」とする軍隊）に「正式加盟する」ことになる

これは「明々白々な未来」である。ふつうの日本国民の立場からは「私たちが『イスラム世界』を『敵』に回す必要はない」のである。だが安倍晋三の「心」は異なる。

✹悪魔の動き②＝安倍晋三は「米軍以外」にも「武器防護」を開始する

二〇一五年二月十二日、新聞は「武器防護、米軍以外にも」「豪を念頭、共同訓練時など」「安保法制で政府・自民検討」と題して、次のように書いている。

「政府・自民党は安全保障法制整備に関し、共同訓練時の武装集団に襲われた場合などに、自衛隊が武器を防護する対象を米軍以外に広げるのを検討する。集団的自衛権に関連する昨年（二〇一四年）七月の閣議決定は武器防護の対象に米軍を想定していたが、安全保障協力

が進むオーストラリア軍なども含めるべきだと判断した。公明党は慎重で与党協議の論点になりそうだ」(『日本経済新聞』二〇一五年二月十二日付、傍点は引用者)

本書の立場からは「悪魔の動き」と言うしかない。右を巡ってなにが起きるかと言うと、

☀近未来予測＝「地球支配階級の手先(イスラム国＋その他)が『武装集団』と化して」→「日米豪の共同訓練を襲撃する」→「自衛隊は(武器防護の名目で)『戦闘』を開始する」

これは「明々白々な未来」である。本書の立場からは「地球支配階級が操る『人形芝居』は完全に透視できている」。だが安倍晋三の「心」は異なる。

☀悪魔の動き③＝安倍晋三は(さらなる)「日米同盟＝強化」を開始する

二〇一五年二月十五日、新聞は「日米、戦後七十年で共同文書」「GW訪米時発表へ調整」と題して、次のように書いている。

「日米両政府は、春の大型連休に安倍晋三首相が訪米する際、オバマ大統領との日米首脳会談に合わせて共同文書を発表する方向で調整している。今年（二〇一五年）は戦後七十年の節目にあたり、文書ではこれまで両国が世界の平和と安定に貢献してきたことや、さらなる同盟の強化をうたうことを検討している。今年上半期に見直す日米防衛協力のための指針についても触れる見通しだ」（『朝日新聞』二〇一五年二月十五日付、傍点は引用者）

本書の立場からは「悪魔の動き」と言うしかない。右を巡ってなにが起きるかというと、

> ☀近未来予測＝「日本国自衛隊は『日米同盟軍』を正式に結成し」（その実体は『米国の奴隷軍』にすぎないが）↓「米国の『敵』（アラブ＝イスラム世界）と戦うことになる」

これは「明々白々な未来」である。本書の立場からは「地球支配階級＝『悪魔の戦略』（中東大戦争→第三次世界大戦）は完全に透視できている」。だが安倍晋三の「心」は異なる。

日本国民は「悪魔の手先＝安倍晋三」に「殺される」だけなのか

二〇一五年＝新年が明けると同時に＝「イスラム国」による「日本人人質事件」が発生した。

先には「安倍晋三が『イスラム国＝日本人人質事件』を発生させて」→「安倍晋三が『二人の人質を殺した』ようなものである」と指摘した。そしてどうなったかと言うと――

☀「イスラム国」の宣言＝「日本国民を『皆殺し』にしてやる」

右の動きは（第一章で）時間を追って述べてきた。だが「彼らの動き」は終わらない。私たちふつうの日本国民は「時々刻々＝追い詰められつつある」と言うべきだ。

二〇一五年二月十三日、新聞は「人質殺害／日本辱めるため」「『イスラム国』機関誌で主張」と題して、次のように書いている。

「過激派組織『イスラム国』は英字機関誌ダビクの最新号をインターネット上に投稿した。殺害したとする湯川遥菜《はるな》さん（42）と後藤健二さん（47）について巻頭の記事で取り上げ、『日本政府が決して身代金を払わないと分かっていた。傲慢《ごうまん》な日本政府を辱めるためだった』と記した。／記事は、日本は平和憲法があるにもかかわらず二〇〇一年のアフガニスタン戦争で米軍などを後方支援、イラク戦争では自衛隊を派遣したと説明。当時、『イスラム国』の前身組織がイラクで日本人男性を人質にしたが日本は自衛隊を撤退させなかったので殺害したとし、『日本は再び「イスラム国」に対する有志連合に加わった』としている」（『朝日新聞』

二〇一五年二月十三日夕刊、傍点は引用者）

本書の透視では「イスラム国」は「地球支配階級の手先」である。だが彼らの論説（言い分）は「正しい」のである。彼らは「非論理的な『狂気の集団』ではない」のである。

☀「二〇〇一年＝日本国は「アフガニスタン戦争」で「米軍などを後方支援した」
☀「二〇〇三年＝日本国は「イラク戦争」で「自衛隊を派遣した」

その彼らは今、日本国をどのように見ているか。

☀「二〇一五年＝日本国は「イスラム国」に対する「有志連合に加わった」

彼らの視点は（論理的には）「正しい」のである。そういうことであるならば、近未来＝彼らの宣言（「日本国民を『皆殺し』にしてやる」）が「実行される」ことは「確実」だ。

私たちふつうの日本国民は「アラブ＝イスラム世界」を「敵」と思ったことは一度もない。というより、（正確には）「日本国民の多くは『中東世界』のことはほとんど知らない」。

そのような情勢の中にあって、なぜ私たちが「彼らの標的」にならなければいけないのか。

その原因はハッキリしている。ここでは「彼らの視点」を提示しておくべきだろう。

☀二〇一五年＝安倍晋三が「イスラム国」に対する「有志連合に加わった」

読者はこれをどう読むか。繰り返しになるが重要ポイントなので再説しておく。彼らの視点は（論理的には）「正しい」のである。そういうことであるならば、近未来＝彼らの宣言（「日本国民を『皆殺し』にしてやる」）が「実行される」ことは「確実」だ。本章における結論は、以下の二点だ。これは「論理的な結論」だ。

☀結論①＝近未来＝日本国民は「謀略戦争」に「引きずり出される」
☀結論②＝近未来＝日本国民は「悪魔の手先＝安倍晋三」に「殺される」

これを一体どうするのか。

【第10章】

歴史には「大きな周期」が存在する

……日本国民は「超サイクル理論」を理解せよ

日本国は「謀略世界」の中で浮沈を繰り返してきた

二〇一五年＝現代日本国は「戦争」に向かって驀進している。だが多くの日本国民にはそのことがわからない。そしてアベノミクス（日本経済情勢）に目を奪われる。

だが結論を言うならば、本年秋以降、日本国では金融暴落が始まる。そしてそのガタガタ情勢の中で日本国は戦争に突入することになる。本書はそれを覆すために書かれている。

日本国は「日本国民」のために存在しているわけではない。それは「地球支配階級によって動かされている」だけだ。（同時に）日本国内には「彼らの手先」が存在する。

その背後情勢がどのようなものであるかは、本書の中で述べてきた。日本国は（幕末・明治維新の時代から）「謀略世界の中で浮沈を繰り返してきた」のである。

ここでは次のように要点をまとめる。本書の立場から「歴史の真実」を明確に透視するならば「日本国の歴史」（明治・大正・昭和・平成）は「奴隷の歴史」なのである。

☀ 明治時代＝日本国民が「勝利」に歓喜した「日清戦争」や「日露戦争」は「地球支配階級に利用された戦争」だった

☀ 大正時代＝日本国民が「勇躍」した「シベリア出兵」（大日本帝国は世界列強国として

ソ連＝シベリアに出兵した）は「地球支配階級による日本国＝誘き出し戦略」だった

☀昭和時代＝日本国民を「地獄」に叩き込んだ「大東亜戦争」（日米戦争）は「地球支配階級の掌の上で踊っただけの戦争」だった

☀平成時代＝戦後の日本国は「米国の奴隷国家」（戦後憲法＋日米安保）として存在する。日本国に「自由」はない。日本国は「鉄鎖」の中に存在する

☀現代日本＝奴隷国家の中で安倍晋三は「地球支配階級の掌の上で動いている」↓「近未来には『集団的自衛権』を発動させる」。これは「危険」である

日本国は「戦争に向かって驀進している」と言うしかない。同時に現代世界も「戦争に向かって驀進している」。現代世界情勢も「地球支配階級の掌の上で動いている」のだ。

さて、右を確認した上でさらに話を進めよう。ここから先の話は「日本国民への戦略提言」がコアとなる。読者諸氏は（本書全体を振り返りながら）「思念」を回転させてほしい。

超サイクル理論＝世界歴史の構造とメカニズム

私＝鈴木啓功は「新しい世界の読み方」として「超サイクル理論」を構築している。

☀ 超サイクル理論＝この世の森羅万象を論理的に解きほぐし、「世界歴史の構造とメカニズム」として理論的にまとめあげたものである

超サイクル理論については過去にも書物としてまとめたことがある（『世界大逆転の法則』『国家の終焉・国民の逆襲』ほか）。だがそれらは「超サイクル理論の入門書」のようなもので、まだ「超サイクル理論＝完全版」は出せていない。なぜそういうことになっているのか。

それは（日本国が上から下までガタガタで）「出版情勢が全然整わない」からである（読者＝日本国民は「歴史の理論」よりも「目の前の情勢分析」を欲している）。だが私はいつまでも「超サイクル理論」を隠しているわけにはいかない。なぜならば「超サイクル理論」は（世界と日本の過去・現在・未来を完全に透視できる）「歴史変動の一般理論」だからだ。

本来ならば（目の前の情勢分析をやる前に）「歴史変動の周期性」を明確に認識するべきなのだ。そうすれば「未来世界」が見えてくる。同時に「未来戦略」も明確に構築することができる。それゆえ今回、私は読者に理論のエキスだけでも提出したいと考えた。これは役に立つはずだ。近未来の日本国には「超サイクル理論」が大きく浮上してくることになるだろう。

この世界の構造は「三階建てのビル」である

さて、世界はどのように見るべきか。読者に「未来の見える魔法のメガネ」を差し上げよう。ここでは要点のみを述べ、すぐに本論に突入する。

世界には、「政治」「経済」「社会」など、さまざまな領域が存在する。それゆえ新聞は「政治面」「経済面」「社会面」などに分かれている。そして新聞は（紙に印刷された平面的なメディアであるから）それらを「平面的」に並べている。すなわち、互いにあまり関連のない独立したもののように処理している。同じように私たちも、世界のさまざまな領域を「平面的」かつ「バラバラ」に理解している。だが世界は、「平面的」にではなく、「立体的」に見なければならない。そうでないと、その関連性が見えなくなる。

世界を「立体的に見る」とどうなるか。世界は「三階建てのビル」である。

つまり、一階（社会）、二階（経済）、三階（政治）の「三階建てのビル」である。以下は357ページの図表を眺めつつ「三階建てのビル」を明確にイメージしてお読みいただきたい。

☀一階（社会）＝家の中や隣近所（あるいは地域社会で）日々の生活を営み、「税金を支払う」＝「私たちふつうの日本国民の一人ひとりのことである」

☀二階（経済）＝工場やオフィスで働く私たちビジネスマンやビジネスウーマン、そして「税金を支払う」＝「企業やお店のことである」

☀三階（政治）＝永田町、霞が関、都道府県庁、市役所、村役場など、「税金で仕事をしている」（税金で飯を食っている）＝「政治家や役人たちのことである」

ビルは、一階から順番に建てていく。三階から建てたいと思うのは勝手だが、そのように建てることはできない。ものごとにはすべて「順番」がある。

世界の成り立ち（構築順序）も、それとまったく同じである。

世界は、一階（社会）から順番に構築されていく。一階（社会）ができ、二階（経済）ができ、そして、最後に三階（政治）ができる。

つまり「世界」というビルの各階は、次のような関係になっている。

☀世界ビル＝上の階が、「下の階」に依存しつつ、「下の階」を利用している

ここは明確に理解するべきポイントだ。経済（二階）は、社会（一階）がなければ存在することができないが、社会を利用することができる。また政治（三階）は、経済（二階）や社会（一階）がなければ存在することはできないが、経済や社会を利用することができる。

すなわち、どんなに大企業（二階）であっても、消費者（一階）がいなければ、この世に存在することは許されない。当然のことであるが「消費者があっての企業」である。

また、いくら政治家や役人連中（三階）が偉そうにしていても、この世に、税金を納めてく

世界は「三階建てのビル」である！

れる企業（二階）や国民（一階）がいなければ、いったいなにができるのか。なんにもできやしないのである。当たり前のことであるが「企業や国民があっての政治」である。

というわけで、三階建てのビルで最も大切なのは「一階」（社会）である。すなわち、世の中で最も大切なのは「社会に生きる私たち一人ひとりである」ということだ。

さて、世界は「三階建てのビル」であった。

このような「世界の構造」と「歴史の動き」の間には、いったいどんな関係があるのか。じつは歴史にはひとつの大きなサイクルが存在している。ここからは次のポイントだ。

歴史は「一八〇年サイクル」で動いている

さて、ここで読者諸氏は、一階（社会）、二階（経済）、三階（政治）の「三階建てのビル」の両サイドに「階段」がついているとイメージしてほしい（361ページの図表参照）。

☀ 右側の階段＝昇り専用
☀ 左側の階段＝降り専用

世界の歴史は、一定のサイクルで「両サイドの階段の昇り降り」を繰り返している。

歴史は、一階（社会）の階段を昇り、二階（経済）の階段を昇り、三階（政治）の階段を昇って「頂点」に達すると、次には「反転」して、三階の階段を降り、二階の階段を降り、一階の階段を降りてくる。そして一階のフロアに達すると（再び）一階の階段を昇り始める。

各階の階段は、昇るのに「三〇年」、降りるのにも「三〇年」かかる。

つまり、歴史は「三〇年かかってある社会を形成し」→「三〇年かかって（その社会を基盤に）経済を発展させ」→「さらに三〇年かかって（その社会と経済を基盤に）政治を構築する」のだが、そこでひとつの「絶頂」を迎えると、次には「反転」して、今度は「三〇年かかって政治が崩壊し」→「三〇年かかって経済が崩壊し」→「さらに三〇年かかって社会が崩壊する」という運動を繰り返している。

このように「超サイクル理論」のひとつの周期（サイクル）は、

> ☀ 上昇の階段＝三〇年×三階＝九〇年
> ☀ 下降の階段＝三〇年×三階＝九〇年

この二つの（合計）「一八〇年」で構成されている。そしてここでは、それぞれの「階段」（上昇の階段＋下降の階段）を、次のように呼ぶことにしよう。

☀上昇の階段＝九〇年＝「大構築」の局面
☀下降の階段＝九〇年＝「大逆転」の局面

上昇の階段の「大構築」という呼び方については、説明するまでもないだろう。上昇の九〇年の間には（一階・二階・三階と）「世界＝時代＝体制が大構築されていく」のである。

一方、下降の階段の局面は（既存の勢力や体制から見れば）「大崩壊」と呼んでもよいわけだが、本質的には「それまでの力関係や価値体系が大きく逆転していく」ということだから、それを「大逆転」と呼ぶことにする。そして、一八〇年サイクルを繰り返す世界歴史においては、この「大逆転」は、次なるサイクルの「大構築」への大いなる助走でもある。

☀超サイクル理論＝世界の歴史は「大構築」（九〇年）と「大逆転」（九〇年）を繰り返しながら「一八〇年サイクルでぐるぐるまわっている」のである

読者の理解を促すために次のことを述べておく。歴史の「一八〇年サイクル」と「善悪の価値観」は関係がない。ここは誤解する人が多いので、あえて注意を促したい。

歴史の「一八〇年サイクル」においては「大構築の時代＝良い時代」「大逆転の時代＝悪い時代」ということではない。そこには「善悪の価値観」を持ち込むべきではない。

【超サイクル理論】

世界歴史のサイクルは
大構築90年＋大逆転90年＝180年である！

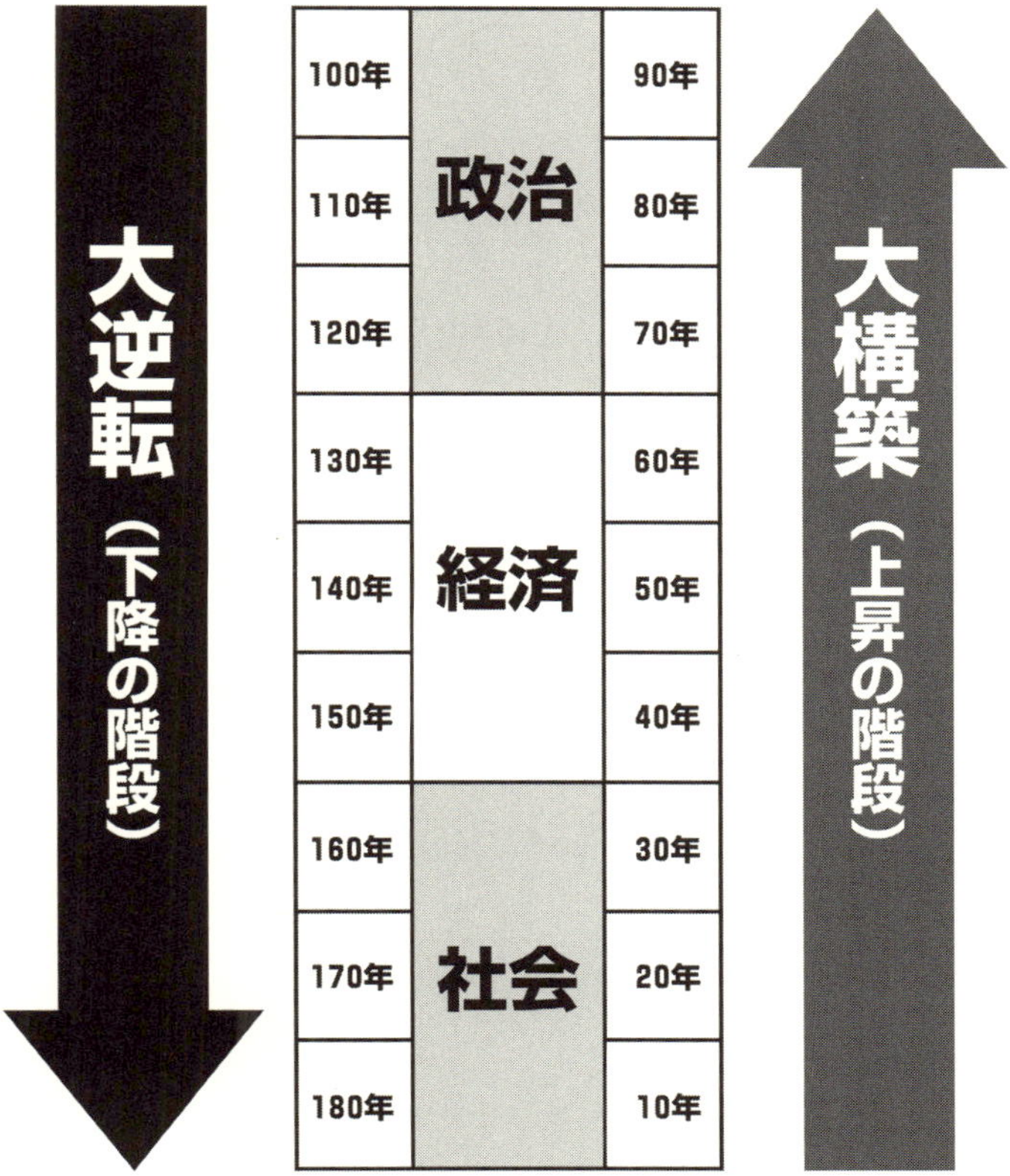

テーマ　ひとつのサイクルにはひとつのテーマがある。

大逆転の時代には、「大構築の時代にできた体制が崩壊する」から、「既存勢力」（体制側）にとっては「危機」である。だが大逆転の時代の「大崩壊情勢」（過去の体制が全部ぶち壊れる）は「新規勢力」にとっては「ビッグチャンス」なのである。その真実の意味を読者諸氏は明確に理解することができるだろうか。そのためにこそ、ここから先を読むべきだ。

現代世界のサイクルを解読する

さて早速、「超サイクル理論」を始めよう。

363ページのサイクル図表を見てほしい。

上は「現代世界のサイクル」、下は「現代日本のサイクル」である。

この二枚の図表は、超サイクル理論の立場から「現代の世界と日本の動き」を大きくまとめたものである。しばらくの間、じっくりと眺めてほしい。

読者諸氏は「二〇一五年」がどこに位置するかを確認することができるだろうか。

☀二〇一五年＝「二階（経済）が大逆転する時代」（一九九〇年代〜）の「最後の局面」

その意味は（二〇二〇年までの）今後五年間、「日本経済（世界経済）は大激震を繰り返す」

【現代世界のサイクル】1870年代～2040年代

大逆転（下降の階段）				大構築（上昇の階段）	
独　ベルリンの壁構築	1961	政治		1955	ワルシャワ条約機構を結成
米　ニクソン大統領が訪中	1972	政治		1945	国際連合が成立
独　ベルリンの壁崩壊	1989	政治		1939	第2次世界大戦（～1945）
日　バブル経済が崩壊	1990	経済		1929	ニューヨーク株式市場が大暴落
米　リーマン・ショック	2008	経済		1914	第1次世界大戦（～1918）
？	2010代	経済		1907	三国協商（英仏露）成立
？	2020代	社会		1894	仏　ドレフュス事件
？	2030代	社会		1889	第2インターナショナル（パリ）結成
？	2040代	社会		1871	独　ドイツ統一

テーマ　自由主義と社会主義の闘争

【現代日本のサイクル】1870年代～2040年代

大逆転（下降の階段）				大構築（上昇の階段）	
安保闘争・新日米安保調印	1960	政治		1951	日米安全保証条約、調印
沖縄が日本に復帰	1972	政治		1941	大東亜戦争（～1945）
昭和天皇、崩御	1989	政治		1937	日中戦争（～1945）
バブル経済が崩壊	1990	経済		1922	日本の総財産860億円
郵政民営化法が成立	2005	経済		1918	シベリア出兵
？	2010代	経済		1904	日露戦争（～1905）
？	2020代	社会		1894	日清戦争（～1895）
？	2030代	社会		1889	大日本帝国憲法、発布
？	2040代	社会		1873	廃藩置県

テーマ　現代日本の大構築と大逆転

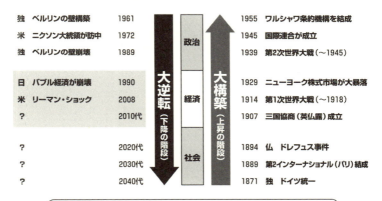

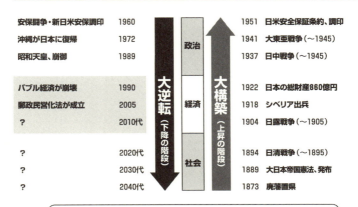

ということだ。そのことは「決まっている」のである。同時に次のことも追加しておく。

本書では（世界情勢の背後に）「地球支配階級の謀略」が存在することを述べた。以下のサイクル解読では彼らの動きについては省略する。サイクルの動きの中に彼らの謀略がどのように埋め込まれているかはすぐあとで透視する。右を述べて話を進める。

日本でバブル経済が崩壊した一九九〇年代は「二階（経済）が大逆転する時代」である（だからバブルが崩壊した）。詳しくはこれから読み解いていくが、一九九〇年代以降の世界が「経済が大逆転する時代」であることは、直観的にご理解いただけるものと思う。

さて、「現代世界のサイクル」は「一八七〇年代」から始まった。日本のサイクルも「同じ」である。超サイクル理論の立場からは、世界のすべては「同期」（シンクロ）している。

✹重要ポイント＝現代世界のサイクルは「一八七〇年代」から始まった

この時代は――日本では「明治維新」が始まった時代である――当時の世界情勢を要約して言えば、（マルクスの『共産党宣言』の出版を受けて）英国ロンドンでは「第一インターナショナル」が結成されるなど、社会主義運動が本格的にスタートした時代であった。ここに「現代世界のサイクル」が始まることになる。読者諸氏は「現代世界」を大きく理解してほしい。

一八七〇年代の世界は「パックス・ブリタニカ」と呼ばれる「イギリスの時代」であった。七つの海にユニオンジャック（英国旗）を掲げた軍艦を浮かべ、世界最強の軍事力を誇るイギリスは「世界の工場」であり、また「世界の銀行」でもあった。

そして、この時代は「イギリスの時代」であるとともに、大きくは「帝国主義の時代」でもあった。つまり、ヨーロッパ列強が世界中を支配していた。

現代世界の大構築の時代は、一階（一八七〇年代）の始まりが「帝国主義の時代」であったが、頂点（一九五〇年代）では「東西冷戦の時代」となった。

読者の理解を促すために、ここでは「大構築の時代の動き」（一八七〇年代〜一九五〇年代）を次のように図式化して提示する（左の図式は「下」から「上」へと読んでいただきたい）。

これは重要な「歴史の大変動」である。

☀ 現代世界の大構築の時代＝「東西冷戦の時代」↑「帝国主義の時代」

ここで「帝国主義」とは「力づくで相手を支配する精神」と理解しておく。

二〇一五年の現代に生きる私たちは「帝国主義の時代」などと言うと、トンデモない大昔のことのような気がしてしまうが、それは「現代世界のスタートの時代」であった。それはなにを意味しているのか。ここは明確に理解すべきだ。現代世界のサイクルには「帝国主義」すなわち「力づくで相手を支配する」という「ヨーロッパ人の精神」が強くインプットされている。日本では昔から「雀百まで踊り忘れず」と言う。世界は変わっても、人間の精神というのは、そんなに簡単に変わるものではない。ものごとを見る場合には「目の前の変化」だけに気を奪われるのではなく、「変わらない部分」にも明確に着目する必要がある。

今では「帝国主義」という言葉は使われなくなった。だが、(二〇〇一年九月十一日＝同時多発テロを契機とした)「アフガニスタン戦争」「イラク戦争」を見ても、「世界を動かす精神」に「なんの変わりもない」ことを明らかに見て取ることができる。米国の戦争に「大義」はない。

現代日本のサイクルを解読する

現代日本のサイクルについてもざっと見ておこう。読者諸氏は「サイクル図表」(「現代世界のサイクル」「現代日本のサイクル」)を再度確認してほしい(363ページ)。

現代日本のサイクルも「一八七〇年代」から始まった。

☀ 一階(社会)が大構築する時代(一八七〇年代〜)＝明治政府は「廃藩置県」を行なって日本社会をひとつにまとめ、そして「大日本帝国憲法」を発布した

☀二階（経済）が大構築する時代（一九〇〇年代〜）＝「日露戦争」に勝利した大日本帝国は「南満州鉄道株式会社」を設立して、大陸に拠点を築いた

☀三階（政治）が大構築する時代（一九三〇年代〜）＝大日本帝国は大東亜戦争には敗北したが、政治が大構築する時代である。頂点（一九五〇年代）では「日米安全保障条約」に調印し、次には、東西冷戦が始まった世界構造の中で、米国の支援を受けたわが国は西側陣営の一員として国際連合に加盟するなど、日本の三階（政治）も大構築された。ここで忘れてはならないことは、それからの日本は「米国に支配されている」ということだ

戦後日本の「五五年体制」というのは（もちろん）「この時代の産物」である。つまり、現代世界のサイクルでは、三階（政治）の頂点は「東西冷戦」だったが、日本の頂点は「五五年体制」であった。これは「日本版＝東西冷戦」だったと言える。

さて、歴史のサイクルには「ひとつのテーマ」が存在する。歴史は「ひとつのテーマ」を抱いて「階段を上昇・下降している」のである。ここは明確に提示しておこう。

☀「現代世界のサイクルのテーマ」＝「自由主義と社会主義の闘争」

つまり、現代世界のサイクルでは（大構築する時代に）自由主義と社会主義という二つのイデオロギーが「世界の地下からマグマのように噴き上がってきた」。だが「そのマグマは（大逆転の時代に）鎮まっていくことになる」。それは「超サイクル理論の法則」である。

それゆえ「大逆転の時代」（一九六〇年代～二〇四〇年代）になると「世界がまるごとひっくり返る」ことになる。二十一世紀には、二十世紀の規範がぶち壊れていく。

今、超大国アメリカが世界経済を支配していて、これから経済がどうなるかについて、さまざまに議論されている。だがそんなものは議論する必要はないのである。

二階（経済）が大逆転する時代（一九九〇年代・二〇〇〇年代・二〇一〇年代）、超大国が支配する世界資本主義体制は「まるごとぶち壊れていくことになる」のである。

日本国民は「大逆転する時代」をどう読むべきか

さて、もう一度「サイクル図表」を見てほしい（363ページ）。

> ☀ 要点①＝三階（政治）が大逆転する時代（一九六〇年代～）の正体は、ベルリンの壁の構築（一九六一年）とベルリンの壁の崩壊（一九八九年）に象徴的に見ることができる

現代世界の頂点（一九五〇年代）では、米ソの二大超大国が対立していた。戦後の日本国ではソ連とベルリンの壁の存在は「永遠」であるかのように思われた。だが、この世の存在に永遠などは存在しない。全ては大逆転するのである。まるで「ドミノ倒し」のように、三〇年かかって世界政治というドミノが次々にひっくり返っていった。

> **☀ 要点②＝二階（経済）が大逆転する時代（一九九〇年代〜）は、日本のバブル崩壊を合図に、世界経済の大逆転が始まっているのであり、同じく「ドミノ倒し」のように「三〇年かかって」世界経済というドミノが次々とひっくり返っていくのである**

日本経済を振り返る。インフレはデフレとなった。企業も銀行もひっくり返った。失業者の数は増えている。日本経済は「沈没の危機」を迎えている。なんの不思議もないのである。世界経済を見るならば、米国では「リーマン・ショック」が発生し、欧州では（ギリシャ経済危機を契機に）「ＥＵ経済全体」がおかしくなった。また最近では「ＢＲＩＣｓ《ブリックス》」と言われた成長国家も傾いた。世界経済は「沈没の危機」を迎えている。なんの不思議もないのである。

> **☀ 現代世界の読み方＝一九九〇年代を境に世界と日本は「歴史の断層を滑り落ちた」と言えるのだ。今、私たちは「二階（経済）の斜面を滑り落ちている」のである**

一九九〇年代は「失われた一〇年」と言われた。二〇〇〇年代も「失われた一〇年」となった。現在進行中の二〇一〇年代も「失われた一〇年」となる。経済学者がなんと言おうと、そのことはハッキリしている。結局どうなるかと言うと「失われた三〇年」となるのである。

近年の日本国では「アベノミクスによって株価が新高値をつけた」というようなことが、新聞紙面を賑わせている。だが歴史のサイクルを明確に見据える超サイクル理論の立場からは、そんなものはまったく本質的なことではない。日本経済は「危機」なのだ。

超サイクル理論の立場からは「サイクル図表の解読」はどこまでも深く分析することができる。だが本書ではそれを追う紙数はない。ここでは「結論」だけを提示しておく。

ここで「超サイクル理論における結論」（歴史的＝長期予測）を提示するのはほかでもない。その心は「二〇五〇年に至る歴史変動を明確に踏まえた上で」、読者諸氏の一人ひとりに「今後の生き方」を大きく考えてみてほしいということだ。これは是非お願いしたいのだ。

☀三階（政治）が大逆転する時代（一九六〇年代・一九七〇年代・一九八〇年代）
＝世界政治体制がひっくり返る↓戦後の「東西冷戦体制」は大崩壊した
☀二階（経済）が大逆転する時代（一九九〇年代・二〇〇〇年代・二〇一〇年代）
＝世界経済体制がひっくり返る↓現代の「高度世界資本主義体制」は大崩壊する

☀一階（社会）が大逆転する時代（二〇二〇年代・二〇三〇年代・二〇四〇年代）
＝世界社会体制がひっくり返る↓現代の「一神教世界」は大崩壊する

本書では「超サイクル理論」における「一八〇年サイクル」を提示している。だがじつはその背後には「さらなる巨大なサイクル」も存在する。複数の超サイクルが存在するのだ。私は、それら複数の超サイクルを全部解読した上で「右の結論」を提示している。これは「占い」でもなんでもない。これは「超サイクルの論理的な結論」なのだ。

現代世界のサイクルに「地球支配階級の大謀略」が埋め込まれていた

さてもう一度、サイクル図表を見てほしい（363ページ）。
現代世界のサイクルは「一八七〇年代」から始まった。

先には次のように述べた。読者には記憶があるだろうか。「サイクルの動きの中に彼らの謀略がどのように埋め込まれているかはすぐあとで透視する」。じつはこの時代（現代世界のサイクルの開始時点＝一八七〇年代）に「地球支配階級の大謀略」が埋め込まれていた。
地球支配階級の中核は「欧州ロスチャイルド家」だが、彼らはその配下に様々な謀略集団を抱えている。その中に「秘密結社イルミナティ」と「秘密結社フリーメーソン」が存在する。

二つの秘密結社の関係はイルミナティが「上位」で、フリーメーソンは「下位」である。

✹秘密結社の構造＝秘密結社イルミナティは「フリーメーソンの奥の院」

一八七〇年代＝米国における「イルミナティ＝フリーメーソンの首領」は「アルバート・パイク」という男だった。そして彼はこの時代に「大謀略」を策定した。それは「未来世界では『三度の世界戦争』を勃発させる」ということだった。そして彼は、そのための「完全なシナリオ」を用意した。ここでは彼のシナリオを提示する。

✹第一次世界大戦＝「この戦争は秘密結社イルミナティ（フリーメーソン）がロシア皇帝の権力を打ち倒してロシア帝国を無神論的共産主義の拠点とすることを実現するために戦われる。この戦いを生じさせるためにはイルミナティ（フリーメーソン）の代理人が英国とドイツの二つの帝国の間の対立を煽ることが必要である。第一次世界大戦後、ロシアには共産主義が確立され、それを利用して他の政府を破壊したり、宗教を弱体化させることにする」

一九一四年＝第一次世界大戦が勃発した（～一九一八年）。その経緯は右のシナリオ通りだった。同時にロシア革命が発生し、帝国は「共産主義国家＝ソ連」となった（一九一七年）。

☀第二次世界大戦＝「この戦争ではファシスト（独裁者）と政治的シオニスト（ユダヤ絶対主義者）の対立が利用されなければならない。第二次世界大戦は政治的シオニズムの権力を増大させてパレスチナにイスラエルという主権国家を樹立するために戦われる。さらにこの世界戦争によって国際共産主義は強化され、一致協力したキリスト教世界の権力に匹敵する力を備えるまで成長させなければならない。またこのときキリスト教世界は『最終的社会変革』が必要とされるまで自重、自制させるものとする」

一九三九年＝第二次世界大戦が勃発した（〜一九四五年）。その経緯は右のシナリオ通りだった。戦後には中東パレスチナに「ユダヤ人国家＝イスラエル」が建国された（一九四八年）。真面目な日本国民は「世界は勝手に動いている」と信じている。だがそれは間違いだ。世界は「動かされている」のである。（同時に）ここでは次のことを述べておかなければならない。第一次世界大戦と第二次世界大戦は「アルバート・パイクのシナリオ通り」に勃発した。そういうことであるならば、第三次世界大戦も「彼のシナリオ通り」に勃発するだろう。

☀第三次世界大戦＝「この戦争を生じさせるためにはイルミナティ（フリーメーソン）の

代理人が政治的シオニストとイスラム世界の指導者の対立を煽ることが必要である。第三次世界大戦では『イスラム世界』（アラブ世界）と『イスラエル国家』（政治的シオニズム）が互いに滅ぼし合う。同時にこの問題に関して他の国家も対立し合い、さらに分立させられて戦いを強いられ、肉体的、精神的、経済的に疲労困憊に陥るよう指揮されなければならない」

二〇一五年の世界は「仏新聞社襲撃テロ」（犯人＝イスラム教徒）で幕が開いた。同時に国際経済フォーラムは「国家間の衝突」をリスクのトップに挙げていた（第九章）。

現代世界情勢の動きの背後には「地球支配階級」が存在するのだ。彼らは（アルバート・パイクのシナリオに従って）「第三次世界大戦＝勃発計画」を進行させているのである。

☀地球支配階級＝彼らは「第三次世界大戦＝勃発計画」を進行させている

二〇一五年＝安倍晋三は「集団的自衛権行使」に向かって驀進している。彼は「悪魔の手先」である。日本国民は「悪魔の計画」に巻き込まれることを断固として拒否せねばならない。

二十一世紀＝日本国の「天皇制」は大崩壊する

さてもう一度、サイクル図表を見てほしい（363ページ）。現代日本のサイクルは「一八七〇年代」から始まった。この時代が始まる直前＝江戸幕末の時代、日本国ではなにが起きていたか。読者には記憶があるだろうか。それは「孝明天皇暗殺」と「明治天皇のすり替え」だ（第五章）。

◉現代日本のサイクル＝「孝明天皇暗殺」と「明治天皇すり替え」が埋め込まれている

超サイクル理論の立場から言うならば、現代日本のサイクルは「明治天皇制の大構築と大逆転」でもあるわけだ。そのことの意味はわかるだろう。そして近未来はどうなるか。

二〇一五年＝現代日本国では保守系の知識人集団は（近未来の天皇制について）「女系天皇を認めるか否か」ということで侃々諤々《かんかんがくがく》の大議論を繰り広げている。

知識人集団Aは「男系天皇でなければダメだ」と主張する。

知識人集団Bは「女系天皇でもよいではないか」と反論する。

さて結果はどうなるか。超サイクル理論の立場からは、彼らの議論は「無意味」である。なぜならば（二〇五〇年までには）「日本国の『天皇制』は大崩壊することになる」からだ。

☀ 二〇五〇年＝日本国の「天皇制」は大崩壊している

これは「天皇家の人々がいなくなる」ということではない。右の意味は（幕末・明治維新以降）「日本国民が永遠に存在すると信じてきた『天皇制』が消滅する」ということだ。

本書では「天皇制の是非」について論じているわけではない。ここでは（超サイクル理論の立場から）「理論的予測」を提示しているだけである。そこには「私情」は存在しない。

私は、①「多くの日本国民が『平和』に暮らせる国家」、②「多くの日本国民が『平等』に暮らせる国家」、③「多くの日本国民が『自由』に暮らせる国家」を祈念しているだけである。

日本国民は「反逆の体制」を構築せよ［1］

本章では「超サイクル理論」を提示して「現代世界のサイクル」（現代日本のサイクル）を解読した。同時にサイクルに埋め込まれていた「地球支配階級の大謀略」も透視した。

私＝鈴木啓功の目には「近未来世界がどうなるか」は完全に見えている。超サイクル理論の立場からは、次の二点が発生することは確実だ。

☀ 未来予測①＝二〇二〇年までに「世界経済が大崩壊する」

✹ 未来予測②＝二〇五〇年までに「世界社会が大崩壊する」

歴史のサイクルとして「右」は避けられないだろう。但しそれを理論的に予測した上で、世界大崩壊に理論的に備えることはできる。その場合には大崩壊の影響を最小限に抑えることができる。超サイクル理論は（予測を的中させるためではなく）「備える」ために存在する。

✹ 戦略提言①＝日本国民は「世界大崩壊」に備えるべし

近未来＝世界経済の大崩壊と世界社会の大崩壊は避けることができない。それは確実なことである。私たちは「世界大崩壊」を覚悟した上で生きていくしかないのである。ここで問うべき大問題は「地球支配階級による第三次世界大戦＝勃発計画」をどうするかということだ。

これは「超サイクル理論」とは直接的な関係はない。これは彼らが（現代世界のサイクルの中に勝手に埋め込んだ）「大謀略シナリオ」である。ただし彼らのシナリオが計画通り発動されるなら、二十一世紀＝世界大崩壊の悪影響は「理論」を上回る大激烈さとなるだろう。

✹ 戦略提言②＝日本国民は「悪魔のシナリオ」を阻止するべし

そのためにはどうするべきか。日本国民が（直接的に）「地球支配階級」と対決することはできない。彼らは海の向こうに存在する。しかも彼らのガードは完全だ。私たちは彼らに、指一本触れることはできない。それでは私たちはなにもできないのか。いやそんなことはない。私たちに可能なことは「日本国内に存在する『彼らの手先』に好き勝手なマネをさせない」ということだ。そのことの意味はわかるだろう。

☀戦略提言③＝日本国民は「安倍政権」を打ち倒せ

二〇一五年＝現代日本国において「地球支配階級の手先」が「安倍晋三」であることは言うまでもない（他にも手先はゴロゴロいるが、彼らを追いかけてもキリがない）。安倍晋三の正体については先に述べた。彼は「日本国の指導者」として完全にふさわしくない人物だ。こんな人物が首相を務めていること自体が「日本国の不幸」である（第二章）。マスコミは「安倍晋三」を批判しない。彼らは「権力にすり寄るだけの愚者存在」だ。彼らは「奴隷集団」なのである。彼らを信じていると、日本国民は「地獄」に堕ちる。

☀戦略提言④＝日本国民は「マスコミ」を信じるな

昨年（二〇一四年）の日本国では『朝日新聞』の「インチキさ加減」が明らかになった。彼らはありもしない従軍慰安婦問題を執拗に報道し続けた（その他の問題も浮上した）。それで競合各社は「朝日バッシング」を展開した。それはそれでかまわない。朝日新聞のインチキさはどれほど批判されても批判されすぎると言うことはない。

問題は「他社＝マスコミ各社はどうなのか」ということだ。

本書の立場から結論だけを述べておく。日本国のマスコミは「世界の真実」（日本の真実）を伝えない。正確には「ハナから伝えるつもりはない」——。

世界情勢について言うならば、彼らは「外国の通信社（地球支配階級の所有物）から貰った情報を」↓「日本国内に拡散しているだけ」である。そこには透視の視線は一切ない。

国内情勢について言うならば、彼らは「パラサイト役人集団から貰った情報を」↓「日本国民に拡散しているだけ」である。そこには批判の視線は一切ない。

☀ 戦略提言⑤＝日本国民は「思考力」を鍛えるべし

ここで「思考力」とは「透視力」と言ってもよい。その心は「日本国民は『世界情勢（国内情勢）の真実』を『透視する力』を養うべし」ということだ。

そうでなければ私たちは「地球支配階級に操られるまま」に「死ぬ」のである。（同時に）

私たちは「彼らの手先（日本国支配階級）に操られるまま」に「死ぬ」のである。

私たちふつうの日本国民は（いつの時代も）「生きることに必死」だった。ふつうの日本国民で「安穏と生きてきた人」は存在しない。なぜならば、ふつうの日本国民には「楽して飯が食えるだけの金銭的余裕」などはないからだ。それはそれで構わない。

だが（幕末・明治維新以降）「明治・大正・昭和・平成の日本国」を見ればどうなのか。そこには「日本国民のカネで飯を食っている集団」（パラサイト役人集団）が存在するのだ。同時に「日本国の歴史」は「戦争の歴史」だった。その背後には（常に）「地球支配階級」と「彼らの手先」（日本国支配階級）が存在した。そのことは繰り返して述べてきた。戦後には「戦争」は免れた。だがそれは米国が「オマケ」をくれただけの話である。それゆえに日本国は「経済大国」（幻想大国）となった。だがもはやそんな時代は終わっている。

日本国民は「反逆の体制」を構築せよ［2］

現代＝近未来の日本国の動きをまとめておく。

> ☀☀本年（二〇一五年）＝日本国は「危険な方向」に向けて動き出した
> ☀来年（二〇一六年）＝日本国は「さらに危険な動き」を見せるだろう

安倍晋三が「日本国の首相」でいるかぎり、右の動きは「必至」と言えるのだ。そのことは完全にご理解いただけているものと思う。とにかく今のままでは「ダメ」なのだ。

ふつうの日本国民の立場からは、この「悪魔的情勢」（安倍晋三による日本国ぶち壊し）は「絶対に覆さなければならない」。読者にはそのことを強く再説した上で、ここでは――「超サイクル理論」を踏まえた上で――「日本国民への戦略提言」を「別の角度」から述べておく。

☀戦略提言⑥＝日本国民は「日本国＝大崩壊」を覚悟して生きていくべし

多くの日本国民は「日本国は永遠である」と信じている。だが超サイクル理論を踏まえて考えるとどうなるか。この世に「永遠の存在」などは存在しない。存在は「消滅」するものだ。ましてや「歴史のサイクルが大逆転する時代」（一九六〇年代～）においてはどうなのか。

現代世界に生きる日本国民の頭の中にある「日本国」は（歴史のサイクルの「頂点の時代」に相当する）「一九五〇年代～一九六〇年代の日本国」なのだ。

それは（具体的には）「映画『三丁目の夕日』の日本国」であり（同時に）「一九六四年＝東京オリンピックが開催された日本国」だ。そのことの意味はわかるだろう。

現代世界に生きる日本国民の立場から「過去」を振り返ってみるならば、確かにあの時代は

「良い時代」（希望の時代）であったかもしれない。今と比較すれば、誰もが「貧しかった」かもしれないが、それでも日本国民全員が「溌剌としていた時代」である。だがそんな時代は「絶対に戻ってこない」のだ。歴史のサイクルは「大逆転＝大崩壊の渦中」にある。

そのことを知らないで「過去」を懐かしんでいるなどは、じつに「愚かなこと」なのだ。

本書が指摘する「安倍晋三による日本国ぶち壊し」とはまた別の意味で「近未来＝日本国はぶち壊れる」のだ。それは世界全体においても同じである。

☀戦略提言⑦＝日本国民は「世界＝大崩壊」を覚悟して生きていくべし

現代世界に生きる日本国民の頭の中にある「世界」は（歴史のサイクルの「頂点の時代」に相当する）「一九五〇年代〜一九六〇年代の世界」なのだ。

それは（具体的には）「米ソ二大超大国による東西冷戦」であり、（同時に）「一九六一年＝ケネディ大統領が登場してきた時代の米国」だ。そのことの意味はわかるだろう。

現代世界に生きる日本国民の立場から「過去」を振り返ってみるならば、当時の日本国民は「東西冷戦は永遠に続く」（同時に）「米国の栄華の時代は永遠である」と信じていた。

そして日本国民は（米国の核の傘の下で）「生産力を上げること」に「必死」になった。

だがこの世に「永遠の存在」などは存在しない。存在は「消滅」するものだ。端的には、この世は「幻想」なのである。一九八九年＝東西冷戦は終結した。一九六三年＝ケネディ大統領は暗殺された。地球支配階級が自分らに歯向かうケネディ大統領を「消した」のだ。

二〇一五年＝現代世界に生きる日本国民は「米国」と「ＥＵ」（欧州連合）を「永遠に存在する強固な国家」（国家連合）と信じているかもしれない。だがそれは「幻想」だ。超サイクル理論の立場から言うならば「近未来＝それらも全部ぶち壊れる」のだ。

このように述べると「超サイクル理論は『絶望』を煽り立てる『恐怖の理論』なのか」と問いたい人がいるかもしれない。だがそれは完全な間違いだ。ここは明確に述べておく。

☀戦略提言⑧＝日本国民は「真実のパワー」に覚醒するべし

超サイクル理論の立場からは「世界は『三階建てのビル』である」――。本書では戯画的なイメージを用いてわかりやすく「理論」を提出しているが、この背後には「ガッチリとした哲学体系」が存在する。正確にはこれは「世界歴史の構造論」と呼ぶべきものだ。

さて読者に質問を投げかけよう。クイズと思って簡単に回答してほしい。

この「三階建てのビル」（三階＝政治、二階＝経済、一階＝社会）において、最も重要なのは「何階」だったか。

読者には「記憶」があるはずだ。それは「一階」（社会）なのである。

本書では次のように述べた。これは重要ポイントなので再説する。私＝鈴木啓功が構築した「超サイクル理論」の立場から言うならば、三階建てのビルを見るポイントはここなのだ。

☀要点①＝「経済（二階）は一階（社会）がなければ存在することができないが、社会を利用することができる。また三階（政治）は、経済（二階）や社会（一階）がなければ存在することはできないが、経済や社会を利用することができる」

☀要点②＝「どんなに大企業（二階）であっても、消費者（一階）がいなければ、この世に存在することは許されない。当然のことであるが『消費者があっての企業』である」

☀要点③＝「政治家や役人連中（三階）がいくら偉そうにしていても、この世に、税金を納めてくれる企業（二階）や国民（一階）がいなければ、いったいなにができるのか。なんにもできはしないのである。当たり前のことであるが『企業や国民があっての政治』である」

というわけで、三階建てのビルで最も大切なのは「一階」（社会）である。すなわち、世の中で最も大切なのは「社会に生きる私たち一人ひとりである」ということだ。

であるにもかかわらず、現代日本国はどうなっているか。ふつうの日本国民は「三階」（政治＝安倍晋三＋パラサイト役人集団）に「足蹴にされている」のである。

日々を真面目に生きている日本国民であるならば、そのことの意味はわかるだろう。超サイクル理論の立場からは「ふざけるな」と「怒鳴り飛ばすしかない日本国」（三階）だ。

これをどうするのか。超サイクル理論は「二階」（社会）の住人集団は「いつまでも『奴隷生活』に耐えるのではなく」→「一致団結して『決起』するべし」と示唆している。

また世界の歴史を徹底的に解読して（繰り返される）「歴史の超サイクル」を発見した者の立場からは「大逆転する時代（一九六〇年代〜）の読み方」としては、次のことも述べた。

☀要点④＝「歴史の『一八〇年サイクル』においては『大構築の時代＝良い時代』『大逆転の時代＝悪い時代』ということではない。そこに『善悪の問題』を持ち込むべきではない」

☀要点⑤＝「大逆転の時代には『大構築の時代にできた体制が崩壊する』から『既存勢力』（体制側）にとっては『危機』である」

☀要点⑥＝「だが大逆転の時代の『大崩壊情勢』（過去の体制が全部ぶち壊れる）は『新規勢力』にとっては『ビッグチャンス』なのである」

先に述べたように「近未来＝日本国は大崩壊する」（近未来＝世界全体も大崩壊する）。これは「歴史のサイクルの動き」（大逆転する時代）であるから仕方がない。本書で超サイクル理論が示唆する課題はそのような瑣末なことではないのである。右は「歴史の法則」だ。

ここで読者諸氏に問うべきは――世界の歴史を徹底的に解読して（繰り返される）「歴史の超サイクル」を発見した者の立場から読者諸氏に問うべきは――「あなたはどちらの側の人間か」（既存勢力／新規勢力）ということだ。ここでは結論だけを提示しておく。

- 超サイクルの人生予測①＝「あなたが『これまでいい思いをしてきた立場』（既存勢力）であるならば、近未来＝あなたは『滅亡していくしかない』だろう」
- 超サイクルの人生予測②＝「あなたが『これまで苦しい思いをしてきた立場』（非＝既存勢力）であるならば、近未来＝あなたは『発展的未来が約束されている』だろう」

超サイクル理論の立場から根本的に問うべき大問題は、私たちふつうの日本国民（一階の住人集団＝新規勢力）が「どのように生きるか」（どのように戦うか）ということだ。最終的勝利は「約束されている」のだが――。そのことを述べて話を進める。

- 戦略提言⑨＝日本国民は「お金の魔術」に操られるな

二〇一五年＝日本経済は「金融暴落」に向かって驀進している。近未来＝悲劇は避けられないものと思われる。だが日本経済がどうなろうが、私たちは生きなければならない。

そのときにはなにをどのように考えるべきか。あるいは最も重要な問題点はなんなのか。

結論だけを言うならば、金融（お金の世界）は「地球支配階級の『手の内』にある世界」ということだ。彼らは「米国中央銀行ＦＲＢを始めとする世界の中央銀行を支配して」→「世界で通貨を垂れ流し（引き上げ）」→「世界経済を動かしている」。

彼らの立場から見るならば、ふつうの地球人民は「お金の魔術で操る人形」にすぎない。

だが現代日本国に「本書」が登場してきたからには彼らの好きなようにはさせない。ふつうの地球人民（日本国民）の立場からは「悪魔の遊び」を許すわけにはいかないのである。

そのことの意味はわかるだろう。本書の立場からは「日本国民は『お金の魔術』に操られるな」ということだ。それは「馬鹿げたこと」なのだ。さて最後である。話を日本国に転じよう。

✹戦略提言⑩＝日本国民は「反逆の体制」を構築せよ

先に述べたように「三階建てのビル」で最も大切なのは「一階」（社会）であった。すなわち、世の中で最も大切なのは「社会に生きる私たち一人ひとり」なのである。

だが現実の現代日本国はどうなっていると言うと、私たちふつうの日本国民は「三階」（政治＝安倍晋三＋パラサイト役人集団）に「足蹴にされている」のである。

本書が最大限の情熱を込めて力説したい大問題は「これをどうするのか」ということだ。日々を真面目に生きている日本国民であるならば、そのことの意味はわかるだろう。超サイクル理論の立場からは「ふざけるな」と「怒鳴り飛ばすしかない日本国」（三階）だ。

二〇一五年＝株価は上昇するかもしれない。大企業（輸出型大企業）は売上げを拡大するかもしれない。また（円安効果で）海外からの旅行者の数は増えるかもしれない。

だが日本国内で日本国民の生活を支える「小売業」や「中小企業」（内需型企業）はどうなのか。（同時に）私たちふつうの日本国民の（日々の）「生活情勢」はどうなのか。

小売業や中小企業は苦しい経営を続けている。コスト削減を含め（生き残るために）様々な経営努力を続けているが、それらの努力は「アベノミクス」（円安）で全部ぶち壊されている。

私たちふつうの日本国民の生活を見ればどうなのか。大企業の売上げは拡大しても、労働者の賃金は上がらない。だが物価は上がる。公共料金は上がる。そして年金給付額は下がる。

この情勢をどう判断すればいいのか。繰り返しになるが述べる。超サイクル理論の立場からは「ふざけるな」と「怒鳴り飛ばすしかない日本国」（三階）だ。これをどうするのか。

✹透視①＝日本国民は「温和な民族」で（日常生活のレベルでは）「できるだけ『争い』は避けたい」というココロが働く。まして「権力に逆らう」などは「論外」だ

✹透視②＝日本国民は「日本国政府（パラサイト役人政府）の愚かさ」を知っている。だ

がこれまでは「見ざる・言わざる・聞かざる」の「三ザル精神」で生きてきた

☀透視③＝日本国民が「過去」と同じであるならば、日本国政府（パラサイト役人政府）は「過去」を繰り返すであろう（そしてどうなるかは本書全体を通して述べてきた）

近未来＝日本国は「金融暴落のガタガタ情勢の中で」→「戦争に突入することになるだろう」。この「ロクでもない『暗黒の未来』（地獄的世界）を覆すためにはどうするべきか」——。

☀結論①＝一人ひとりの「日本国民」が「本気」にならなければ、ダメなのだ
☀結論②＝一人ひとりの「日本国民」が「強く」ならなければ、ダメなのだ

二〇一五年＝今、日本国民は「決戦場」に立っている。現代＝近未来の日本国で、私たちはどのように戦うべきか。それは一人ひとりの日本国民が「真剣」に考えるべきことだ。

本書では「日本国民全員」の「合意」（共有的基礎知識）を構築することを目標とした。

読者の耳には逆らうかもしれないが、単に「戦争反対」を叫ぶことは「無意味」である（ここは「デモをやるな」と主張しているわけではない。私の言いたいことは次である）。

なぜならば、現代日本国の「三階」（政治）は「健全な人間集団」ではないからだ。

日本国に憑依する「愚かな悪魔軍団」（安倍晋三＋パラサイト役人集団）は「戦争反対」な

どは「知ったことではない」のである。彼らを打ち破ることは「至難の道」だ。

だが、そうであるからと言って、私たちは「退くわけにはいかない」のである。

先には次のように述べた。現代＝近未来の日本国で、私たちはどのように戦うべきか——。

最後に私の「戦う心」を記しておく。どうかお読みいただきたい。

俗に「ペンは剣よりも強し」と言うが、そんなことはまっ赤なウソである。

真実を言うならば、この世（悪魔が支配する世界）では「剣を持つ者」「権力を持つ者」は圧倒的に強いのだ。

本書のような存在は「蟷螂《とうろう》の斧《おの》」にすぎない。ましてマスコミ（地球支配階級の手先）が発達した現代では、本書の声は喧騒の中に掻き消される。それどころではない。

今、日本国では「本が売れない」。読書に関する調査によれば「大学生の四割は一年間に一冊も本を読まない」と言われている。また別の調査によれば「女子高生がスマホや携帯電話を使う時間は一日平均七時間」ということだ。そのような中で「私」はどのように戦うのか。

日本国を再建するためには「本書が『百万部』売れてもなんの力にもなり得ない」。日本国を再建するためには「本書が『一千万部』（以上）売れて初めて多少は意味を持つだろうか」というところだろう。ふつうに考えれば（あるいはどう考えても）これは「絶望的な戦い」だ。

そのような中で「戦う」ためには「書き続けるしかない」のである——。そのことを述べて本書を終わる。多くの日本国民が「賢明に立ち上がること」を祈念している。

【おわりに】

日本国民は
「安倍晋三＝自民党政権」を
徹底的に打ち倒せ

安倍晋三は「集団的自衛権行使」に向かって驀進する

近未来の日本国はどうなるか。本書の結論は次のようなものだった。

☀ 二〇一五年＝金融暴落が始まる
☀ 二〇一六年＝戦争に突入する日本国

本書の目的は「予測を的中させること」ではない。本書の目的は（私たちふつうの日本国民にとっての）「暗黒の未来」を「覆す」ことである。ここは理解してほしい。

金融暴落は——現在の延長線上で推移すれば——（ほぼ一〇〇％）「回避することができない」が、戦争突入は（まだ）「回避できる余地」がある。それゆえに本書が書かれたのである。

二〇一五年＝安倍晋三は「集団的自衛権行使」に向かって驀進している。だが本書ではそれを認めない。なぜならばその動きの延長線上には「戦争」が待っているだけだからである。

この情勢をどうやって覆すのか。

まずは一人でも多くの日本国民が「世界と日本の真実」を徹底的に知ることだ。多くの日本国民の「合意」（共有的基礎知識）がなければ戦えない。

日本国民は「殺され続けてきた」だけだ

本書では「現代日本国の国家体質」を解き明かし、同時に「安倍晋三の正体」を暴露した。結論を言うならば、日本国は「壊れた国家」なのだ。問題はそれだけではない。その壊れた国家＝日本国の上位には「米国」が存在する。二〇一五年＝現代日本国は「米国の命令」で動いているのだ。しかもその米国の上位には「地球支配階級」が存在する。現実を透視するならば「日本国支配構造」（日本国民支配構造）は次のようになっている。

☀日本国支配構造＝地球支配階級↓米国↓日本の役人↓日本の国民

私たちふつうの日本国民は「地球支配階級＋米国＋日本の役人」という「三重の檻」に閉じ込められているのである。これを一体どうするのか。これは「苦難の道」である。

歴史を振り返って言うならば、右の日本国支配構造（日本国民支配構造）ができたのは昨日、今日のことではない。幕末・明治維新の時代から日本国は「彼ら」に支配されてきた。

そしてふつうの日本国民は（常に）「殺され続けてきた」のである。しかもその背後には「歴史の秘密」が存在する。だが多くの日本国民はそれらのことをなにも知らない。

なぜそのようなことになっているのか。歴史の教科書は「真実」を伝えるものではないからだ。あれは「洗脳テキスト」なのである。そして善意の日本国民を「いい気」にさせる。

幕末・明治維新の歴史に歓喜する日本国民は、(近未来世界では)「殺される存在」となるしかない。なぜならば(幕末・明治維新の歴史を含め)「明治・大正・昭和・平成の歴史」は、「ウソで塗り固められた歴史」だからだ。日本国民は「目」を開くべきである。

本書が透視した「歴史の秘密」は、次のようなものだった(これが全部ではない)。

☀歴史の秘密①＝孝明天皇は暗殺されている
☀歴史の秘密②＝明治天皇はすり替えられている
☀歴史の秘密③＝日本国の背後には「地球支配階級」が存在する
☀歴史の秘密④＝日本国の内部には「彼らの手先」が存在する

また、本書では右のようにして「歴史の秘密」を透視した上で、終章(第十章)では「世界の歴史は『一八〇〇年サイクル』で動いている」という「超サイクル理論」を提出した。超サイクル理論の立場から「現代世界のサイクル」(現代日本のサイクル)を解読すれば、二〇五〇年までの世界と日本がどうなるかがわかるのだ。二一世紀半ばまでには「世界は完全にぶち壊れる」のだ。同時にそこには「地球支配階級の大謀略」が埋め込まれている。

日本国民は「戦いの道」を構想せよ

二〇一五年、現代世界情勢は「仏新聞社襲撃テロ」で幕が開いた。それから欧米世界はイスラム世界を敵視（危険視）する方向で動いている。これらの動きの行き着く先はなにか。

近未来の世界は「戦争」に向かって驀進していく。そのことは疑い得ないのだ。その背後情勢については本書で述べた通りである。現代世界には「大謀略」が存在する。

だがそのことを日本国のマスコミは伝えない。マスコミは「歴史の秘密」も「世界の大謀略」も伝えない。彼らは「なにも伝えない」のだ。彼らは「奴隷」だからである。

このような愚鈍な情勢の中で、日本国民はどのように戦うのか。本書の中では各所で「戦略提言」を提示した。だがまだまだ言い足りないことがある。

ここで（現時点における）「最終的＝緊急戦略」を言うならば、「日本国民は『安倍晋三＝自民党政権』を徹底的に打ち倒せ」ということだ。彼らは「悪魔」（悪魔の手先）だからだ。

☀緊急戦略＝日本国民は「安倍晋三＝自民党政権」を徹底的に打ち倒せ

二〇一五年＝安倍晋三は「二〇二〇年＝東京五輪までの『長期政権』を計画している」との

ことである。だがそんなことは許されない。安倍政権は一刻も早く打ち倒すべきである。私=鈴木啓功の著作目的は「日本国再建」だ。一冊では全てを述べることはできない。私はまだまだ戦う覚悟である。読者諸氏も元気であれ。本書をお読みいただいてありがとう。

二〇一五年二月

鈴木啓功

◉著者について
鈴木啓功（すずき けいこう）
経営コンサルタント、著述家。1956年大阪市生まれ。上智大学文学部哲学科卒業。「現代世界を解読する」を目的に流通、映画、経済研究所など異業種企業を戦略的に転職しつつ人間の活動実態を学び、世界の時空構造を研究。「世界の歴史は180年サイクルで動いている」という「超サイクル理論」を構築する。1988年、㈱ＩＳＪを設立。各種の産業分野において未来予測を目的としたビジネスレポートを発刊する。経営戦略、マーケティング戦略に関するコンサルティング及び戦略提言を展開。阪神大震災をきっかけに、無能な日本政府に怒りをもって著作活動を開始、その目的は「日本国再建」である。著書に『ゴールドマン・サックスが解れば世界経済を操る大謀略が見えてくる』（成甲書房）『地球支配階級が仕掛けた悪魔の金融恐慌ビジネス』『地球支配階級が仕掛けた悪魔の世界戦争ビジネス』『地球支配階級が仕掛けた世界大恐慌　悪魔のシナリオ』『地球支配階級が仕掛けた世界統一政府　悪魔のシナリオ』『日本国の支配構造と暗黒の運命』（いずれも学研パブリッシング）等、多数がある。

金融暴落《きんゆうぼうらく》から戦争《せんそう》に突入《とつにゅう》する日本国《にっぽんこく》

◉著者
鈴木啓功《すずきけいこう》

◉発行日
初版第1刷　2015年3月30日

◉発行者
田中亮介

◉発行所
株式会社 成甲書房

郵便番号101-0051
東京都千代田区神田神保町1-42
振替00160-9-85784
電話 03(3295)1687
E-MAIL　mail@seikoshobo.co.jp
URL　http://www.seikoshobo.co.jp

◉印刷・製本
株式会社 シナノ

ISBN978-4-88086-325-2
定価は定価カードに、
本体価はカバーに表示してあります。
乱丁・落丁がございましたら、
お手数ですが小社までお送りください。
送料小社負担にてお取り替えいたします。